Denis Mourlane

Resilienz

Die unentdeckte Fähigkeit der wirklich Erfolgreichen

BusinessVillage

Denis Mourlane
Resilienz
Die unentdeckte Fähigkeit der wirklich Erfolgreichen
5. Auflage 2014
© BusinessVillage GmbH, Göttingen

Bestellnummern
ISBN 978-3-86980-249-7 (Druckausgabe)
ISBN 978-3-86980-250-3 (E-Book, PDF)

Direktbezug www.BusinessVillage.de/bl/940

Bezugs- und Verlagsanschrift
BusinessVillage GmbH
Reinhäuser Landstraße 22
37083 Göttingen
Telefon: +49 (0)5 51 20 99-1 00
Fax: +49 (0)5 51 20 99-1 05
E-Mail: info@businessvillage.de
Web: www.businessvillage.de

Layout und Satz
BusinessVillage GmbH

Autorenfoto
Willi Müller-Sieslak, www.mueller-sieslak.de

Druck und Bindung
Westermann Druck Zwickau GmbH

Copyrightvermerk
Das Werk einschließlich aller seiner Teile ist urheberrechtlich geschützt. Jede Verwertung außerhalb der engen Grenzen des Urheberrechtsgesetzes ist ohne Zustimmung des Verlages unzulässig und strafbar.
Das gilt insbesondere für Vervielfältigung, Übersetzung, Mikroverfilmung und die Einspeicherung und Verarbeitung in elektronischen Systemen.
Alle in diesem Buch enthaltenen Angaben, Ergebnisse usw. wurden von dem Autor nach bestem Wissen erstellt. Sie erfolgen ohne jegliche Verpflichtung oder Garantie des Verlages. Er übernimmt deshalb keinerlei Verantwortung und Haftung für etwa vorhandene Unrichtigkeiten.
Die Wiedergabe von Gebrauchsnamen, Handelsnamen, Warenbezeichnungen usw. in diesem Werk berechtigt auch ohne besondere Kennzeichnung nicht zu der Annahme, dass solche Namen im Sinne der Warenzeichen- und Markenschutz-Gesetzgebung als frei zu betrachten wären und daher von jedermann benutzt werden dürfen.

Inhalt

Über den Autor 5

1. Vorworte 7

   1.1 Vorwort des Kapitäns 8
   1.2 Vorwort des Autors: Landung in Phoenix, Arizona 14

2. Einleitung: Sind wir hilflos frei? 17

3. Viktor Frankl: Ein Beispiel für außergewöhnliche Resilienz 27

   3.1 Der dunkelste Sturm 28
   3.2 Der Leuchtturm im dunkelsten Sturm 29

4. Die unentdeckte Fähigkeit der wirklich Erfolgreichen 33

5. Und wie resilient sind Sie? 39

   5.1 Natürlich sind Sie resilient 40
   5.2 Die Sache mit dem Schwamm 40
   5.3 Emmy Werner und die Anfänge der Resilienzforschung ...43
   5.4 Die sieben echten Resilienzfaktoren 44
   5.5 Zusammenfassung und Übergang 61

6. Grundvoraussetzungen für wirklichen Erfolg 63

   6.1 »Ich weiß eigentlich gar nicht, was ich will!« 64
   6.2 Die 5needs® – Entdeckung der fünf psychologischen Grundbedürfnisse 66
   6.3 Menschliche Grundbedürfnisse und Resilienz 79
   6.4 Ungleichgewichte bei der Befriedigung der Grundbedürfnisse 80
   6.5 Die externen Feinde unserer Grundbedürfnisse 81
   6.6 »Ich will! Nein, ICH will!« – Konkurrenz der Grundbedürfnisse ...82
   6.7 Zwanghafter Umgang mit Grundbedürfnissen – »Soll ich oder soll ich nicht?« 84
   6.8 Zusammenfassung und Übergang 87

7. Die Erkenntnis der Neurobiologie: Wir können mehr! 89

8. Boost your resilience – 9 plus X Wege, die sich lohnen 95

    8.1   Love it, change it, leave it (Skill 1) 98
    8.2   Schalten Sie Ihr Influenceradar ein (Skill 2) 101
    8.3   Thought Crafting – Bastelstunde mit Ihren Gedanken (Skill 3) .. 113
    8.4   Schalten Sie Ihr Emotionsradar ein (Skill 4) 124
    8.5   Bringen Sie Ihre Eisberge zum Schmelzen (Skill 5) 133
    8.6   Denkfallen vermeiden (Skill 6) 143
    8.7   Positivity (Skill 7) 152
    8.8   Achtsamkeit (Skill 8) 163
    8.9   Connection (Skill 9) 177
    8.10 Mensch sein (Skill X) 183

9. Wie resilient war eigentlich Steve Jobs? 189

    9.1   Steve Jobs und die sieben Resilienzfaktoren 191
    9.2   Jobs stärkste Resilienzfaktoren 193
    9.3   Jobs schwächste Resilienzfaktoren 197
    9.4   Steve Jobs und die fünf menschlichen Grundbedürfnisse 203
    9.5   Think differently – Empfehlungen vom Coach 207

10. Statt eines Schlusswortes: Mein Wunsch für Sie! 215

Literaturverzeichnis 219

Über den Autor

Dr. Denis Mourlane ist Diplom-Psychologe, Psychologischer Psychotherapeut und Systemischer Berater und Coach nach dbvc e.V. Er promovierte im Rahmen eines Stipendiums der Christoph-Dornier-Stiftung im Fach Klinische Psychologie an der Universität Münster bei Prof. Dr. Fred Rist. Mit seiner Frankfurter Beratung unterstützt er seit mittlerweile vierzehn Jahren internationale Konzerne in den Bereichen Personal- und Organisationsentwicklung.

Er ist mit seiner Beratung derzeit exklusiver deutscher Partner von *adaptiv learning systems*, einer der seit über zehn Jahren führenden Beratungen im Bereich Resilienztraining und Resilienzcoaching in den USA. Seine Beratung ist durch diese Verbindung derzeit einziger Anbieter eines Resilienztrainings, welches an der University of Pennsylvania im Team des weltweit renommierten Prof. Dr. Martin Seligman entwickelt, von Dr. Andrew Shatté, Karen Reivich (*The resilience factor*) und Dean M. Becker an die Bedürfnisse von Unternehmen angepasst und seitdem mit über 20.000 Mitarbeitern und Führungskräften durchgeführt wurde. Dieses wissenschaftlich fundierte Wissen und seine eigene langjährige Erfahrung machen Denis Mourlane zu einem der derzeit führenden Experten im Bereich Resilienz im Wirtschaftsumfeld in Deutschland und Europa.

Kontakt:
www.mourlane.com, dm@mourlane.com

Für Nadine

1.
Vorworte

Mustafa Güngör, Kapitän,
Deutsche 7er-Rugby-
Nationalmannschaft
Foto: Marco Schmidt,
www.marcoschmidt.net

1.1 Vorwort des Kapitäns

Es ist mittlerweile zweieinhalb Jahre her, dass ich Denis und den Begriff Resilienz zum ersten Mal kennengelernt habe. Wir befanden uns damals mit der Deutschen 15er-Rugby-Nationalmannschaft mitten im Abstiegskampf in der EM-Division 1 und drei Tage später sollte unser letztes Gruppenspiel gegen die Nationalmannschaft von Spanien stattfinden. Wir hatten fast alle anderen vorherigen Spiele in der Gruppe verloren und wussten, dass wir dieses Spiel gegen einen sehr schweren Gegner mit mindestens zwölf Punkten Unterschied gewinnen mussten, um nicht abzusteigen. Entsprechend hatte unser damaliger Trainer, Rudolf Finsterer, alle nur erdenklichen Räder in Bewegung gesetzt, um die Mannschaft bei der Vorbereitung auf dieses Spiel zu unterstützen. Als der Mannschaft dann angekündigt wurde, dass ein Psychologe und ehemaliger Rugby-Spieler einen dreistündigen Workshop mit uns machen würde, waren die Reaktionen sehr unterschiedlich. Sie reichten von hoher Zustimmung, vor allem bei unseren Profispielern, die im Ausland schon mit Sportpsychologen arbeiten, bis zu Aussagen wie »Wir brauchen doch keinen Psychologen« von eher unerfahrenen Spielern. Ich selbst stand irgendwo in der Mitte, sagte mir aber, dass es zumindest nicht schaden könne. Ich war gespannt auf das Thema und die Person.

Denis gelang es dann mit zwei sehr einfachen Fragen zu Beginn des Workshops, das Eis zu brechen. Er bat uns, noch einmal an das beste Spiel zu denken, das wir jemals gemacht hatten, und zu überlegen, ob es an unserer Technik, unseren körperlichen Fähigkeiten oder an unserer mentalen Einstellung gelegen hatte, dass wir gerade in diesem Spiel so gut gewesen waren. Gleich im Anschluss bat er uns, an das schlechteste Spiel, das wir persönlich jemals gemacht hatten, zu denken und uns auch hier zu überlegen, warum wir gerade in diesem Spiel so schlecht gespielt hatten. In beiden Fällen antworteten 80 Prozent der Spieler, dass es vor allem an unserer mentalen Verfassung gelegen hätte.

Auch wenn sich unsere Trainer, wir selbst sowieso nicht, nur sehr wenig mit dem Thema Sportpsychologie befassten, war uns natürlich immer klar, dass es neben unserer Physis, unserer Technik und unseren taktischen Fähigkeiten noch etwas anderes gab, das darüber entschied, ob wir ein Spiel gewannen oder verloren. Wir und unsere Trainer nannten dies dann mentale Stärke oder Siegermentalität. Die hatte man eben oder man hatte sie nicht. Natürlich kann ein Rugby-Spieler mit einer schlechten Kondition oder Technik, aber dafür einer ausgesprochenen Siegermentalität kein Spiel auf einem hohen Niveau gewinnen. Es verhält sich aber umgekehrt genauso: ein Spieler oder gar eine ganze Mannschaft, die konditionell, technisch und taktisch sehr stark ist, wird das Spiel auch nicht gewinnen, wenn es an dieser mentalen Stärke fehlt. Ich weiß dies aus eigener Erfahrung, denn gerade bei unserem sehr schnellen Sport ist zum Beispiel eine Abweichung von einem halben Zentimeter beim Passen aufgrund einer zittrigen Hand entscheidend dafür, ob ein Ball beim Gegenspieler ankommt oder eben nicht. Ebenso müssen wir, wie in vielen anderen Sportarten auch, Entscheidungen in Bruchteilen von Sekunden treffen. Ein kurzer Zweifel und die Chance auf einen Durchbruch ist vergeben. Entsprechend ist das Mentale aus meiner Sicht zu mindestens 50 Prozent, wenn nicht sogar mehr, dafür verantwortlich, ob ein Team als Sieger oder Verlierer vom Platz geht.

Der Basketballtrainer Dirk Bauermann hat dies 2011 in einem Interview mit der Süddeutschen Zeitung, in dem es um Dirk Nowitzki und seinen Gewinn der NBA-Meisterschaft ging, aus meiner Sicht sehr klar ausgedrückt. Nowitzki hatte im letzten der sieben Spiele um die Meisterschaft einen sehr schlechten Start. Bauermann, der zu dem Zeitpunkt Deutscher Nationaltrainer war, wurde daraufhin von der Zeitung gefragt, was ihn bei Nowitzki in diesem Spiel am meisten beeindruckt hatte. Seine Antwort:

»*Dirks mentale Stärke, sich nach einer schwachen ersten Halbzeit nicht zu verstecken, geduldig zu warten, bis der Rhythmus wieder kommt. Das ist so schwer [...]. Dirk ist gelassen geblieben. [...] Das war bei diesem großen Druck eine absolute Ausnahmeleistung.*«

Genau dies ist aus meiner Sicht, und dieses Buch bestätigt es, Resilienz. Es geht nicht immer nur darum, zu gewinnen, sondern gerade in schwierigen Situationen, in Situationen, in denen ein unvorstellbarer Druck auf einem lastet, vor allem eins zu bleiben: gelassen und weiterhin an sich und seine Fähigkeiten zu glauben. Ich habe noch viel darüber nachgedacht und mir auch die richtig guten Spieler, mit denen oder gegen die ich gespielt habe, vor meinem inneren Auge angeschaut und es ist tatsächlich so: wenn es ein Merkmal gibt, das sie alle gemeinsam haben, dann ist es Gelassenheit und dies vor allem dann, wenn es darum geht, ein Spiel wieder zu wenden, einen Rückstand aufzuholen.

Es war für mich und die gesamte Mannschaft enorm wichtig, zu sehen, dass wir alle schon über außerordentliche Stärken im Bereich Resilienz verfügen. *»Sonst könntet ihr gar nicht auf dem Niveau spielen, auf dem ihr derzeit spielt«*, so Denis. Jeder Hochleistungssportler will aber auch besser werden und so war es ebenso interessant zu erfahren, dass wir in Bezug auf verschiedenste Faktoren, sei es nun unser Optimismus, unsere Emotionssteuerung oder unsere Zielorientierung, wie sie in diesem Buch beschrieben werden, auch noch besser werden und dies trainieren konnten. Man erwartet dann natürlich eine außergewöhnliche Methode, von der man noch nie etwas gehört hat, um dies zu verbessern, und es ist fast enttäuschend zu hören, dass es die ganz einfachen Dinge sind, die uns dabei helfen, unsere Resilienz zu steigern. Aber man muss es eben auch tun. Dazu gehört dann zum Beispiel auch, sich vor schweren Spielen nicht auf die Stärken des Gegners oder die eigenen Schwächen zu konzentrieren, sondern sich seine eigenen Stärken und Situationen, in denen man wirklich gut war, noch einmal intensiv vor Augen zu führen und so positive Energien zu mobilisieren. Es ist wichtig, während des Spiels »in den Tunnel« zu gehen, im Hier und Jetzt zu sein, sich nur auf das zu konzentrieren, was man gerade tut, und sich nicht von anderen Gedanken ans Versagen oder durch Überheblichkeit ablenken zu lassen. Es ist zwischen den Spielen sehr wichtig, auch einmal abzuschalten, den Kopf freizubekommen, um dann während des Spiels mental und körperlich fit zu sein. Und es ist auch wichtig, sich immer wieder zu vergegenwärtigen, dass es im Spiel nicht immer nur um das Gewinnen geht, sondern vor allem darum, das Beste, das man geben kann, zu zeigen und so mit erhobenem Haupt das Spielfeld zu verlassen. Meistens gewinnt man mit dieser Einstellung dann auch die schweren Spiele. Auch das ist für mich Resilienz und diese zählt eben nicht nur im Sport, sondern auch in der Ausbildung, im Beruf und im Leben insgesamt.

Dies ist auch der zweite Grund, warum mir das Thema Resilienz nicht mehr wirklich aus dem Kopf gegangen ist. Rugby ist in Deutschland noch eine Randsportart und gerade deswegen liegt mir die Jugendarbeit sehr am Herzen. Rugby ist, wie die meisten Teamsportarten, auch eine Schule für das Leben, denn man erlernt nicht nur den Sport selbst, sondern zum Beispiel auch, eigene Ängste zu überwinden und als Team, als Gemeinschaft auch in schweren Situationen zusammenzuhalten. Entsprechend lernt man auch, ich verwende gerne den Titel dieses Buches, ein *wirklich erfolgreiches* Leben zu führen. Wenn ich mir dann die sieben geschilderten Resilienzfaktoren genauer ansehe, kann ich nur sagen, dass es bei der Jugendarbeit im Rugby genau um diese Faktoren geht. Wir möchten die Empathie der Kinder und Jugendlichen fördern, indem wir ihnen Teamgeist, also das Unterstützen des Mitspielers, beibringen. Wir fördern ihre Fähigkeit, ihre Emotionen und ihr Verhalten zu steuern, weil ein falsches Wort oder eine falsche Geste dazu führen kann, dass sie den Platz verlassen müssen und dadurch schlimmstenfalls die ganze Mannschaft das Spiel verliert. Wir möchten ihre analytischen Fähigkeiten stärken, indem wir ihnen beibringen ein Spiel zu »lesen« und die Gründe für Rückschläge, für verlorene Spiele treffend zu analysieren. Lag es wirklich am Schiedsrichter oder hätte ich selbst nicht auch noch etwas mehr machen können? Gehe ich immer in eine Opferrolle oder übernehme ich Verantwortung für meine Fehler? Wir möchten ihren Optimismus und ihre Zuversicht fördern und ihnen zeigen, dass sie durch ihr eigenes Handeln und auch durch Mut zum Risiko einen entscheidenden Beitrag für die Mannschaft, für sich und auch für ihr Leben leisten können. Sie sollen nicht nur den Ball, sondern auch ihr Leben in der Hand halten. Und wir möchten, dass sie sich Ziele für das Spiel und das Leben setzen und diese konsequent, mit Disziplin und Selbstbewusstsein, niemals aber mit Arroganz, verfolgen. Mit anderen Worten: wir möchten ihre Resilienz fördern, in der Hoffnung, dass sie gute Rugby-Spieler werden und sich darüber hinaus zu erfolgreichen, aber vor allem glücklichen Erwachsenen entwickeln.

Wir haben dann übrigens ein sehr gutes Spiel gegen Spanien gemacht, haben einen hohen Rückstand aufgeholt, sind kurz vor Ende des Spiels in Führung gegangen, aber haben das Spiel doch noch knapp verloren und sind abgestiegen. Denis hat dann auch die sportpsychologische Betreuung der 7er-Rugby-Nationalmannschaft, der olympischen Version, Rugby zu spielen, übernommen. Wir haben auch Dank seiner Arbeit 2011 den fast für unmöglich gehaltenen Aufstieg in die höchste europäische Spielklasse in einem dramatischen Turnier in Heidelberg, bei dem wir ein Maximum an Resilienz benötigt haben, geschafft. Ebenso ist es uns 2012 gelungen, uns auf diesem äußerst hohen Profiniveau zu behaupten und die Spielklasse zu halten.

Nicht alles, was Sie auf den folgenden Seiten lesen werden, ist neu, aber es gibt dem, worauf es im Sport und im Leben ankommt, einen neuen Namen, einen Rahmen und damit Orientierung. Dies ist neben den vielen hoch interessanten Inhalten vielleicht der größte Verdienst dieses Buches.

Freuen Sie sich auf eine spannende, teilweise bewegende und sehr lehrreiche Reise zum Thema Resilienz!

Heidelberg, im September 2012

Mustafa Güngör

Über Mustafa Güngör
Mustafa Güngör, 31, ist Spieler der Deutschen 15er- und 7er-Rugby-Nationalmannschaft. Er ist aktueller Kapitän der Deutschen 7er-Nationalmannschaft und war von 2009 bis 2010 auch Kapitän der 15er-Nationalmannschaft. Er wurde mit der RG Heidelberg 2006 und 2007 Deutscher Rugby-Meister und spielt seit 2011 für den TV Pforzheim, mit dem er 2012 im Finale um die Deutsche Meisterschaft gegen den RK Heidelberg knapp unterlag. Er lebt mit seiner Frau und seinem Sohn in Heidelberg und studiert neben der Ausübung seines Sports BWL in Heidelberg mit den Schwerpunktfächern Sportmanagement und Gesundheitswesen.

1.2 Vorwort des Autors: Landung in Phoenix, Arizona

Als ich im Juni 2009 gemeinsam mit Reinhold Preiss, meinem Geschäftspartner von *mourlane – effective people*, völlig übermüdet nach einem 14-Stunden-Flug mit nächtlichem, dreistündigen Aufenthalt in Dallas, Texas, in der heißen Wüste von Phoenix, Arizona, landete, war mir in keinster Weise bewusst, wie sehr mich das Thema Resilienz packen würde. Reinhold hatte die Idee eingebracht, eine Kooperation mit *adaptiv learning systems*, einer sehr renommierten Unternehmensberatung aus den USA in diesem Bereich, einzugehen. Es war auch damals vor allem Reinhold, den das Thema schon zu diesem Zeitpunkt mit einer echten, deutlich spürbaren Leidenschaft erfüllte. Reinhold war und ist zwar ein Geschäftsmann, aber ich konnte sehen, dass da mehr war als nur eine Möglichkeit, Geld zu verdienen. Ich selbst sah allerdings zunächst genau das darin: Eine Chance, zusätzliche Aufträge bei Kunden zu generieren und mich im Meer der deutschen Beratungen für Personal- und Organisationsentwicklung mit einem neuen Thema zu positionieren.

Ich wusste, dass wir am nächsten Tag die beiden Geschäftsführer von *adaptiv learning systems*, Dean M. Becker und Dr. Andrew Shatté, in unserem Hotel zu einem ersten Kennenlernen treffen würden. In den darauffolgenden Tagen würden sie uns dann ihr Wissen und ihre Methoden im Bereich Resilienz vermitteln. Ich war nicht schlecht aufgeregt. Einerseits weil mein Englisch zu diesem Zeitpunkt stark verbesserungswürdig war, andererseits weil ich wusste, dass Andrew Shatté fast ein Jahrzehnt in den Teams der weltweit anerkannten Psychologieprofessoren Aaron Beck und Martin Seligman gearbeitet und zum Thema Resilienz geforscht hatte. Beck und Seligman waren und sind noch heute für mich, als kognitiv-verhaltenstherapeutisch ausgebildeter Diplom-Psychologe, Übervater der modernen Psychologie, und es gibt sicherlich keine Universität auf der Welt, an der ihre Theorien und Methoden nicht gelehrt werden.

Ich wusste bereits, dass Andrew dann das Universitätslabor verlassen hatte und gemeinsam mit Dean M. Becker über weitere zehn Jahre die im Team von Seligman entwickelten Trainings an die besonderen Bedürfnisse von Wirtschaftsunternehmen angepasst und erfolgreich angewendet hatte. Einer der ersten Sätze, die Andrew mir zum Start in das Thema Resilienz dann sagte, war:

»Denis: more than training, more than education, more than any other skill, it's resilience which determines who succeeds or who fails, who is healthy or not and who is happy or not.« (Deutsche Übersetzung: Mehr als Training, mehr als Ausbildung, mehr als jede andere Fähigkeit ist Resilienz die menschliche Eigenschaft, die darüber entscheidet, ob jemand Erfolg hat oder nicht, gesund ist oder nicht, glücklich ist oder nicht.)

Ich zweifelte. Wie konnte eine Fähigkeit, von der ich als gut ausgebildeter Psychologe nur am Rande etwas gehört hatte und die in Deutschland kaum jemandem bekannt war, dazu führen, dass Menschen glücklich, gesund und erfolgreich sind? War das wieder eine typisch amerikanische Marketingmasche (Andrew ist übrigens Australier), um ein Produkt an den Mann zu bringen?

Mittlerweile sind mehr als drei Jahre vergangen und nichts lässt mich daran zweifeln, dass dieser erste Satz von Andrew wahr ist. Ich konnte dies insbesondere durch meine intensive Arbeit mit Einzelpersonen und Teams und durch die Arbeit an meiner ganz eigenen Resilienz erleben. Auch ich selbst bin im Vergleich zu damals gesünder, glücklicher und erfolgreicher geworden. Zwischen Dean, Andrew, Reinhold und mir hat sich in der Zwischenzeit eine echte Freundschaft entwickelt und wir treiben, obwohl uns große Entfernungen trennen, das Thema Resilienz in den USA und in Europa gemeinsam voran. Auch aus diesem Grund ist dieses Buch entstanden.

Ich freue mich sehr, Ihnen im Rahmen dieses Buches nicht nur mein Wissen, sondern auch das Wissen von *adaptiv learning systems* weiterzugeben. Ich möchte ausdrücklich darauf hinweisen, dass ich, auch wenn ich es im Sinne der Lesbarkeit des Textes nicht immer genau betone, außer im Kapitel 6 *Grundvoraussetzungen für wirklichen Erfolg* und bei den Kapiteln 8.8 *Achtsamkeit (Skill 8)* und 8.10 *Mensch sein (Skill X)* immer auch von der Arbeit und der Erfahrung von *adaptiv learning systems* spreche. Eine wichtige Grundlage meines Wissens ist weiterhin das bisher nur in englischer Sprache erschienene Buch *The Resilience Factor* von Dr. Karen Reivich und Dr. Andrew Shatté. Ich danke Dean und Andrew von ganzem Herzen für ihr Vertrauen und die enge Freundschaft, die uns mittlerweile verbindet, und besonders danke ich auch Reinhold, der das große menschliche Potenzial des Themas Resilienz so früh erkannt hat.

Frankfurt, im September 2012

Dr. Denis Mourlane

2.
Einleitung: Sind wir hilflos frei?

Machen wir uns nichts vor: Wenn wir insbesondere auf die westlichen Nationen schauen, kommen wir nicht um die Feststellung herum, dass die Umstände wahrscheinlich noch nie so günstig waren, um erfolgreich und glücklich zu sein. Wir haben ausgezeichnete Bildungseinrichtungen, die auch für Personen zugänglich sind, die wenig finanzielle Mittel haben. Wir haben ein exzellentes Gesundheitssystem, das es uns ermöglicht, ein langes Leben zu führen. Wir haben alle nur erdenklichen Versicherungen, die uns auch in schwierigen Lebensumständen absichern. Und wir haben die Möglichkeit, zwischen einer Vielzahl von Wegen zu wählen, und sind nicht nur auf einen oder zwei berufliche Wege beschränkt, wie es noch vor einigen Jahrzehnten der Fall war. Viele Menschen müssen erst wieder Urlaub in einem Entwicklungsland, auf einem anderen Kontinent machen, um sich dieser Tatsache bewusst zu werden, und viele reisen entsprechend demütig in ihr westliches, reiches und sichereres Land zurück. »Wir haben es schon gut«, das ist der Satz, den man dann meistens hört. Allerdings nur zwei Wochen lang, dann ist das bei vielen auch schon wieder vergessen und die Aufmerksamkeit schweift zu dem neuen Auto des Nachbarn oder der Beförderung des Kollegen, der es doch viel besser hat als wir selbst.

Trotz dieser Tatsache steigt die Zahl von psychischen Erkrankungen wie Angststörungen und besonders Depressionen seit einem Jahrzehnt kontinuierlich und scheinbar unaufhaltsam an. Während wir also während der letzten Jahrzehnte die äußerlichen Rahmenbedingungen geschaffen haben, um glücklich und erfolgreich zu sein, werden wir scheinbar immer depressiver und, betrachtet man einen der Kernaspekte einer Depression, immer trauriger und hoffnungsloser. Und dies obwohl wir alles haben, um hoffnungsvoll in die Zukunft zu schauen. Dementsprechend scheint das 1979 erschienene Buch *Haben oder Sein* des Frankfurter Philosophen Erich Fromm nie aktueller als heute gewesen zu sein. Haben wir uns doch vor allem auf das »Haben« konzentriert, um über diesen Prozess zu entdecken, dass es da scheinbar noch etwas mehr gibt: also das »Sein«.

Denkt man an das »Sein«, fällt Ihnen vielleicht, genauso wie mir, auch der Satz von Descartes »Cogito ergo sum« (deutsch: »Ich denke also bin ich«) ein. Wir wissen aus der modernen Psychologie – erlauben Sie mir an dieser Stelle die Entfremdung des Descartes-Satzes –, dass unsere Art zu denken tatsächlich in ganz entscheidender Weise unser Sein beeinflusst. Wenn ich in einer schwierigen Situation denke, dass ich nichts an meiner Lage ändern kann, werde ich mich als Opfer fühlen, mich so verhalten und wahrscheinlich depressiv werden, während eine andere Person in einer ähnlichen Situation ihr Leben anpackt und selbst gestaltet. Es gibt Millionen von Beispielen, die belegen, dass all dies relativ unabhängig von dem passiert, was wirklich um uns herum geschieht, welches Schicksal wir auf unseren Schultern tragen oder eben auch nur ertragen. Sätze von erfolgreichen Unternehmern wie beispielsweise der Satz von Henry Ford: *»Whether you think you can or your can't you're usually right«*, sinngemäß übersetzt mit *»Ob du denkst, dass du es kannst oder nicht kannst, ist egal: du wirst in der Regel recht haben«*, drücken dies in nahezu perfekter Weise aus.

Wie kann es sein, dass ein solch zutiefst paradoxes Phänomen wie das oben beschriebene auftritt? Wie kann es sein, dass wir in den letzten Jahrzehnten, durch unsere ganz eigenen Anstrengungen, alles geschaffen haben, um glücklich und erfolgreich zu sein und trotzdem immer unglücklicher werden? Viele Forscher geben als Grund die gestiegene Komplexität und Dynamik unserer Welt an, die uns einfach überfordert. Ich konnte selbst immer wieder während Veranstaltungen in die vielen betroffen-zustimmenden Gesichter der Zuhörer schauen, wenn ich diese These formulierte, die ich, wie alle anderen auch, kritiklos übernommen hatte. Ich bin aber mittlerweile zu einem ganz anderen Schluss gekommen.

Es sind nicht die Dynamik und die Komplexität, die uns unter Druck setzen. Es ist die damit einhergehende enorme und in noch in keiner Generation vor uns da gewesene Freiheit, die die Menschen der heutigen Zeit unter Druck setzt und hoffnungslos macht.

Warum ist das so? Weil uns alle Chancen und Türen offenstehen und somit ein persönliches Scheitern fast immer darauf zurückzuführen sein wird, dass wir selbst eben nicht in der Lage waren, das Beste aus unserem Leben zu machen. Es gibt keine externen Gründe mehr wie die Unterdrückung der Frau, autoritäre Strukturen in Unternehmen, massive gesellschaftliche Benachteiligungen oder Kriege, die wir dafür verantwortlich machen können. Wenn wir uns dann noch die Erkenntnis des österreichischen Psychiaters Viktor Frankl vergegenwärtigen, dass »*die letzte der menschlichen Freiheiten die der Einstellung zu den Dingen ist*«, was sich insbesondere auf die oben beschriebenen Situationen ungerechter Behandlungen bezieht, dann bekommt der Begriff Freiheit eine noch ganz andere, viel größere Dimension und Tragweite.

Wir waren noch nie so sehr unseres eigenen Glückes Schmied und dadurch auch noch nie so sehr unseres eigenen Unglückes Schmied. Das kann man nicht voneinander trennen.

Entsprechend bedarf es auch einer Weiterentwicklung des Menschen, eines ganz neuen Selbstbewusstseins. Das hat Konrad Lorenz einmal mit folgendem Satz ausgedrückt (Hüther 2011: 144):

»*Der Übergang vom Affen zum Menschen, das sind wir.*«

Konrad Lorenz, Biologe

Dies ist beispielsweise das Selbstbewusstsein zu sagen, dass mir das, was ich habe, reicht, um glücklich zu sein, und dem durch Medien und unser Umfeld aufgebauten Druck, dass wir doch viel mehr aus unserem Leben machen könnten, zu widerstehen. Also eher einen Weg der Suffizienz als einen Weg der Effizienz zu wählen, wie es der Psychologieprofessor Wolfgang Roth mit dem folgenden Satz sehr treffend ausdrückt (Hüther/Roth/von Brück 2010: 17):

»Zur ›Rettung‹ der Welt stellt sich dann nicht mehr die Frage nach der Effizienz unseres Denken und Handelns, sondern die nach der Suffizienz: Was benötigen wir unabhängig von unserer Konsumkultur wirklich, um uns als Menschen, uns als Individuen zu realisieren?«

Wolfgang Roth

Aber auch das Selbstbewusstsein, einen von den vielen tausend Wegen, die uns das Leben anbietet, mit viel Mut, Optimismus und Entschlossenheit *wirklich* zu gehen. Dies ist allerdings immer mit der Gefahr verbunden, die falsche von den vielen tausend Möglichkeiten gewählt zu haben.

Der griechische Philosoph Epiktet hat uns bereits zu Anfang des ersten Jahrhunderts nach Christi Geburt gelehrt, dass es nicht die Dinge selbst sind, die uns berühren, sondern die Sicht, die wir auf die Dinge haben. So verstehen viele Menschen diese Freiheit nicht als Chance, sondern als Last und gar nicht so selten trifft man sogar Menschen, die sich in die Vergangenheit zurückwünschen, als man als Sohn eines Arztes eben Arzt wurde, als Sohn eines Bäckers eben Bäcker und als Frau mit 21 verheiratet war und mit 22 das erste Kind bekam. Die Wahlmöglichkeiten waren nicht sehr groß, aber man hatte wenigstens eine Orientierung im Leben. Ich hoffe nicht, aber vielleicht ertappen Sie sich ja auch manchmal bei diesem Wunsch?

Wie oder besser woher soll ein junger Mensch denn heutzutage wissen, welcher der richtige von den vielen Wegen ist, die es für ihn gibt? Ist es in dieser Situation nicht umso verständlicher, dass man dann genau den Weg geht, den alle gehen und der uns von den Medien jeden Tag mehrere Stunden in den Kopf gefräst wird: du musst dies und das haben, um glücklich zu sein und ein erfolgreiches Leben geführt zu haben. Dies gibt uns wieder Orientierung und Kontrolle. Die Helden unserer Welt sind folgerichtig nicht sozial engagierte Menschen, sondern die Steve Jobs, Mark Zuckerbergs und Vorstände der Dax-Unternehmen, die uns von den Titelseiten der Hochglanzmagazine anlächeln.

Diesen und deren Ferraris, Privat-Jets, Maßanzügen eifern wir kopflos hinterher, bis zu dem Punkt, an dem es häufig irgendwie nicht weitergeht, einem Punkt, an dem wir merken, dass wir irgendein tiefes menschliches Bedürfnis vernachlässigt haben, andere Menschen verletzt haben oder auch, dass wir kurz davor sind, die Kontrolle über unser Leben und vor allem über uns selbst zu verlieren. Bis zu dem Punkt, an dem wir zu erschöpft sind, um so weiterzumachen wie bisher, oder erkennen, dass wir eigentlich gar nicht genau wissen, was wir hier gerade tun, warum wir dies gerade tun und in welche Richtung wir laufen. Das ist die Situation, in der ich als Coach, Psychotherapeut oder Trainer häufig auf Menschen treffe. Auf niedergeschlagene und verwirrte Menschen. Oder ich treffe auf paralysierte, hilflose Menschen, die wie der Käfer, der auf den Rücken fällt und sich tot stellt, um sich zu schützen, vor den vielen Wahlmöglichkeiten kapitulieren und eben gar nichts mehr tun. Sie stehen dann zum Beispiel ohne Altersvorsorge da, denn sie konnten sich einfach nicht zwischen den vielen verschiedenen Versicherungspolicen entscheiden. Auch diese Menschen sind dann häufig ihres eigenen Unglückes Schmied gewesen, spüren das meist unbewusst auch irgendwie, und dies macht sie dann natürlich auch nicht gerade selbstbewusster. Jede Entscheidung, die ein Mensch trifft, birgt eben die Gefahr, dass es die falsche Entscheidung war, und je größer die Anzahl der Wahlmöglichkeiten und der Entscheidungen ist, die wir treffen, desto größer ist auch die Gefahr, falsch entschieden zu haben. Vielleicht erklärt dies auch die Millionen häufig sogar sehr sympathischen und gut aussehenden Singles, die dies über Jahre bleiben. Nicht, weil es ihnen an Wahlmöglichkeiten fehlt, sondern weil sie zu viele Wahlmöglichkeiten haben und hinter der nächsten Ecke ja schon *der* Partner warten könnte, der nun wirklich und endlich perfekt ist. Auch diese Fülle an Wahlmöglichkeiten gab es vor noch ein paar Jahrzehnten nicht, denn sie widersprach zutiefst den damals herrschenden gesellschaftlichen Normen und Werten.

Was ist nun die Lösung für diese Situation? Sollen wir die Uhr wieder zurückdrehen, sollen wir die Wahlmöglichkeiten und damit unsere Freiheit wieder einschränken, in der Hoffnung, dadurch glücklicher zu werden? Ich glaube es nicht. Ich glaube, wir müssen erst noch lernen, mit dieser Freiheit umzugehen, sie als Chance begreifen und eben ein neues, ein anderes Selbstbewusstsein entwickeln.

Genau an dieser Stelle kommt auch das Thema Resilienz mit voller Wucht zum Tragen, denn hoch resiliente Menschen zeichnen sich auf der Basis einer Vielzahl von Fähigkeiten dadurch aus, dass sie mit Zuversicht, Gelassenheit, Selbstvertrauen, Mut, Menschlichkeit und viel Konsequenz und Disziplin die Herausforderungen angehen, die ihnen das Leben stellt. Seien es nun private oder berufliche Situationen und Rückschläge oder eben die oben beschriebenen Herausforderungen, vor die uns unsere neue Freiheit stellt. Sie tun dies nicht, indem sie mit einem übertriebenen Optimismus glauben, dass ihnen alles gelingt, sondern in der Zuversicht, dass auch Rückschläge und Fehlentscheidungen zum Leben dazugehören, diese nicht ihren Selbstwert zerstören, sie vielmehr eine Quelle des Lernens sind, um es das nächste Mal besser oder anders zu machen. Sie entdecken gerade über diesen Prozess und dadurch, dass sie sich mit anderen Menschen austauschen und beraten, genau das, was ihnen wirklich wichtig ist und welche ihre wirklichen Stärken sind. Und wählen auf dieser Basis dann den Weg, auf dem sie *wirklich erfolgreich* sind, um damit die Wahrscheinlichkeit zu scheitern dramatisch zu verringern. Sie werden sich ihrer »selbst bewusst« und finden somit genau den Weg, der sie am Abend ihres Lebens zurückschauen und sagen lässt: »Hey, echt cool, was ich da so auf die Beine gestellt habe.«

Ich wage an dieser Stelle die Vorhersage zu formulieren, dass ebenso wie der Intelligenzquotient (IQ) und der Emotionsquotient (EQ) der von Dr. Karen Reivich und Dr. Andrew Shatté entwickelte Resilienzquotient (RQ) in den kommenden Jahren immer mehr an Bedeutung gewinnen wird. Er wird dies nicht nur auf individueller Ebene tun, sondern er wird auch in Unternehmen immer mehr an Bedeutung gewinnen. Mehr denn je benötigen Organisationen selbstverantwortliche Mitarbeiter, und die »Empowerment-Initiativen«, wie sie in vielen Unternehmen derzeit stattfinden, verfolgen kein anderes als genau dieses Ziel. Ebenso wie die Globalisierung für uns als Einzelpersonen enorme Chancen und damit eben auch Risiken birgt, gilt dies auch für Unternehmen. Es ermöglicht ihnen, in einer nie da gewesenen Geschwindigkeit neue Märkte zu erobern, birgt aber eben auch die Gefahr, selbst erobert zu werden. Auch hier geht das eine nicht ohne das andere. Nur hoch resiliente Organisationen werden diese Entwicklung positiv nutzen können. Entsprechend wage ich eine zweite Vorhersage, nämlich die, dass das Thema Resilienz schon bald die ihm reservierte Ecke des betrieblichen Gesundheitsmanagements verlassen und ein ganz zentraler Aspekt sowohl bei der Auswahl als auch bei der Entwicklung der Mitarbeiter eines Unternehmens sein wird, mit entsprechend starkem Einfluss auf die Führungskultur betrieblicher Organisationen. Warum? Weil ein hoch resilienter Mitarbeiter, also ein sich »selbst bewusster« Mitarbeiter, eben nicht ganz so leicht zu führen ist wie ein Mitarbeiter, der zum Beispiel auf die Orientierung, die Anweisungen oder das Lob, das ihm sein Vorgesetzter gibt, massivst angewiesen ist.

Dieses Buch verfolgt das Ziel, Ihnen in einer bewusst so gewählten populär-wissenschaftlichen Sprache das Resilienzkonzept näherzubringen. Um die Lesbarkeit zu erleichtern, habe ich möglichst auf Literaturverweise im Text verzichtet. Der Leser, der sein Wissen gerne auch wissenschaftlich vertiefen möchte, findet im Anhang des Buches eine umfangreiche Literaturliste, welche transparent macht, aus welchen Quellen das Wissen dieses Buches stammt.

Der zweite Baustein, den ich gewählt habe, um Ihnen das Resilienzkonzept näherzubringen, sind Beschreibungen über meist bekannte Menschen, die sich aus meiner Sicht durch Stärken auf einzelnen oder auf allen Resilienzfaktoren auszeichnen. Ich habe diese Personen nie persönlich kennengelernt und mein Wissen basiert entsprechend überwiegend auf Biografien und Autobiografien. Bitte halten Sie mich aber an dieser Stelle nicht für so naiv, zu glauben, dass allein solche Quellen ein Beweis für die hier geschilderte große Bedeutung von Resilienz für unser Leben und unsere

Gesellschaft sind. Ich bin als Wissenschaftler ein Verfechter eines nomothetischen Forschungsansatzes, eines Ansatzes, der die Gültigkeit von Hypothesen auf der Basis einer großen Anzahl von Personen und auf der Basis empirischer Studien überprüft. Ich weiß dennoch, wie bedeutend ein idiografischer Ansatz sein kann. Ein Ansatz, bei dem wir einen und nur diesen einen Menschen genau beobachten und uns sagen: Wenn dieser eine Mensch dies vollbracht hat oder in dieser Art und Weise reagiert, warum sollte nicht auch ich, der ich vielleicht in einer deutlich besseren Situation stecke, dazu in der Lage sein? Lassen Sie mich, um diese These zu unterstützen an dieser Stelle schon jetzt Viktor Frankl, der Auschwitz überlebte, zitieren, der mit großer Achtung Gefangene im Konzentrationslager, die ihre Menschlichkeit trotz der unmenschlichen Zustände nicht verloren haben, mit folgenden Worten beschreibt (Frankl 2009: 102):

»Und mögen es auch nur wenige gewesen sein – sie haben Beweiskraft dafür, dass man Menschen im Konzentrationslager alles nehmen kann, nur nicht: die letzte der menschlichen Freiheiten, sich zu den gegebenen Verhältnisse so oder so einzustellen.«

Viktor Frankl

Die schließlich dritte Quelle, aus der sich dieses Buch nährt, sind meine und die unschätzbar wertvollen Erfahrungen unseres amerikanischen Partners *adaptiv learning systems*. Sie haben in den vergangenen vierzehn Jahren im Rahmen von wissenschaftlichen Untersuchungen und in zahllosen Trainings und Coachings bewiesen, dass Resilienz mit geeigneten Methoden, wir nennen sie Skills, tatsächlich weiterentwickelt werden kann. Diese Erkenntnis stützt sich aber selbstverständlich nicht nur auf unsere eigenen Erfahrungen, sondern auf jahrzehntelange Forschung aus dem noch kleinen Forschungszweig zum Thema Resilienz und angrenzenden Gebieten wie der Neurobiologie, der hochwirksamen kognitiven Verhaltenstherapie oder der Rational Emotiven Therapie.

Sie werden in dem Buch Dinge entdecken, die Ihnen vielleicht auf den ersten Blick als selbstverständlich oder trivial erscheinen. Seien Sie aber versichert: Sie sind es nicht! Die amerikanische Entwicklungsforscherin Prof. Dr. Ann Masten hat dies einmal in einem *Spiegel*-Artikel zum Thema Resilienz in einer sehr schönen und treffenden Art ausgedrückt, indem sie sagte:

»Die größte Überraschung an der Resilienz ist das Gewöhnliche. Die Fähigkeit zu denken, zu lachen, zu hoffen, zu handeln, um Hilfe zu bitten, sie anzunehmen und dem Leben einen Sinn zu geben. Nur leider ist das Gewöhnliche eben oft nicht einfach.«

Prof. Dr. Ann Masten,
amerikanische Entwicklungs- und Kinderpsychologin

Lassen Sie uns also beginnen.

3.
Viktor Frankl: Ein Beispiel für außergewöhnliche Resilienz

3.1 Der dunkelste Sturm

Stellen Sie sich einmal gedanklich vor, Sie sind alleine auf einem Segelboot. Sie sind ein sehr guter und erfahrener Segler und haben schon viele heftige Stürme erfolgreich überstanden. Um Sie herum tobt seit Stunden der schlimmste Sturm, den Sie jemals erlebt haben. Windstärke 9–10, acht Meter hohe Wellen, es ist Nacht, bitterkalt und Sie waren schon ein paar Mal kurz vorm Kentern. Sie haben komplett die Orientierung auf dieser schwarzen, kalten, rauen und bedrohlichen See verloren. Sie sind müde und körperlich völlig erschöpft, da sie seit zwanzig Stunden nicht mehr geschlafen haben und das Schlimmste: Sie merken, wie sich in Ihnen ein immer stärkeres Gefühl der Hoffnungslosigkeit und des Aufgebens langsam ausbreitet. Sie haben dieses Gefühl langsam kommen sehen, denn Sie kennen es von anderen Stürmen. Bisher ist es Ihnen jedes Mal gelungen, das Gefühl wieder von sich wegzuschieben, dagegen anzukämpfen, es zu besiegen, indem Sie sich selbst mit Sätzen wie »Das geht vorbei« oder »Noch ein paar Stunden« motiviert haben. Aber langsam merken Sie, wie auch Ihre letzte mentale Kraft, ebenso wie die körperliche, immer mehr nachlässt und sich das Gefühl der Hoffnungslosigkeit immer mehr in Ihnen ausbreitet. Sie sagen sich Dinge wie »Vielleicht habe ich mich doch übernommen«, »selbst schuld«, »Nun bekommst du die Quittung für deinen Leichtsinn« oder »Das war's«. Neben der Hoffnungslosigkeit kommt nun auch Angst in Ihnen auf und es gelingt Ihnen nur mit allergrößter Mühe, die Panikwellen, die sich, wie die Wellen um Sie herum, in Ihnen aufbauen, unter Kontrolle zu halten. Alles scheint verloren.

Plötzlich heben Sie den Kopf und trauen zuerst Ihren Augen nicht: zwischen zwei Wellen konnten Sie plötzlich ein Licht am Horizont erblicken. Sie möchten ganz sichergehen und warten, bis Sie die nächste Welle wieder in die Höhe hebt, um wieder Ausschau nach dem Licht halten zu können. Und tatsächlich: In nur ein paar Seemeilen Entfernung entdecken Sie das warme Licht eines Leuchtturms, welches Ihnen den Weg zum nächsten sicheren Hafen weist. Sie spüren, wie in Ihnen neue Lebensgeister geweckt wer-

den. Sie spüren nicht mehr die Müdigkeit, sondern unendlich viel Energie in sich und die Gefühle von Hoffnungslosigkeit und von Angst werden schlagartig durch Hoffnung, Optimismus und Motivation ersetzt. Sie haben keine Ahnung, woher diese Energie kommt, aber eins wissen Sie genau: In spätestens einer Stunde werden Sie den sicheren Hafen erreicht haben!

3.2 Der Leuchtturm im dunkelsten Sturm

Dieser Leuchtturm ist für viele Menschen das Leben von Viktor Frankl. Viktor Frankl war jüdisch-österreichischer Psychiatrieprofessor. Er wurde 1942 gemeinsam mit seinen Eltern und seiner Frau von den Nationalsozialisten festgenommen und in das Konzentrationslager Theresienstadt deportiert. Sein Vater starb dort 1943, seine Mutter wurde in den Gaskammern von Auschwitz ermordet und seine Frau starb im Konzentrationslager Bergen-Belsen. Lediglich Viktor Frankl überlebte nacheinander die Lager Theresienstadt, Auschwitz und Dachau und wurde schließlich am 27. April 1945 von der US-Army befreit. Er verarbeitete wenige Zeit nach seiner Befreiung seine Erfahrungen in dem Buch ... *trotzdem Ja zum Leben sagen. Ein Psychologe erlebt das Konzentrationslager*. Er schrieb dieses Buches in einer Nacht und es wurde schließlich zu einem Weltbestseller, in 26 Sprachen übersetzt und im Amerikanischen mit dem Titel »Man's Search for Meaning« veröffentlicht. Alleine in den USA verkaufte sich das Buch 9 Millionen Mal.

Dieses Buch und somit das Leben von Frankl ist eines der eindrucksvollsten menschlichen Zeugnisse dafür, wozu der menschliche Geist fähig ist, und zeigt ein außergewöhnliches Maß menschlicher Resilienz. Diese mentale Stärke zeigt sich insbesondere in Frankls Analyse der Gründe, warum aus seiner Sicht er selbst und andere, wenige Mitgefangene die unmenschlichen Zustände in den Lagern überlebten.

Der erste und wichtigste Grund, und dies ist kein Resilienzfaktor, den Frankl hier nennt, ist Glück. Schaut man aber noch einmal genauer auf seine Berichte, so wird man in ihnen eine Vielzahl der Faktoren finden, die auch hoch resiliente Menschen ausmachen. So schildert er, dass insbesondere diejenigen eine größere Überlebenschance hatten, die sich ein fernes Ziel gesetzt hatten, auf das sie hinarbeiten konnten. So war es für ihn selbst das Ziel, nach seiner Befreiung seinen Studenten von seinen Erlebnissen und den dabei gemachten Erfahrungen zu berichten. Eine Situation, welche er sich vor seinem inneren Auge auch immer wieder vorstellte und mit der er seinem Leiden eine Sinnhaftigkeit verlieh. Für andere Menschen in der gleichen Situation war der Wille, ihre Angehörigen eines Tages wiederzusehen, das, wofür es sich lohnte, weiterzuleben. Er zeigt hier auch eindrucksvoll auf, dass gerade Gefangene, die sich unrealistische Ziele setzten, besonders in Gefahr waren, zu sterben. So berichtet er von einem Massensterben zwischen Weihnachten und Neujahr 1944, welches er auf die Tatsache zurückführt, dass sich viele Menschen das Ziel gesetzt, oder besser, die Hoffnung gehabt hatten, Weihnachten wieder zu Hause zu sein. Es hatte ihnen tatsächlich Kraft gegeben und ihren Überlebenswillen gestärkt. Die dann bittere Erkenntnis, dass dies nun nicht eingetreten war, hatte ihnen schließlich die letzten noch verbliebenen Kräfte geraubt.

Eine weitere »mentale Strategie«, die Frankl in sich entdeckte, war die Fähigkeit, sich in seine Innenwelt zurückzuziehen, und dort die Wärme und Liebe seiner Frau zu spüren, mit ihr zusammen zu sein. Diese Passagen gehören zu den bewegendsten des gesamten Buches. Ebenso konnte er entdecken, dass Gefangene, die sich einen realistischen Optimismus bewahrten, der nur so aussehen konnte, dass vielleicht der nächste Tag etwas Positives, und sei es nur ein Stück Kartoffel in der Suppe, bringen konnte, ebenfalls eine größere Überlebenschance hatten. Eine Erkenntnis, die er auch seinen Mitgefangenen im Rahmen einer Rede, zu der er eines Abends aufgefordert wurde, weitergab. Alle in den Lagern, nicht nur er, wussten im Gegenzug, dass diejenigen, die laut Sätze wie »Ich habe vom Leben nichts mehr zu erwarten« sagten, nur sehr geringe Überlebenschancen hatten.

Die wahrscheinlich eindrucksvollste Erkenntnis, die Frankl aber machte, war die Erkenntnis, dass kaum eine Situation so unmenschlich sein kann, dass man nicht doch einen Sinn in ihr entdecken kann. Wer anderes könnte dies glaubwürdiger vermitteln als ein Mensch, der sich in einer solchen Situation befunden hat. Diese Erkenntnis ließ ihn bis zum Rest seines noch sehr langen, erfolgreichen und bedeutenden Lebens nicht mehr los und findet sich in nahezu allen Büchern zu der Bedeutung von Sinn und seinen sehr wirksamen Therapiemethoden wie der Logotherapie wieder. Ihm selbst gelang es, einen Sinn zu finden, darüber, dass er versuchte die Situation als eine Art Experiment zu sehen, die ihm als Wissenschaftler die Möglichkeit gab, menschliches Verhalten in einer solch extremen Situation zu erleben und zu studieren. Er schildert wiederum einen Dialog mit einem Mitgefangenen, für den sich die Sinnhaftigkeit daraus ergab, all das Leid mit der Gewissheit zu ertragen, dass seine Familie und seine Nachkommen nie wieder solch ein Leid ertragen müssten, was ihm wiederum die Kraft gab, dieses ganz persönliche Leid auf sich zu nehmen. Dies bezeichnete Frankl auch als das Leid mit Würde zu tragen und es als eine Aufgabe zu sehen, die das Leben an uns stellt. Kein Satz drückt dies besser aus als der des von Viktor Frankl zitierten Fjodor Michailowitsch Dostojewski (aus Frankl 2009: 103):

»*Ich fürchte nur eines: meiner Qual nicht würdig zu sein.*«

Fjodor Michailowitsch Dostojewski

Frankl kam darüber zu der Erkenntnis, dass es in den Lagern tatsächlich Menschen gab, die es schafften, trotz der unmenschlichen Qualen sich eine letzte Würde zu bewahren, die sie schützte und die ihnen auch niemand nehmen konnte. Also ein letztes Stück innerer Freiheit. Aus dieser Erkenntnis entsprang auch sein weltberühmtes Zitat (Frankl 2009: 102):

»*[...] die letzte der menschlichen Freiheiten [ist die], sich zu den gegebenen Verhältnissen so oder so einzustellen.*«

Viktor Frankl

Man könnte an dieser Stelle die Geschichte von Millionen anderer Menschen erzählen oder von diesen erzählen lassen. Wie sie diese für sie emotional äußerst belastenden Situationen überstanden und schließlich aus diesen tiefe Erkenntnisse für sich gezogen haben und letztendlich gestärkt aus ihnen hervorgegangen sind. Sie alle würden zeigen, welche unglaubliche Kraft und damit auch Macht in uns selbst steckt. Diese Fähigkeit ist eines der entscheidenden Merkmale von hoch resilienten Menschen und sie beschreibt die Fähigkeit, nach Rückschlägen, in Situationen der Ungewissheit und unter Druck gelassen, möglichst positiv, optimistisch und zielorientiert zu bleiben.

Vielleicht überlegen Sie genau an dieser Stelle einmal, wer aus Ihrem Bekanntenkreis eine schwierige Situation »erfolgreich« überstanden hat und wie er das geschafft hat. Oder noch besser: Überlegen Sie sich, durch welche schwierige Phase Sie in Ihrem Leben gegangen sind und welche in Ihnen schlummernden Fähigkeiten dazu geführt haben, dass Sie es geschafft haben. Dies ist der erste Schritt, um Ihre eigenen Stärken im Bereich Resilienz zu entdecken, verknüpft mit dem Ziel, diese in Zukunft noch deutlich bewusster einzusetzen.

> **Kernfrage zu diesem Kapitel**
>
> Welchen »schweren Sturm« habe ich selbst überstanden und was »in mir« hat dazu geführt, dass ich dies geschafft habe?

4.
Die unentdeckte Fähigkeit der wirklich Erfolgreichen

● ● ● ● ● ● ● ● ● ● ● ● ● ● ● ● ●

Vielleicht haben Sie sich dieses Buch aufgrund des Untertitels *Die unentdeckte Fähigkeit der wirklich Erfolgreichen* gekauft. Vielleicht war Ihr Gedanke: Resilienz? Noch nie gehört, aber wenn es etwas ist, das noch niemand kennt und mich erfolgreicher macht? Warum eigentlich nicht? Wir leben in einer Gesellschaft, in der ein allgemeiner Konsens darüber herrscht, was Erfolg ist, wird er doch vor allem mit beruflichem und finanziellem Erfolg gleichgesetzt. Ein erfolgreicher Mensch hat viel Geld, einen attraktiven Partner, umgibt sich mit hochwertigen Gegenständen wie teuren Autos, Designermöbeln und Apple-Produkten und verbringt seinen Urlaub auf sündhaft teuren Urlaubsinseln wie Mauritius oder den Seychellen. Wenn dies der Erfolg ist, den Sie anstreben, und Sie sich das Buch deshalb gekauft haben, werden Ihnen die Inhalte des Buches ganz sicher dabei weiterhelfen, genau dies zu erreichen. Dies kann ich Ihnen zu fast 100 Prozent garantieren.

Dennoch lade ich Sie ein, noch einmal innezuhalten, denn wie Sie es richtig bemerkt haben, heißt der Untertitel *der **wirklich** Erfolgreichen*. Warum ist das so? Ich hätte ja auch schreiben können *Die unentdeckte Fähigkeit der Erfolgreichen*. Die Herkunft des Begriffes Erfolg hilft uns ein wenig Klarheit darüber zu bekommen. Wenn Sie in ein ethymologisches Wörterbuch schauen, werden Sie unter dem Begriff Erfolg lesen, dass es sich um das (bezweckte) Ergebnis eines Verhaltens oder eines sonstigen Ereignisses handelt.

Er beschreibt also die, in der Regel, bezweckte Konsequenz, die auf ein Verhalten folgt. Wir möchten einen bestimmten Job bei einem angesehenen Unternehmen haben, bewerben uns um die Stelle, bestehen das Assessment-Center und bekommen den Job. Wir haben Erfolg. Im Deutschen hat das Wort entsprechend die gleiche Herkunft wie das Wort erfolgen und im Englischen und Französischen finden wir ebenso diese Verbindung bei den Begriffen »success« und »succès«. Auch hier drückt sich aus, dass Erfolg etwas ist, das auf etwas folgt, das wir getan haben. Wir Menschen, und hoch resiliente Menschen in ganz besonderer Weise, setzen uns also Ziele, zeigen in mehr oder weniger intensiven, mehr oder weniger richtigen Formen die Verhaltensweisen, die notwendig sind, diese Ziele zu erreichen und erreichen wir sie, haben wir Erfolg.

Wir wissen aus der psychologischen Forschung, dass die Anstrengung, die wir dafür aufbringen, ein Ziel zu erreichen, positiv mit dem Wert korreliert, den wir diesem Erfolg beimessen. Deswegen wird auch ein Lottogewinn von den wenigsten Menschen als ein Erfolg angesehen. Wir haben zwar ein Ziel und haben entsprechend die Verhaltensweise gezeigt, um das Ziel zu erreichen (nur wer mitmacht, kann gewinnen), aber selbst bei sechs Richtigen ist die Zielerreichung nicht aufgrund von Anstrengung, sondern aufgrund von Glück geschehen. Daher werden solche Menschen als Glückspilze, aber sicherlich nicht als erfolgreich beschrieben. Ebenso würde es sich für einen Fußballspieler aus der ersten Bundesliga verhalten, der 10:0 gegen einen Viertligisten gewinnt. Er würde sich sicherlich auch darüber freuen, aber bestimmt nicht so stark, als wenn er 3:0 gegen einen direkten Konkurrenten aus seiner Liga gewonnen hätte. Die Herausforderung wäre einfach nicht die gleiche gewesen.

Warum schreibe ich das alles? Aus einem ganz einfachen Grund: Bevor Sie losrennen, wie es so viele Menschen heutzutage machen, möchte ich Ihnen empfehlen, sich erst einmal folgende Frage zu stellen: Möchten Sie erfolgreich sein, oder möchten Sie ein erfolgreiches Leben führen?

Der Unterschied ist ein gewaltiger und kann auch ein gravierender sein. Dies merkt man insbesondere dann, wenn Menschen am Ende ihrer beruflichen Laufbahn angekommen sind und erkennen, dass sie objektiv zwar beruflichen Erfolg hatten, aber nicht wirklich das Gefühl haben, ein erfolgreiches Leben geführt zu haben. Dies kann daher kommen, dass sie sich eigentlich nicht um ihre Familie gekümmert haben, sie eigentlich keinen Spaß am Leben gehabt haben oder dass sie ihre eigene oder die Gesundheit anderer Menschen kontinuierlich ruiniert haben. Ebenso verhält es sich mit Menschen, die objektiv einen enormen beruflichen Erfolg haben, aber, wie getrieben, nicht aufhören können und immer und immer weitermachen müssen. Oder aber mit Menschen, die, beruflich sehr erfolgreich sind, aber immer jemanden finden, der noch ein wenig erfolgreicher ist und deshalb ein permanentes und echtes Gefühl der Unzufriedenheit erleben: »*Ich habe meiner Freundin zum Geburtstag einen Ring für 20.000 Euro geschenkt.*« »*Ach wirklich? Meine Frau hat ihren eigenen Privatjet bekommen.*«

Verstehen Sie mich an dieser Stelle nicht falsch. Ich bin selbst ein sehr ehrgeiziger Mensch und für mich ist beruflicher Erfolg von großer Wichtigkeit. Ich weiß aber auch, dass Menschen, die sich ausschließlich auf ihren beruflichen Erfolg konzentrieren, häufig auch die Menschen sind, die in der Mitte ihres Lebens an einer Erschöpfungsdepression erkranken. Sie werden dann hoffnungslos und nehmen zum Beispiel eine Auszeit, um zu meditieren oder in ein buddhistisches Kloster zu gehen. Denn ihnen ist das Ziel abhanden gekommen, in dessen Richtung ihr Verhalten eigentlich erfolgen soll.

Geld macht nicht glücklich, aber es macht sicherlich auch nicht unglücklich. Und genauso verhält es sich mit beruflichem Erfolg. Beides sind wichtige gesellschaftliche Faktoren, die nicht nur einen maßgeblichen Einfluss auf unser persönliches Wohlbefinden oder Glück haben, sondern auch dazu geführt haben, dass der Mensch in so kurzer Zeit eine solche Erfolgsgeschichte auf unserem Planeten geschrieben hat. So ist dies, ja, der Motor für unser Glück, aber, wie sollte es auch anders sein, eben auch häufig der Motor für unser Unglück. Insbesondere dann, wenn wir nicht wissen oder, genauer gesagt, nicht überlegen, was wir eigentlich wollen.

Wir wissen von hoch resilienten Menschen, dass ihnen dieser Spagat zwischen beruflichem Erfolg und einem erfolgreichen Leben in besonderer Weise gelingt. Ihnen gelingt dies über verschiedene Mechanismen und Grundhaltungen. Einmal darüber, dass sie sich tatsächlich immer wieder neue herausfordernde Ziele setzen, aber dies nicht aus einem Gefühl des

»Getriebenseins« tun, sondern weil es ihnen ganz einfach Freude bereitet und weil sie eine Sinnhaftigkeit in ihrer persönlichen Arbeit entdecken. Ihnen gelingt es außerdem dadurch, dass sie sich neben ihrer Arbeit Orte wie die Familie, Freunde oder ein Hobby schaffen, aus denen sie die Kraft und Energie tanken, die sie für ihre beruflichen Herausforderungen benötigen und durch die sie, und sei es nur für eine Stunde, einmal ihren Kopf abschalten können. Und es gelingt ihnen schließlich darüber, dass sie auch in der Lage sind, das Erreichte, ihren Erfolg wirklich wahrzunehmen, sich dafür zu loben und Stolz und auch Dankbarkeit zu empfinden.

Kernfrage zu diesem Kapitel

Was bedeutet es für mich, ein erfolgreiches Leben geführt zu haben?

5.
Und wie resilient sind Sie?
●●●●●●●●●●●●●●●●●●●●

5.1 Natürlich sind Sie resilient

Alle Menschen sind resilient und tragen in sich die Fähigkeit, mit Rückschlägen umzugehen. Man kann das ganz einfach daran erkennen, dass nur eine sehr geringe Anzahl von Menschen auch bei schweren Traumata eine posttraumatische Belastungsstörung entwickelt und die Hilfe eines externen Beraters oder Psychologen benötigt. Wir können es nicht genau sagen, aber vielleicht ist ja auch hier die Evolution dafür verantwortlich, dass unsere wenig-resilienten Vorfahren von der Natur ausgesondert wurden, weil sie eben nicht die Fähigkeit besaßen, nach einem Rückschlag wieder aufzustehen, sondern im wahrsten Sinne des Wortes sitzen geblieben sind. Entsprechend sollten Sie sich auch nicht die Frage stellen, ob Sie resilient sind, sondern vielmehr, wie resilient Sie sind und auch in welchen Situationen Sie es besonders sind. Wir wissen aus der Forschung, dass sich die Resilienz eines Menschen im Laufe seiner Entwicklung verändern kann. Erlebt ein Mensch zum Beispiel innerhalb kürzester Zeit viele schwere Rückschläge, so kann seine sonst sehr hohe Resilienz für einen gewissen Zeitraum eingeschränkt sein. Ebenso wissen wir, dass es Menschen gibt, die zum Beispiel im Beruf über eine außerordentlich hohe Resilienz verfügen, während es ihnen schwerfällt, private Rückschläge zu verarbeiten. Wir sprechen dann von einer ausgeprägten situativen Resilienz. Wenn Sie also selbst Ihre Resilienz weiterentwickeln möchten, wird es wichtig sein, zu schauen, in welchen Situationen ein erhöhtes Maß an Resilienz für Sie von Nutzen sein könnte.

5.2 Die Sache mit dem Schwamm

Stellen Sie sich bitte vor, wie Sie einen Schwamm in der Hand halten – oder besser: Sollten Sie einen Schwamm in Reichweite haben, nehmen Sie diesen wirklich kurz in die Hand. Er kann trocken oder feucht sein, das ist egal. Drücken Sie ihn jetzt ganz fest zusammen, machen Sie ihn so klein wie möglich, treten Sie meinetwegen auf ihm herum, werfen sie ihn gegen die Wand und beschimpfen Sie ihn, wenn Sie möchten. Nun schauen Sie ihn sich erneut an. Sie werden feststellen, dass der Schwamm zwar kurz seine Form verändert hat, aber nun, nach dem ganzen Druck und der ganzen Gewalt, die Sie auf ihn ausgeübt haben, immer noch so aussieht wie zuvor. Der Begriff Resilienz stammt, genauso wie dieses Beispiel, ursprünglich aus der Physik und beschreibt die Fähigkeit eines Körpers, nach Druck wieder seine ursprüngliche Form anzunehmen. Beim Menschen ist es entsprechend die Fähigkeit, in Drucksituationen, nach Rückschlägen und in Situationen der Ungewissheit schnell wieder aufzustehen, fokussiert zu bleiben, optimistisch zu sein und eine Sinnhaftigkeit auch in äußerst schwierigen Situationen zu finden. Wir werden im Verlauf des Buches aber auch sehen, dass Resilienz noch deutlich mehr ist als diese gängige Definition.

Ich werde häufig gefragt, ob sehr resiliente Menschen denn gefühllos seien und auch hier eignet sich der Schwamm wieder als ausgezeichnete Analogie, denn resiliente Menschen sind keineswegs gefühllos. Ganz im Gegenteil: Ebenso wie der Schwamm sich bei Druck verformt, »verformen« sich auch hoch resiliente Menschen, indem sie negativ empfundene Gefühle wie zum Beispiel Angst, Trauer oder Schuld zwar zulassen und nicht verleugnen, dann aber schneller als andere Menschen wieder nach Wegen suchen, um positive Gefühle zu erleben.

Der Fußballnationalspieler Thomas Müller ist aus meiner Sicht ein wunderbares Beispiel für einen solch hoch resilienten Menschen. In einem im Dezember 2010 in der *FAZ* veröffentlichten Interview wurde der Sportler gefragt, was seine größte Stärke sei. Er antwortete darauf (*FAZ am Sonntag*, 26.12.2010):

»Ich bin ein Spieler, der es das ganze Spiel über versucht, von der ersten bis zur neunzigsten Minute [...]. Meine größte Stärke ist, dass ich nicht aufhöre, wenn es nicht geklappt hat. Ich versuche es immer weiter. Und wenn ich es fünfzehn Mal machen muss, damit es einmal klappt – aber dann steht es halt 1:0.«

Thomas Müller

Thomas Müller nennt als seine größte Stärke also nicht etwa seine Schnelligkeit oder seine Technik, die zweifelsohne hervorragend sind. Nein, er nennt die Fähigkeit, sich von Rückschlägen nicht entmutigen zu lassen und weiter seine Chance zu suchen. Und genau das ist unter anderem Resilienz. Wenn man sich nun noch vergewissert, dass er als sehr unerfahrener Nationalspieler bei der Fußballweltmeisterschaft 2010 Torschützenkönig wurde, beweist dies natürlich nicht den Zusammenhang zwischen Erfolg und Resilienz, aber das Beispiel gibt uns einen Hinweis darauf, dass hier zumindest dieser Zusammenhang bestehen könnte. Denken Sie nun noch einmal an das gegen Italien verlorene Halbfinale der Deutschen Fußballnationalmannschaft bei der Europameisterschaft 2012. Vielleicht erinnern Sie sich an Thomas Müller, wie er nach dem Spiel auf der Ersatzbank saß, seinen Kopf unter einem Handtuch versteckt hatte, bitterlich weinte und von Weinkrämpfen geschüttelt wurde. Man konnte ihm die Verzweiflung deutlich ansehen. Hier zeigt sich ebenso die weiter oben beschriebene Tatsache, dass hoch resiliente Menschen entgegen landläufiger Meinung sehr wohl Gefühle empfinden und diese auch zulassen. Erst dies gibt ihnen die Möglichkeit, einen Rückschlag gesund zu verarbeiten, um dann wieder von vorne zu starten.

Ich bitte daher gerne die Teilnehmer an unseren Trainings und Coachingmaßnahmen zum Start, sich zu überlegen, wer der resilienteste, der psychologisch widerstandsfähigste Mensch ist, den sie kennen. Die Teilnehmer haben zu diesem Zeitpunkt typischerweise nur eine vage Vorstellung davon, was sich eigentlich hinter dem Begriff Resilienz versteckt. Ich stelle diese Frage, weil es ebenso interessant, wenn nicht noch interessanter ist, ein Bild von hoch resilienten Menschen in normalen Lebenssituationen zu bekommen. Woran erkenne ich also, ganz unabhängig von einem Rückschlag oder einer Drucksituation, einen solchen Menschen? Vielleicht stellen Sie sich selbst kurz einmal die Frage. Die Antworten, die ich dann erhalte, sind so gut wie immer die gleichen und beschreiben sehr gut, woran wir hoch resiliente Menschen erkennen können:

- sie strahlen Optimismus und Zuversicht aus
- sie sind intelligent und zeigen eine hohe Bereitschaft, Situationen gründlich zu analysieren
- sie wirken insgesamt balanciert und im Reinen mit sich selbst
- sie sind gelassen
- sie haben klare Ziele vor Augen und verfolgen diese konsequent und mit viel Disziplin
- sie sind empathisch und können sich zurücknehmen, um dem anderen genau zuzuhören
- sie haben Humor und akzeptieren die negativen Seiten des Lebens als etwas Gegebenes, das zum Leben dazugehört

Wie steht es mit Ihnen? Wie sehr entsprechen Sie selbst diesen Merkmalen?

5.3 Emmy Werner und die Anfänge der Resilienzforschung

Der Begriff Resilienz ist insbesondere durch eine Forschungsarbeit der amerikanischen Psychologin Emmy Werner bekannt geworden. Werner beobachtete über 40 Jahre alle 698 im Jahr 1955 auf der im Hawaii-Archipel liegenden Insel Kauai geborenen Kinder. Sie erhob zu insgesamt sechs Messzeitpunkten unterschiedlichste Parameter, wie zum Beispiel Verhaltensauffälligkeiten, schulische Leistungen, Zufriedenheit mit dem Leben. Besonderes Interesse galt den 201 Kindern, die bereits bei der Geburt einem erhöhtem Entwicklungsrisiko, wie zum Beispiel chronischer Armut der Eltern, Geburtskomplikationen, geringem Bildungsniveau der Eltern oder familiärerer Disharmonie ausgesetzt waren. Die schlechte Nachricht: circa zwei Drittel dieser Kinder entwickelten sich ebenso wie ihre Eltern negativ. So zeigten 129 der 201 Kinder der Risikogruppe bereits im Alter von zehn Jahren schwere Verhaltens- und Lernstörungen, wurden noch vor dem 18. Lebensjahr straffällig oder als Mädchen schwanger. Die gute Nachricht war aber: Ein Drittel der Kinder entwickelte sich, ohne jegliche Intervention der beobachtenden Forscher, zu glücklichen, erfolgreichen und optimistischen Erwachsenen, die auch zum Zeitpunkt der letzten Messung, im Alter von 40 Jahren, zahlreiche Zukunftspläne hatten. Die Studie zeigt eindrucksvoll zwei essenzielle Faktoren:

1. Menschen, die in vergleichbaren Umwelten aufwachsen, können auf der Basis spezifischer Persönlichkeitseigenschaften und Verhaltensweisen eine komplett unterschiedliche Entwicklung nehmen.
2. Resilienz kann, anders als beispielsweise Intelligenz, weiterentwickelt werden. Dies zeigte sich nach Abschluss der Studie insbesondere dadurch, dass die Risikoteilnehmer der Studie spezifische Trainings erhielten, die dazu führten, dass sie ihr Leben wieder besser in den Griff bekamen. Wir können diesen Effekt durch unsere eigenen Ergebnisse nur bestätigen. Sie zeigen uns immer wieder, wie effektiv sich mit spezifischen Trainings- und Coachingmaßnahmen die Resilienz und damit der Erfolg und das Wohlbefinden vieler Teilnehmer erweitern lassen. Um dies zu erreichen, vermitteln wir Maßnahmen und Fähigkeiten, im Englischen »skills« genannt, die einen positiven Einfluss auf sieben Faktoren haben, die einen resilienten Menschen ausmachen.

5.4 Die sieben echten Resilienzfaktoren

Die sieben Resilienzfaktoren wurden von den US-amerikanischen Forschern Dr. Karen Reivich und Dr. Andrew Shatté zum ersten Mal in ihrem Buch *The resilience factor* dargestellt. Sie basieren sowohl auf den Erkenntnissen ihrer eigenen langjährigen Forschungstätigkeit an der University of Pennsylvania als auch auf der Arbeit vieler weiterer Forschergruppen sowie auf der über zehn Jahre im Rahmen von Trainings gesammelten Erfahrungen.

Im deutschsprachigen Raum werden diese Faktoren immer wieder unter dem Begriff »Die sieben Säulen der Resilienz« wiedergegeben. Um den bereits kundigen Leser an dieser Stelle nicht zu verwirren, möchte ich hier betonen, dass, obwohl Reivich und Shatté immer wieder zitiert werden, diese sieben Faktoren sehr häufig in einer völlig falschen Art und Weise wiedergegeben werden. Faktoren, die entsprechend falsch genannt werden, sind beispielsweise Akzeptanz, Verlassen der Opferrolle oder Netzwerkorientierung. Es ist zwar richtig, dass hoch resiliente Menschen Rückschläge schneller akzeptieren, sich seltener als Opfer sehen und sich Unterstützung durch andere Menschen suchen, aber dies sind »nur« Verhaltensweisen, die auf den von Reivich und Shatté definierten sieben Resilienzfaktoren basieren.

Nach Reivich und Shatté zeichnen sich hoch resiliente Menschen in besonderer Weise durch hohe Werte bezüglich der folgenden sieben Faktoren aus. Diese können mithilfe des von *adaptiv learning systems* entwickelten RFI® (Resilience Factor Inventory) gemessen und durch spezifische Trainingsmaßnahmen und Übungen kontinuierlich weiterentwickelt werden.

Die sieben echten Resilienzfaktoren sind:
Faktor 1: Emotionssteuerung
Faktor 2: Impulskontrolle
Faktor 3: Kausalanalyse
Faktor 4: Realistischer Optimismus
Faktor 5: Selbstwirksamkeitsüberzeugung
Faktor 6: Reaching-Out/Zielorientierung
Faktor 7: Empathie

Sie werden diese Faktoren in leicht abgewandelter Form in jedem seriösen wissenschaftlichen Beitrag finden. Was verbirgt sich nun genau hinter jedem einzelnen Faktor?

Der Resilienzfaktor Emotionssteuerung

Der Steuerung unserer Emotionen kommt im Resilienzkonzept die wahrscheinlich zentralste Bedeutung zu. Jeder kennt Situationen, in denen er, in der Regel unbewusst, seine Emotionen und die dazugehörigen Impulse steuert. Eltern haben die ganze Nacht nicht geschlafen, weil ihr Kind geschrien hat, und auch während des Vormittags geht es ohne Unterlass weiter. Sie spüren in sich ein Gefühl des Ärgers und der Wut aufkommen und steuern durch unterschiedlichste Verhaltensweisen dagegen. Die Mutter atmet ein paar Mal tief durch und verdeutlicht sich zum Beispiel noch einmal, dass das Kind nun einmal Zahnschmerzen hat und nichts dafür kann. Diese Empathie hilft ihr, das Schreien des Kindes besser zu ertragen. Der Mitarbeiter eines Callcenters, der insbesondere mit unfreundlichen Kunden zu tun hat, wacht morgens mit dem Klingeln des Weckers auf und hat überhaupt keine Lust, zur Arbeit zu gehen. Denkt aber vielleicht an die netten Kollegen, die ihn erwarten, oder daran, dass heute Freitag ist und dass er mit seiner Freundin am Wochenende in ein wunderbares Wellness-Hotel fahren wird. Er schafft es so, positive Emotionen in sich entstehen zu lassen, sich besser zu fühlen. Sie selbst sind auf der Autobahn mit hoher Geschwindigkeit unterwegs und plötzlich schert ein anderes Auto aus und zwingt Sie abzubremsen. Sie empfinden Ärger und würden am liebsten sofort losschreien und sich die Person vorknöpfen. Sie reißen sich aber zusammen und sagen sich »Na ja, komm, die Autobahn gehört dir halt nicht alleine« und schaffen es dadurch, Ihren starken Ärger wieder zu bändigen. An dieser Stelle könnten tausende weitere Beispiele genannt werden, die verdeutlichen, was es mit Emotionssteuerung auf sich hat. Sie sehen: Wir alle steuern unsere Emotionen schon jetzt in einer mehr oder weniger bewussten und mehr oder weniger intensiven Art und Weise. Würden wir dies nicht tun, wären wir nicht in der Lage, unsere Berufe auszuüben oder mit anderen Menschen in einer Gesellschaft zusammenzuleben.

Aber Vorsicht! Emotionssteuerung hat, auch wenn wir dies immer mal wieder tun müssen, nichts mit der Unterdrückung von Gefühlen zu tun, denn wenn man auf dieses Art und Weise seine Emotionen steuert, funktioniert man eher nach dem Dampfkesselprinzip: irgendwann werden sich die Emotionen ihren Weg bahnen und Sie werden explodieren. Emotionssteuerung ist ein Prozess, bei dem ein Mensch eine als negativ empfundene, wir nennen dies auch nicht-resiliente, Emotion so steuert, dass er wirklich eine positive Emotion empfindet. Die weiter oben beschriebene Mutter wird beispielsweise ein echtes Gefühl der Nachsicht und des Mitleids für ihr Kind empfinden. Würde sie sich an der Stelle sagen »Reiß dich zusammen!«, würde das Gefühl des Ärgers weiterhin in ihr bestehen bleiben. Wir wissen aus zahlreichen Forschungsergebnissen, dass das Vorspielen von emotionen zu einer Emotionalen Dissonanz führt. Dies ist zum Beispiel dann der Fall, wenn der Callcenteragent permanent Frustration wegen seiner Tätigkeit verspürt, am Telefon aber permanent lächelt. Dies führt innerlich zu Stress, mit allen hormonellen Konsequenzen, die Stress bei uns auslöst. Wird dies über mehrere Monate, gar Jahre getan, kann dies dazu führen, dass Menschen tatsächlich körperlich erkranken. Er hat also nur die Möglichkeit, zu versuchen, etwas an seiner Arbeit zu ändern oder seine Emotionen in eine positive Richtung zu lenken.

Hoch resiliente Menschen sind also in der Lage, ihre Emotionen besonders gut zu steuern. Die Bedeutung dieser Fähigkeit wird besonders dann bewusst, wenn man die Ebene der oben beschriebenen einzelnen Situationen verlässt und gesamthaft auf einen hoch resilienten Menschen schaut. Warum ist das so? Weil diese Menschen in einem Bereich ihres Lebens einen unbändigen Willen haben: den Willen, dass es ihnen gut geht. Dementsprechend ergreifen sie sehr schnell *die richtigen* Maßnahmen, damit es ihnen emotional wieder gut geht, dass sie glücklich sind. Denn vergessen Sie nicht: Glück ist eine Emotion.

Alle anderen sechs Fähigkeiten, die Resilienz ausmachen, haben einen mehr oder weniger starken Einfluss auf genau diese Fähigkeit: die Fähigkeit, seine negativen Emotionen wahrzunehmen, um dann *die richtigen* Maßnahmen zu ergreifen, um sich wieder besser zu fühlen. Nicht mehr, aber auch nicht weniger verstehen wir unter diesem erst einmal sehr technisch anmutenden Begriff der Emotionssteuerung. Und noch einmal anders ausgedrückt: wenn es, wie es beispielsweise der Dalai Lama sagt, stimmt, dass der eigentliche Sinn des Lebens das Streben nach Glück ist, und wir uns vergegenwärtigen, dass Glück nichts anderes als eine Empfindung ist, nichts primär Materielles also, wird uns die ganze Tragweite dieser Fähigkeit erst richtig bewusst.

Der Resilienzfaktor Impulskontrolle
Sie erinnern sich vielleicht an das Finale der Fußballweltmeisterschaft, Frankreich gegen Italien, in Berlin. Zinédine Zidane wird auf das Übelste von seinem Gegenspieler Materazzi beschimpft, geht zu ihm zurück und versetzt ihm einen brutalen Kopfstoß auf die Brust. In dieser Situation hatte er weder seine Emotionen noch seine Impulse unter Kontrolle. Wichtig ist, hierbei zu sehen, dass ihn diese Verhaltensweise ganz klar von seinem Ziel, also von seinem *Erfolg* abgebracht hat: den Gewinn der Fußballweltmeisterschaft im Rahmen des letzten Spiels seiner Karriere. Vielleicht gehören Sie zu den Menschen, die dazu sagen: »Richtig gemacht! Endlich mal jemand, der sich nichts gefallen lässt«, und vielleicht entspringt diese Einstellung der Tatsache, dass Sie eigentlich selbst gerne einmal so etwas machen würden, sich aber immer zurückhalten (müssen). Ich selbst habe bei meiner Arbeit als Sportpsychologe zahlreiche Profimannschaftssportler gefragt, was ihre Meinung dazu ist, und ich kann Ihnen Eins garantieren: Ich habe nicht einen Sportler getroffen, der Verständnis für diese Geste aufgebracht hätte. Es gab nicht einen, der nicht gesagt hat: »Der hätte in der Kabine richtig Ärger von mir bekommen, weil wir deswegen wahrscheinlich das Spiel verloren haben. Er hatte sich nicht mehr unter Kontrolle.«

Hoch resiliente Menschen verstehen es, ihre ersten Impulse, insbesondere in Drucksituationen, effektiv zu steuern. Dies ist nicht nur in Situationen starker Emotionen von Bedeutung, sondern auch in unserem alltäglichen Leben. Daher ist Impulskontrolle auch nicht mit Emotionssteuerung gleichzusetzen, wie man es an dieser Stelle vermuten könnte. Impulskontrolle kann entsprechend auch mit dem sehr bekannten und wenig beliebten Wort *Disziplin* übersetzt werden. Denn hoch resiliente Menschen sind in vortrefflicher Weise in der Lage, konzentriert und achtsam an einer Aufgabe zu arbeiten und sich nicht permanent von anderen Aufgaben, Ideen oder Menschen ablenken zu lassen. Sie verfolgen darüber hinaus konsequent ihre Ziele, bringen Dinge zu Ende und erlangen darüber wiederum ein positives Gefühl wie Zufriedenheit oder Stolz, etwas zu Ende gebracht zu haben. Kennen Sie diese Situation, in der Sie kurz vor Feierabend Ihr Mailprogramm schließen möchten und sehen, dass da noch drei angefangene Mails geöffnet sind, an die Sie sich gar nicht mehr erinnern können? Oder dass Sie am Ende des Arbeitstages frustriert sind, weil Sie das Gefühl haben, so gar nichts erreicht oder abgeschlossen zu haben?

Genau deswegen ist Impulskontrolle in unserer Arbeitswelt von größter Bedeutung. Insbesondere wenn wir Aufgaben nachgehen, die uns nicht so viel Spaß machen, und diese gehören nun einmal zum Berufsleben dazu, ist es heutzutage enorm einfach, seinem ersten Impuls zu folgen. Erst einmal die Mail lesen, die gerade noch reingekommen ist, das Telefon klingelt, ich gehe mal schnell dran, der Kollege macht eine Kaffeepause und lädt Sie ein, mitzugehen, lange nicht mehr bei facebook oder bei XING nachgeschaut. Die Möglichkeiten, sich ablenken zu lassen, waren noch nie so groß. Ja, unsere Welt ist vernetzter und dadurch komplexer geworden und viele Forscher behaupten, wie gesagt, dass es genau das ist, was uns krank macht und in den Burn-out führt. Ich behaupte: Es ist nicht die Komplexität, die uns krank macht, sondern die Art und Weise, wie wir mit ihr umgehen. Professor Fredmund Malik, einer der führenden Managementvordenker unserer Zeit, stellt in seinem Buch *Führen, Leisten, Leben* folgende provokante, aber auch sehr treffende These auf (Malik 2000: 325):

»*Fast alle der so häufig diskutierten Begleiterscheinungen intensiver Arbeit und beruflichen Leistungsdrucks wie Stress, Hetze und Hektik, gesundheitliche Schäden und viele familiären Querelen lassen sich, so behaupte ich, auf Mängel in der Arbeitsweise zurückführen. An viel und harter Arbeit erkrankt man nicht* so leicht. Davon wird man müde. Man erkrankt an ineffizienter, sinn- und ergebnisloser Arbeit.«

Fredmund Malik

Wir müssen also in unserer modernen Lebenswelt lernen, bewusster mit der ganzen Komplexität umzugehen und eben vielleicht mal den Griff zum Blackberry oder zum iPhone lassen, um dafür eine Aufgabe wirklich zu Ende zu bringen. Hoch resiliente Menschen müssen dies nicht mehr lernen, denn sie tragen diese Fähigkeit bereits in sich und ziehen daraus ein großes Gefühl der Zufriedenheit.

Der Resilienzfaktor Kausalanalyse

Vielleicht ist es Ihnen, symbolisch oder real gemeint, schon einmal passiert, dass Sie versucht haben, eine Tür immer aufzudrücken und es hat nicht funktioniert. Sie haben sich darüber geärgert und angefangen die blöde Tür zu beschimpfen und ebenso die Tatsache, dass sie klemmt, verflucht. Durch Zufall haben Sie dann an der Tür gezogen und ihr dann doch noch verziehen, da sie plötzlich offen stand. Mir selbst ist das tatsächlich schon einmal mit der Kellertür meiner Münchner Wohnung passiert. Ich habe zwei Jahre lang die Holztür im Keller immer nach innen gedrückt und durch den recht breiten Spalt, der dadurch entstand, meine Kartons und anderen Gegenstände, die man so in den Keller räumt, gezwängt. Irgendwie klappte das immer. Gleichzeitig habe ich die Person verflucht, die sich eine so schwachsinnige Konstruktion hat einfallen lassen. Sie können sich denken, dass ich nicht schlecht gestaunt habe, als ich dann eines Tages mit einem Freund in den Keller gegangen bin, er wollte etwas darin deponieren, und dieser intuitiv an der Tür gezogen hat und diese plötzlich weit offen stand. Welche Gedanken mir in der Situation zu mir selbst durch den Kopf gegangen sind und wie weit offen mein Mund stand, können Sie sich sicherlich denken. Was war passiert? Ich habe gar keine beziehungsweise eine schlechte Kausalanalyse betrieben, also den Grund für die Tatsache, dass die Tür nicht weit aufging, nicht beziehungsweise falsch analysiert. Es geht bei der Kausalanalyse also vor allem um die Frage nach dem »Warum«.

Gehen wir mal davon aus, Sie befinden sich seit einem längeren Zeitraum in einem emotional negativen Zustand. Sie haben beispielsweise seit ein paar Wochen ein ungutes, ängstliches Gefühl, weil in Kürze eine wichtige Vorstandspräsentation ansteht. Oder Sie ärgern sich seit geraumer Zeit, weil Sie nicht so recht die Anerkennung Ihres neuen Chefs bekommen. Ihr früherer Chef hatte Sie insgesamt deutlich mehr gelobt. Gehen wir mal davon aus, Sie haben dieses Buch gelesen und dabei gelernt, dass der Steuerung von Emotionen eine zentrale Bedeutung zukommt, und möchten entsprechend etwas unternehmen, um sich besser zu fühlen. Was müssen Sie nun tun? Richtig: Sie müssen den Grund für Ihren emotional negativ erlebten Zustand identifizieren, um die richtigen Maßnahmen zu ergreifen, damit es Ihnen wieder besser geht.

Hoch resiliente Menschen unterscheiden sich von weniger resilienten Menschen in zweierlei Hinsicht in diesem Bereich: Erstens nehmen sie sich die Zeit, eine Situation gründlich zu analysieren, und, zweitens, sind sie sehr gut darin, die richtigen Gründe für ihren emotional negativen Zustand zu identifizieren. Wozu dies führt, ist klar: Sie ergreifen die richtigen Maßnahmen, um sich besser zu fühlen, und, siehe das Kellertürbeispiel weiter oben, sie machen nicht immer wieder den gleichen Fehler. Die Person, die sich wegen der Vorstandspräsentation ängstlich fühlt und das seit Jahren von sich kennt, kann dies natürlich genau auf diese Situation zurückführen. Vielleicht überlegt sie sich auch deswegen, in Zukunft keine Präsentationen mehr zu halten. Sie könnte sich aber auch verdeutlichen, dass sie sich trotz zahlreicher beruflicher Erfolge und sehr vieler gelungener Präsentationen immer wieder zu sehr infrage stellt und zu wenig Selbstvertrauen hat. Dies führt zu ganz unterschiedlichen Lösungsansätzen, um sich vor und während Präsentationen besser zu fühlen. Ebenso könnte der Mitarbeiter, der nicht genügend gelobt wird, erkennen, dass er zu stark von dem Lob anderer Menschen abhängig ist und genau wie die erste Person zu wenig an seine Fähigkeiten glaubt. Er kann aber auch die Entscheidung treffen, die Abteilung oder gleich das Unternehmen zu wechseln. Schließlich ist ja sein Vorgesetzter »schuld« daran, dass er frustriert ist und sich ärgert.

Welche Lösungsansätze werden aus Ihrer Sicht zu mehr beruflichem Erfolg und zu mehr dauerhaftem Wohlbefinden führen?

Unser amerikanischer Partner Dean M. Becker drückt diese Gegebenheit mit einem wunderbaren Satz aus:

»*Resilience is our ability to bounce back, the ability to recover from setbacks. That's right! But there is more: resilience is the intelligent deployment of limited resources.*«

Dean M. Becker

Resilienz ist also die intelligente Nutzung begrenzter (eigener) Ressourcen, die sich dadurch ausdrückt, dass wir die Gründe für emotional negative Zustände treffend identifizieren, um auf dieser Basis die richtigen Entscheidungen zu treffen. Wir begehen dadurch nicht immer wieder den gleichen Fehler, verschwenden unsere Ressourcen nicht an Dinge, die wir sowieso nicht ändern können, und geben auch nicht zu früh, kurz vor dem Ziel, auf. Ein Resilienzfaktor, den Sie entsprechend in der wissenschaftlichen Literatur immer wieder finden werden und der auch ausdrücklich mit Kausalanalyse gemeint ist, ist daher auch Intelligenz.

Aber entspannen Sie sich: Sie müssen nicht Albert Einstein sein, um eine treffende Kausalanalyse zu betreiben. Daher verwenden wir auch nicht den Begriff Intelligenz, sondern lieber den Begriff »akkurates Denken«.

Ein Denken, das uns eben dabei hilft, die Gründe für Rückschläge und die damit einhergehenden emotional negativen Zustände richtig zu identifizieren, um dann entsprechend die richtigen Handlungen folgen zu lassen.

Der Resilienzfaktor Empathie

Empathie ist unsere Fähigkeit, sich in die Gedanken und Gefühlswelt eines Menschen hineinzuversetzen. Die Bedeutung dieser Fähigkeit, sowohl im beruflichen als auch im privaten Umfeld, ist in dem bemerkenswerten Buch

Emotionale Intelligenz von Daniel Goleman eindrucksvoll beschrieben und belegt worden.

Wie kann uns Empathie helfen, resilienter und darüber erfolgreicher und glücklicher zu werden? Es sind *zwei Mechanismen*, die hier von entscheidender Bedeutung sind.

Erstens hilft uns Empathie dabei, die Perspektive zu wechseln. Es besteht allgemeine Einigkeit darüber, dass wir in einer sich immer mehr individualisierenden Gesellschaft leben, in der also das Ich und die Selbstverwirklichung, was auch immer das sein mag, äußerst wichtige Werte sind. Werbeslogans wie »Ich und mein Magnum« von Langnese, »Geiz ist geil« von Saturn oder »beacht*lich*« von der Postbank drücken dies in eindrucksvoller und, wie ich finde, häufig erschreckender Weise aus. Sind diese Werte, mit denen Kinder tagtäglich bombardiert werden, wirklich die Werte, die wir ihnen vermitteln wollen? Wenn Sie aber nun immer nur die Perspektive »Ich« einnehmen, werden Sie vielleicht tatsächlich bis zu einem gewissen Maß Karriere machen, haben Sie doch gelernt, die Ellenbogen einzusetzen. An irgendeiner Stelle könnte aber auch für Sie Schluss sein, nämlich an der Stelle, wo Sie diese Empathie benötigen. Dies ist zum Beispiel dann der Fall, wenn Sie die Bereitschaft haben müssen, sich in das Denken und Fühlen Ihrer chinesischen Geschäftspartner einzudenken, um den großen Deal für den Bau einer Fabrik in China endgültig abzuschließen. Dies wird dann mit interkultureller Kompetenz übersetzt, die aber vor allem aus einer hohen Empathie und nicht aus dem Erlernen von gesellschaftlichen Regeln besteht.

Zweitens hilft uns Empathie auch wieder, unsere Emotionen zu steuern beziehungsweise erst gar nicht zu starke negative Emotionen aufkommen zu lassen.

Nehmen Sie das Beispiel zweier Mitarbeiter der Deutschen Lufthansa AG, die am Lost-and-Found-Schalter arbeiten. Vor vierzig Minuten ist eine A380 aus Peking gelandet und es wurde festgestellt, dass die Gepäckstücke von fast hundert Passagieren aufgrund eines Fehlers des Pekinger Flughafens nicht mitgenommen wurden. Das Gepäck befindet sich derzeit in Sydney. Beide Lufthansa-Mitarbeiter haben also alle Hände voll zu tun. Viele Passagiere nehmen die Nachricht in einer resilienten, also gelassenen Art und Weise auf, wissen sie doch, dass sie nichts an der Situation ändern können. Es gibt aber auch einige Passagiere, die völlig die Nerven verlieren, weil sie am nächsten Tag wichtige Geschäftstermine haben oder, nehmen wir mal ein anderes Beispiel, weil sich das Brautkleid für die in vier Tagen in den USA stattfindende Hochzeit einer zukünftigen Braut darin befindet. Mitarbeiterin A hat es nun mit der Braut zu tun. Sie kann sich sehr gut in deren Haut versetzen und entsprechend prallen die Beschimpfungen, denen sie ausgesetzt ist, an ihr ab. Als sich die Braut dann massiv im Ton vergreift, betont die Mitarbeiterin A noch einmal in einer ruhigen Art und Weise, dass sie den Ärger gut verstehen kann, aber dennoch darum bittet, nicht beschimpft zu werden. Mitarbeiterin B, die wiederum den aufgebrachten Bräutigam an Ihrem Schalter hat, kann keinerlei Verständnis für die Beschimpfungen aufbringen, die dieser äußert. Es gehen ihr Gedanken wie »Ich bin doch auch nur ein Mensch«, »Ich kann doch nichts dafür«, »Was für ein fürchterlicher Job« durch den Kopf. Schließlich platzt es aus ihr heraus und sie schreit genauso, wie es der Bräutigam davor getan hat. Die Emotionen sind so stark geworden, dass sie sie nicht mehr steuern kann.

Empathie hilft uns also, in dieser Situation gar nicht erst solch intensive Gefühle aufkommen zu lassen, sie also auch nicht steuern zu müssen. Sie hilft uns dann eine Situation eher als Herausforderung zu sehen und mit klarem Kopf zu agieren. Es ist genau die Fähigkeit, die hoch resiliente Menschen in schwierigen Situationen sehr gut beherrschen.

Der Resilienzfaktor Realistischer Optimismus
Wenn man, wie wir, eine Geschäftsbeziehung mit einem amerikanischen Unternehmen eingeht, in dessen Konzepten der Begriff Optimismus eine wirklich tragende Rolle spielt, dann ist für Menschen aus dem europäischen Kulturkreis wie mich Vorsicht geboten. Warum? Weil es wahrscheinlich kein Land auf der Welt gibt, in dem man dem Optimismus als Persönlichkeitseigenschaft einen so hohen Stellenwert beimisst wie in den USA.

Die Wendung »Yes, we can!« hat Barack Obama vor allem auch deshalb zum Sieg bei den Präsidentschaftswahlen 2007 verholfen, weil Optimismus als grundlegende Haltung zum Leben nirgendwo so stark gelebt und offen gezeigt wird wie in den USA. Vielleicht waren es ja vor allem Optimisten, die vor Jahrhunderten aus Europa aufbrachen, um ihr Glück auf diesem Kontinent zu finden, und vielleicht ist dieser Optimismus genau dadurch so tief in die amerikanische Kultur hineingetragen worden. Vielleicht ist dieser Optimismus auch dafür verantwortlich, dass sich das Land zu der größten Wirtschaftsmacht der Welt entwickelt hat. Vielleicht ist er aber ebenso dafür verantwortlich, dass das Land Fehlentwicklungen zu spät erkannt hat und sich seit Jahren von der größten Wirtschaftsmacht der Welt langsam zu einem Entwicklungsland mit stets steigender Armut zurückentwickelt.

Vielleicht ist es andererseits die bei uns viel bestimmendere Grundhaltung zum Pessimismus, die dazu führt, dass wir unsere Hausaufgaben gemacht haben und vorsichtig wirtschaften. Vielleicht führt dieser Pessimismus aber zu unserem eigenen Nachteil auch dazu, dass wir Chancen zwar erkennen, diese aber aus zu großer Vorsicht nicht konsequent genug ergreifen. Vielleicht könnten wir mit ein wenig mehr realistischem Optimismus statt einem realistischen Pessimismus deutlich erfolgreicher und vor allem glücklicher sein. Dies ist und wird auch in Zukunft schwer zu belegen sein, denn Dinge, die wir nicht getan haben, oder Wege, die wir nicht gegangen sind, existieren eben auch nicht. Die Frage »Was wäre gewesen, wenn …« ist nicht zu beantworten und man bleibt in jedem Fall im Bereich der Vermutungen.

Wenn wir, und ich meine hier ausdrücklich uns und unsere amerikanischen Partner, von Optimismus sprechen, meinen wir immer »realistischen Optimismus«. Dieser Begriff beschreibt den hoch resilienten Menschen innewohnenden Glauben beziehungsweise dessen Haltung, dass sich Dinge zum Positiven wenden werden.

Nach dem Regen kommt also der Sonnenschein. Was Optimismus und realistischen Optimismus voneinander unterscheidet, ist, dass der letztgenannte immer auf den tatsächlichen Umständen basiert, also der Realität ehrlich ins Auge geschaut wird. Nehmen wir also beispielsweise an, dass Ihnen Ihr Arzt eine Krankheit diagnostiziert, die zwar nicht lebensbedrohlich ist, aber dazu führen wird, dass Sie bis zum Ende Ihres Lebens täglich Medikamente nehmen müssen. Ein realistischer Optimist wird auf dieser Basis zu sich sagen, dass es zwar schade ist, aber dass er trotzdem ein glückliches Leben führen kann, während der Optimist auf der Basis sagen wird, dass dies die größte Chance seines Lebens ist und er nun erst richtig glücklich werden wird. Dies muss nicht, kann aber völlig überzogen sein.

Wie bei keinem anderen Resilienzfaktor ist also beim Optimismus Vorsicht geboten und dies hat zwei Gründe. Sie sollten Ihren Optimismus einerseits nicht bis zum Maximum treiben, um Situationen weiterhin realistisch einschätzen zu können. Andererseits ist er der einzige Faktor, der auch immer in Zusammenhang mit der Tätigkeit, die Sie ausüben und eventuell lieben, gesehen werden muss. Wem würden Sie lieber die Verantwortung für ein Atomkraftwerk übertragen: einem realistischen Pessimisten oder einem realistischen Optimisten? Wen würden Sie eher als Controller in Ihrem Unternehmen einstellen: einen realistischen Pessimisten oder einen realistischen Optimisten?

Die psychologische Forschung gibt uns eindeutige Hinweise darauf, dass Optimisten tatsächlich erfolgreicher und glücklicher als andere Menschen sind, und dies wird auch deutlich, wenn man sich folgendes Beispiel vor Augen führt: Sie haben ein eigenes Unternehmen und vor ein paar Wochen kam Ihnen unter der Dusche eine, aus Ihrer Sicht, geniale neue Produktidee. Sie haben selber keine Zeit, sie umzusetzen, und überlegen daher, welchem Mitarbeiter in Ihrem Team Sie diese Aufgabe übertragen werden. Sie haben zwei ganz ausgezeichnete und qualifizierte Mitarbeiter, denen Sie dies zutrauen, und entscheiden sich, Einzelgespräche mit ihnen zu führen. Mitarbeiter A hört sich Ihre Idee an und weist Sie im Laufe des Gespräches bis ins letzte Detail auf die Dinge hin, aufgrund derer das alles nicht klappen könnte. Sie können ja nicht wissen, dass er in Wirklichkeit eine riesengroße Lust hat, das Projekt umzusetzen. Mitarbeiter B hat genau die gleiche Lust darauf, weist Sie auch an der einen oder anderen Stelle auf Risiken hin, aber schildert im gleichen Atemzug, wie man diese relativ problemlos lösen kann. Er ergänzt Ihre Idee sogar noch, findet noch weitere Ideen und das Gespräch dauert statt einer ganze zwei Stunden. Wem werden Sie das Projekt übergeben?

Der Resilienzfaktor Zielorientierung = Reaching-Out

Es ist außerordentlich schwer, den von Reivich und Shatté in ihrem Buch *The resilience factor* genannten Begriff »Reaching-Out« ins Deutsche zu übersetzen. In jedem Fall wird ihm das Wort Zielorientierung, das wir verwenden, nicht in vollem Umfang gerecht. Hoch resiliente Menschen zeichnet in besonderem Maße aus, dass sie über klare Ziele verfügen, die sie – denken Sie noch einmal an den Resilienzfaktor Impulskontrolle – mit viel Disziplin verfolgen. Sie lassen sich, während sie diese Ziele verfolgen, auch von Rückschlägen nicht entmutigen, wissen aber auch – denken Sie noch einmal an den Resilienzfaktor Kausalanalyse –, wann es Sinn macht, ein ins Auge gefasstes Ziel wieder aufzugeben. Haben sie aber nun ein Ziel erreicht oder sich dazu entschieden, ein Ziel wieder aufzugeben, werden sie sich nach kurzer Zeit wieder neue Ziele setzen und diese wieder mit viel Disziplin verfolgen. Last but not least beschreibt der Begriff die Fähigkeit, dies relativ unabhängig vom Feedback anderer Menschen zu tun, also an das, was man tun möchte, zu glauben.

Vielleicht ist ein Mensch wie Steve Jobs, einer der Gründer von Apple, über den im letzten Kapitel dieses Buches umfassend berichtet wird, hier ein treffendes Beispiel. Sollten Sie, wie ich, zufälligerweise auch die Biografie von Walter Isaacson über Steve Jobs gelesen haben, dann erinnern Sie sich vielleicht noch an die Phase im Leben von Steve Jobs, in der er aus seinem eigenen Unternehmen Apple geworfen wurde. Er hatte zu diesem Zeitpunkt schon mehr als genug Geld verdient, um bis zum Rest von wahrscheinlich hundert oder tausend Leben »glücklich« zu leben. Aber er hörte an dieser Stelle nicht auf zu arbeiten, sondern kaufte ein kleines Unternehmen namens Pixar, entwickelte es in kurzer Zeit weiter, um es nach ein paar Jahren für viele Milliarden Dollar an Walt Disney zu verkaufen. Als er dies vollbracht hatte, wurde er zu seinem früheren, brachliegenden Unternehmen Apple zurückgerufen und entwickelte es mit innovativen Produkten wie dem iPod und dem iPhone von einem kurz vor dem Untergang stehendem Computerhersteller innerhalb weniger Jahre zu dem wertvollsten Unternehmen der Welt. Das ist nichts anderes als Reaching-Out.

Es ist an dieser Stelle wichtig zu betonen, dass mit hoch resilienten Menschen nicht solche gemeint sind, die sich permanent in einem Hamsterrad befinden, niemals mit dem Erreichten zufrieden sind und deren insbesondere beruflichen Aktivitäten und Ruhelosigkeit in der Regel darauf abzielen, ihrer Umwelt und vor allem sich selbst zu beweisen, dass sie doch nicht so klein und minderwertig sind, wie sie sich eigentlich fühlen. Hoch resiliente Menschen mit hohen Werten im Bereich Zielorientierung sind Personen, denen es einfach Spaß macht, sich neue Ziele zu setzen, etwas dazuzulernen und das im Rahmen früherer Aktivitäten erworbene Wissen neu anzuwenden und weiterzuentwickeln.

Entsprechend gelingt es ihnen auch, ihre Ziele nicht auf Kosten ihrer Gesundheit oder der Gesundheit anderer Menschen zu erreichen. Sie ahnen es vielleicht schon: wir werden uns genau dies im Zusammenhang mit Steve Jobs später noch einmal genauer anschauen.

Der Resilienzfaktor Selbstwirksamkeitsüberzeugung

Die Selbstwirksamkeitsüberzeugung gehört zu den am besten untersuchten menschlichen Eigenschaften in der Psychologie. Dies liegt insbesondere daran, dass die psychologische Forschung erst einmal eine krankheitsbezogene Forschung ist und wir Therapeuten wissen, dass der Erfolg einer Therapie in sehr hohem Maße von diesem Resilienzfaktor abhängt. Glaubt die Person, die uns gegenübersitzt, dass sie ihr eigenes Schicksal in der Hand hält und dass sie durch ihr eigenes Verhalten sich und die Dinge, die sie umgeben, zum Besseren ändern kann? Wenn ja, ist das Selbstwirksamkeitsüberzeugung.

Wahrscheinlich haben Sie schon einmal engen Kontakt zu einem Menschen gehabt, einem guten Freund, einem Partner, jemandem aus Ihrer Familie, der beispielsweise Schwierigkeiten hatte, eine Trennung oder vielleicht eine Kündigung zu verarbeiten. Sie haben dann wahrscheinlich versucht, Verständnis für die Situation aufzubringen, haben der Person Tipps und Ratschläge gegeben, was sie tun kann, damit es ihr besser geht. Vielleicht erinnern Sie sich in diesem Zusammenhang daran, dass die Person Ihnen immer wieder geantwortet hat: »Ja, du hast ja recht, aber ich kann ihn/sie einfach nicht vergessen«, oder: »Ich kann das nicht, ich habe keine Kraft dafür und außerdem macht das ja alles sowieso keinen Sinn.« Wahrscheinlich haben Sie dann nach einiger, meist langer Zeit frustriert aufgegeben, vielleicht haben Sie sogar den Kontakt zu der Person aufgegeben. Ihnen selbst erschien das nur noch sinnlos. Was der Person gefehlt hat, war nichts anderes als eine gute Selbstwirksamkeitsüberzeugung, also die Überzeugung, dass sie doch etwas an ihrer Situation ändern kann.

Auch dieser Faktor ist in zweierlei Hinsicht von Bedeutung. Erst einmal natürlich weil hoch resiliente Menschen eine feste Überzeugung besitzen, die sich sehr gut mit dem folgenden Satz ausdrücken lässt: »Ich bin nicht Opfer, sondern Schöpfer meiner Welt!« Sie gehen diesem Satz entsprechend auch selten in eine Opferrolle. Diese würde sie lähmen, da sie dann externen, nicht beeinflussbaren Faktoren die Schuld dafür geben würden, dass es ihnen emotional nicht gut geht. Was hoch resiliente Menschen mit ihrer Selbstwirksamkeitsüberzeugung gewinnen, ist, neben einem Gefühl der Gelassenheit im Umgang mit den Widrigkeiten des Lebens, ein Gefühl der Kontrolle über sich und den emotionalen Zustand, in dem sie sich befinden. Sie sind fast immer der Überzeugung, dass sie das »Heft ihres Lebens« selbst in der Hand halten.

Der zweite Grund, warum dieser Faktor von Bedeutung ist, betrifft Sie als Leser dieses Buches ganz direkt. Insbesondere, wenn Sie Ihre Resilienz weiterentwickeln möchten. Als aufmerksamer Leser wird Ihnen nicht entgangen sein, dass eine Vielzahl der hier genannten sieben Faktoren vor allem mit unseren Einstellungen, Haltungen und den Perspektiven, die wir einnehmen, in Zusammenhang stehen. Schaffe ich es, eine Haltung zu einer Situation zu finden, die mich positiv stimmt oder die Situation mit Sinnhaftigkeit belegt (Emotionssteuerung)? Bin ich jemand, der das Glas Wasser eher halb voll oder eher halb leer sieht, und will ich das ändern (Realistischer Optimismus)? Wie stark ist meine Bereitschaft, mich auch einmal zurückzunehmen, zuzuhören, um mich in die Haut des anderen zu versetzen (Empathie)? Oder wie stark bin ich bereit, auch einmal etwas, das ich nicht so gerne tue, diszipliniert zu Ende zu führen, weil ich weiß, das mir dies ein gutes Gefühl geben und mich meinem Ziel näherbringen wird (Impulskontrolle)? Wir wissen aus der psychologischen und der neurobiologischen Forschung, dass Menschen durch kontinuierliches Training auch sehr tief verwurzelte Haltungen ändern und entsprechend ihr gesamtes Leben lang lernen können. Die Mehrzahl der Tiere kann dies nicht. Nichts anderes wird mit dem Begriff »Persönlichkeitsentwicklung« beschrieben. Dieser Weg kann steinig und mühsam werden, haben sich diese Haltungen doch häufig über Jahrzehnte in Form von neuronalen Strukturen in unseren Gehirnen gefestigt. Sie bilden dort, um den Begriff des Neurobiologen Prof. Dr. Gerald Hüther zu verwenden, stark befahrene und fest betonierte Autobahnen, die ganz automatisch benutzt werden, wenn wir ähnlichen Situationen begegnen. Manchmal ändern sie sich aber auch ganz schnell, insbesondere weil uns der Nutzen einer neuen Haltung schlagartig und in einer emotional prägenden Art und Weise vor Augen geführt wurde. Dinge gehen plötzlich viel einfacher als zuvor.

Nur wenn Sie daran glauben, dass Sie selbst solche eigenen Haltungen ändern können, also wenn Sie Ihre eigene Selbstwirksamkeitsüberzeugung auch diesbezüglich aufbauen, werden Sie auch zuversichtlich die Rückschläge wegstecken, die Ihnen bei der Entwicklung Ihrer persönlichen Resilienz zwangsläufig begegnen werden. Mit anderen Worten: Schon die Arbeit an Ihrer eigenen Resilienz wird Sie zu einem resilienteren Menschen machen.

5.5 Zusammenfassung und Übergang

Wir haben in diesem Kapitel gesehen, dass der Resilienzfaktor Emotionssteuerung einer der zentralsten Faktoren des Resilienzmodells ist. Situativ gesehen, bezeichnet dieser Faktor unsere Fähigkeit, in Stresssituationen gelassen zu bleiben und uns nicht von unseren Emotionen überwältigen zu lassen. Auf unser gesamtes Leben bezogen, gewinnt dieser sehr technisch anmutende Begriff eine noch viel größere Bedeutung. Nämlich dann, wenn wir ihn als den unbändigen Willen von hoch resilienten Menschen verstehen, glücklich sein zu wollen und entsprechend negativ empfundene Lebenssituationen so zu beeinflussen, dass es ihnen schnell besser geht oder diese Situationen wenigstens einigermaßen erträglich werden. Das weiter oben geschilderte Beispiel von Viktor Frankl bedarf an dieser Stelle keiner weiteren Erläuterungen.

Vielleicht sind Sie am Ende des Kapitels zum Thema Erfolg zu dem Schluss gekommen, dass Sie lieber ein erfolgreiches Leben führen möchten, in dem der berufliche Erfolg ein integraler Bestandteil ist, als ein Leben zu führen, in dem nur der berufliche Erfolg zählt. Vielleicht sind Sie dabei, wie viele andere Menschen auch, zu dem Schluss gekommen, dass ein erfolgreiches Leben zu führen für Sie bedeutet, ein möglichst glückliches Leben zu führen. Wenn nicht, denken Sie noch einmal darüber nach, was Sie Ihren bereits geborenen oder zukünftigen Kindern für ihr Leben wünschen würden.

Von daher macht es an dieser Stelle Sinn, sich kurz Zeit zu nehmen und zu schauen, wie solche positiven Emotionen entstehen, was wir Menschen eigentlich benötigen, um *wirklich* erfolgreich und somit *wirklich* glücklich zu sein. Oder anders gesagt: was sind eigentlich die psychologischen Grundbedürfnisse, die erfüllt sein müssen, damit wir uns zufrieden und glücklich in dieser Welt bewegen können. Nur wenn wir dies wissen, können wir uns die richtigen Ziele setzen, auf die wir dann unser Verhalten ausrichten können. Und genau damit beschäftigt sich das folgende Kapitel.

> **Kernfrage zu diesem Kapitel**
>
> Welcher der sieben genannten Faktoren ist bei mir aus meiner Sicht besonders entwicklungsfähig, in welchen Situationen macht sich dies bemerkbar und was fällt mir schon jetzt ein, das ich tun kann, um diesen Faktor zu stärken?

6. Grundvoraussetzungen für wirklichen Erfolg

6.1 »Ich weiß eigentlich gar nicht, was ich will!«

Sie haben im vorherigen Kapitel die sieben echten Resilienzfaktoren kennengelernt und fragen sich vielleicht, warum nun ein Kapitel über Erfolg folgt. In diesem Buch geht es doch schließlich um Resilienz und daher erwarten Sie jetzt, mehr über das Lernen und Trainieren der Resilienzfaktoren zu erfahren. Doch dieses Kapitel ist den Erfahrungen in der praktischen Arbeit mit den Resilienzfaktoren geschuldet. Um resilienter zu werden, reicht es nicht aus, sich nur mit den sieben Stellgrößen der Resilienz zu beschäftigen. ==Resilienz ist kein Selbstzweck, sondern eine wichtige Fähigkeit, um erfolgreicher zu leben.== Ohne eine Beschäftigung mit der ==Frage, was eigentlich Erfolg für uns selbst ist, was in unseren Augen ein erfolgreiches Leben auszeichnet==, würde dem Streben nach Resilienz der ==Sinn fehlen== und – das zeigt sich nach vielen Coachings – es würde sich auch keine Verbesserung der Situation einstellen. Denn ich höre bei meiner Arbeit mit Einzelpersonen und Gruppen häufig den Satz:

»Ich weiß eigentlich gar nicht genau, was ich will.«

Diesen Satz höre ich besonders häufig von Personen, die, objektiv gesehen, beruflich sehr erfolgreich sind, aber sich trotz dieser Tatsache in einer Phase befinden, in der sie unzufrieden sind. Unzufrieden, weil sie häufig nicht recht wissen, wie es weitergehen soll. Genau deshalb suchen sie ja auch einen Berater oder Coach auf. Sie haben eigentlich genau das erreicht, was sie wollten oder von dem sie dachten, dass sie es wollten, und dennoch will sich partout nicht das Gefühl einstellen, das sie erwartet hatten. Häufig erwarten diese Personen dann von mir eine Antwort auf die Frage, was sie denn eigentlich wollen, und dies bringt mich in der Regel dann zum Schmunzeln. Wie soll ich denn um Himmels willen wissen, was jemand anderes will?!

Das einzige Angebot, das ich dann vernünftigerweise machen kann, ist, zu erläutern, was Menschen kulturübergreifend benötigen, um glücklich und zufrieden zu sein und sich zu positiven und glücklichen Menschen zu entwickeln. Auf dieser Basis können sich die Personen, die ich berate, dann selbst fragen, wie wichtig ihnen selbst diese Aspekte sind, wie stark sie sie in ihrem täglichen Leben berücksichtigen und wie häufig sie Verhaltensweisen zeigen, um dies zu erreichen. Hierzu möchte ich auch Sie als Leser dieses Buches ermuntern.

Vielleicht ahnen Sie es schon: Hoch resiliente Menschen zeichnen sich auch hier in besonderem Maße aus. Sie wissen beziehungsweise finden ganz unbewusst heraus, was sie benötigen, um glücklich und zufrieden zu sein und folgen dann diesem Weg. Eine hohe Ausprägung auf den sieben vorgestellten Resilienzfaktoren hilft ihnen dann dabei, genau diese Ziele zu erreichen, also persönlich erfolgreich zu sein.

So ist zum Beispiel das Bedürfnis nach echten Bindungen zu anderen Menschen ein kulturübergreifendes, elementares menschliches Bedürfnis. Solche Bindungen kann man aber nur finden, wenn man über einen einigermaßen ausgeprägten Wert auf dem Resilienzfaktor Empathie verfügt und auch in der Lage ist, seine Emotionen zu steuern. Wenn ein Mensch dies nicht hat, wird er sich schlimmstenfalls wie die Axt im Walde benehmen und sicherlich nur schwer wirklich tragfähige Beziehungen zu anderen Menschen aufbauen können. Ebenso ist das Bedürfnis nach Selbstwerterhöhung ein elementares Bedürfnis des Menschen. Wenn eine Person sich aber nun beispielsweise aufgrund der Angst zu versagen keine Ziele setzt, wie es mit dem Resilienzfaktor Reaching-Out beschrieben wird, und darüber hinaus eine zu geringe Selbstwirksamkeitsüberzeugung hat, wird ihr Selbstwert sehr wahrscheinlich darunter leiden und sie wird sich deswegen als Versager fühlen. Keine gute Basis, um an der eigenen Resilienz zu arbeiten, oder? Lassen Sie uns also ein wenig in die menschliche Psyche eindringen und der Frage nachgehen, was uns (aus Sicht der Psychologen) antreibt.

6.2 Die 5needs® – Entdeckung der fünf psychologischen Grundbedürfnisse

Wenn wir über menschliche Grundbedürfnisse sprechen, fällt vielen Menschen natürlich sehr schnell die Bedürfnispyramide von Maslow ein. Diese beschreibt fünf Grundbedürfnisse des Menschen, die pyramidal aufgebaut sind. Konkret heißt dies, dass erst ein Bedürfnis, das sich unten in der Pyramide befindet, befriedigt sein muss, damit wir uns überhaupt Gedanken darüber machen können, das nächst höher gelegene Bedürfnis zu befriedigen. Konkret heißt dies, dass wir zum Beispiel erst einmal das Gefühl haben müssen, dass unser Bedürfnis nach Sicherheit und Kontrolle befriedigt sein muss, bevor wir uns Gedanken über unser Bedürfnis nach Zugehörigkeit machen können. Problematisch an dem Modell sind allerdings zwei Dinge. Erstens wurde es so gut wie gar nicht wissenschaftlich geprüft und zweitens können wir davon ausgehen, dass die pyramidale Struktur nicht der Realität entspricht. Sie werden dazu weiter unten noch ein konkretes und sehr gut nachvollziehbares Beispiel finden.

Ein anderes, außergewöhnlich einleuchtendes und außerhalb der modernen Psychotherapie noch wenig bekanntes Modell, welches unsere Grundbedürfnisse auf einer neurobiologischen Basis und wissenschaftlich gut fundiert erläutert, stammt von dem leider viel zu früh verstorbenen Psychologieprofessor Klaus Grawe. Es wurde in seinem 2004 erschienen Buch mit dem zugegebenermaßen wenig attraktiven Titel *Neuropsychotherapie* erstmals veröffentlicht. Grawe erlangte bereits vor der Veröffentlichung dieses Buches weltweites Ansehen durch seine Studien zur Wirksamkeit von Psychotherapien. Er entwickelt in diesem Buch die Theorien zu den psychologischen Grundbedürfnissen des Menschen von Seymour Epstein weiter und untermauert die Theorie bedürfnisspezifisch mit zahlreichen wissenschaftlichen Studien. Zwei Aussagen von Grawe bedürfen hier besonderer Aufmerksamkeit. Die erste bezieht sich auf den Beruf des Psychologen und auf uns selbst als Menschen und lautet (Grawe 2004: 184):

»Gerade die Dinge, die einen persönlich angehen, sollten es am ehesten Wert sein, zum Gegenstand wissenschaftlichen Fragens, Erkundens und Klärens zu werden. Die Frage, ob und welche Grundbedürfnisse erfüllt sein müssen, damit es uns als Menschen gut geht, ist eine solche Frage, die uns sehr persönlich angeht. Für einen Beruf, dessen zentraler Gegenstand menschliches Unglück ist, ist es aber darüber hinaus eine zentrale Frage der Profession.«

Klaus Grawe

Die zweite Aussage bezieht sich darauf, was ganz grundsätzlich für ihn überhaupt in den engeren Kreis von Grundbedürfnissen aufgenommen werden kann. Er sagt hierzu (Grawe 2004: 185):

»Unter psychischen Grundbedürfnissen verstehe ich Bedürfnisse, die bei allen Menschen vorhanden sind und deren Verletzung oder dauerhafte Nichtbefriedigung zu Schädigungen der psychischen Gesundheit und des Wohlbefindens führt.«

Klaus Grawe

So gibt es viele Menschen, die beispielsweise nach Macht streben und für die dies ein Grundbedürfnis darstellt. Es gibt auf der anderen Seite aber auch sehr viele Menschen, die keinerlei Macht möchten und ohne sie sehr gut leben können. Des Weiteren könnte man einen Jugendlichen fragen, was er aus seiner Sicht benötigt, um glücklich zu sein. Er würde dann eventuell in einer in diesem Alter (wir waren alle mal jung) häufig anzutreffenden, etwas naiven Weise antworten: »Ein Smartphone.« Wir alle wissen aber, dass die Nichterfüllung dieses Bedürfnisses in der Regel nicht zu Schädigungen der psychischen Gesundheit führen dürfte. Vielleicht würde eher das Gegenteil dazu führen, nämlich dann, wenn er damit nicht vernünftig umgeht. Von daher kann das Bedürfnis nach einem Smartphone auch nicht als menschliches Grundbedürfnis bezeichnet werden, ebenso wenig wie der Wunsch, Schokolade zu essen oder viele teure Parfums zu haben. Es mag dem einen Menschen sehr wichtig sein und er kann auch das Gefühl haben, es unbedingt zu brauchen, aber es trifft eben nicht auf alle Menschen zu. Und er wird auch keinen ernsthaften Schaden davontragen, wenn das Bedürfnis nicht erfüllt wird. Dem Ureinwohner aus dem Amazonasgebiet, der noch nie ein Smartphone gesehen hat, ist das ja auch ziemlich egal. Diesem Ureinwohner sind aber andere Sachen sehr wichtig und in diesen unterscheiden wir uns auch nicht von ihm.

Wann immer ich Menschen in Gruppen- oder Einzelsituationen frage, was aus ihrer Sicht gegeben sein muss, damit sie glücklich sind, werden so gut wie nie Elemente wie Reichtum oder beruflicher Erfolg genannt. Das ist, wenn wir uns unsere Gesellschaft und das, was uns die Werbung suggeriert, anschauen, wirklich erstaunlich. Finden Sie nicht? Die Menschen antworten dann in der Regel, dass sie Wertschätzung erleben möchten, dass sie Freude empfinden wollen, dass sie enge Kontakte zu Menschen benötigen, dass ihr Leben eine gewisse Sinnhaftigkeit haben soll, dass sie Sicherheit benötigen oder dass ihr Glaube dazu führt, dass sie glücklich und zufrieden sind. Sie zählen also nichts anderes als die zuerst von Epstein und dann von Grawe genannten Grundbedürfnisse auf:

Die fünf psychologischen Grundbedürfnisse in Anlehnung an Klaus Grawe (2004)
- Das Bedürfnis nach Lustgewinn und Unlustvermeidung
- Das Bindungsbedürfnis
- Das Bedürfnis nach Selbstwerterhöhung und Selbstwertschutz
- Das Bedürfnis nach Orientierung & Kontrolle
- Das Bedürfnis nach Konsistenz

Der wissenschaftlichen Richtigkeit halber sei hier noch Folgendes ausgeführt: Epstein hatte in seinem Modell nur vier Grundbedürfnisse definiert und dem Bedürfnis nach Orientierung und Kontrolle auch das Bedürfnis nach Kohärenz zugeordnet. Grawe wiederum löst Kohärenz aus dieser Gruppe heraus und nennt es Konsistenzprinzip. Er zeigt sich in seinem eigenen Modell noch unschlüssig darüber, ob es sich um ein wirkliches Bedürfnis handelt oder eher um eine Art Metabedürfnis. Für ihn ist es eher ein Metabedürfnis, da es auch das Zusammenwirken der einzelnen Bedürfnisse untereinander beschreibt und der Mensch ganz grundsätzlich nach Kohärenz beziehungsweise Konsistenz, also Stimmigkeit, strebt. Entsprechend können wir also Inkonsistenz, eine innere Unstimmigkeit, empfinden, wenn zum Beispiel unser Bedürfnis nach Selbstwerterhöhung nicht befriedigt wird.

Ich selbst bin der Überzeugung, dass Kohärenz beziehungsweise Konsistenz tatsächlich ein Metabedürfnis darstellt, das aber dennoch als ein eigenständiges Bedürfnis bezeichnet werden sollte. Dies liegt insbesondere darin begründet, dass es durch externe oder interne, in uns liegende Einflussfaktoren direkt in Mitleidenschaft gezogen oder aber befriedigt werden kann. Ich habe mich daher dazu entschieden, von fünf Grundbedürfnissen, den 5needs®, zu sprechen, und wähle in diesem Buch den Begriff Kohärenz und nicht Konsistenz, um dieses fünfte Bedürfnis zu beschreiben.

Grundbedürfnis 1: Das Bedürfnis nach Lustgewinn und Unlustvermeidung

Vielleicht kennen Sie dieses wohlige, angenehme und teilweise perfekte Gefühl, wenn man gerade etwas tut oder getan hat, bei dem man sich so richtig sich selbst bewusst und sehr kompetent gefühlt hat. Die meisten Menschen berichten, dass sie in solchen Situationen komplett die Zeit vergessen und sich fast zwingen müssen, ihre Tätigkeit zu beenden. Je häufiger ein Mensch dieses Gefühl hat, desto häufiger tut er das, was seinen wirklichen Stärken entspricht. Mihaly Csikszentmihalyi hat diesen Zustand als Flow bezeichnet. Wenn Sie dieses Gefühl empfinden, sind Sie gerade dabei, Ihr Bedürfnis nach Lustgewinn zu befriedigen. Warum ist das so? Weil kaum etwas schöner ist, als das zu tun, was einem wirklich liegt, was einem also Spaß, Freude, Lust bereitet. Es gibt natürlich eine unzählige Menge weiterer Aktivitäten, die Sie wählen können, um dieses Bedürfnis zu befriedigen, und, wie bei allen Grundbedürfnissen, muss jeder Mensch für sich selbst herausfinden, was ihm Lust bereitet oder was dazu führt, dass er Unlust vermeidet. Sei es nun, dass er sich mit Freunden trifft, ein Buch liest, in eine Kunstausstellung geht, meditiert oder eine Woche durch die Alpen wandert. Die Möglichkeiten, seine Lust zu befriedigen, sind unzählig.

Ebenso kann es Ihnen passieren, dass Sie einer Tätigkeit nachgehen, in der Sie sich entweder ==komplett überfor==dert oder, andersherum, komplett ==unterfordert== fühlen. Wir wissen aus der Psychologie, dass Menschen starke Schäden davontragen, wenn sie entweder permanent am Limit ihrer Möglichkeiten agieren oder sich eben permanent langweilen. Letztgenanntes Phänomen wird dann »==Rust-Out==« genannt, während das zuerst genannte Phänomen, mittlerweile hinlänglich bekannt, als »==Burn-out==« bezeichnet wird.

Grundbedürfnis 2: Das Bindungsbedürfnis
Machen wir uns erneut nichts vor: Auch wenn sich unsere Gesellschaft immer mehr zu einer Gesellschaft von Individualisten entwickelt (Sie erinnern sich: »Mein Magnum«), sind und bleiben wir Menschen soziale Wesen. Wir wissen aus der Forschung zur Genüge, dass beispielsweise Kleinkinder, die nur Nahrung, aber keinerlei Zuwendung erhalten, schwerste Entwicklungsschäden davontragen und schlimmstenfalls sogar sterben. An dieser Stelle sei kurz erwähnt, dass auch aufgrund dieser Tatsache die weltweit bekannte und wissenschaftlich wenig untersuchte Bedürfnispyramide von Maslow, deren Erwähnung Sie vielleicht in diesem Kapitel erwartet haben, kritisch betrachtet werden muss. Dies gilt insbesondere für deren pyramidale Struktur. Wieso ist das so? Weil ein Kind, dem man keine Nahrung, aber Zuwendung gibt, ebenso sterben wird, wie möglicherweise ein Kind, das zwar Nahrung erhält, aber dafür keine Zuwendung bekommt. Die beiden Bedürfnisse sind also mindestens gleichzusetzen und bauen nicht aufeinander auf.

Wir sind also soziale Wesen und haben ein grundlegendes Bedürfnis nach Bindung. Gemeint sind hier nicht die virtuellen Bindungen, wie sie über facebook, LinkedIn, XING und Co. hergestellt werden. Aber diese sind auch ein Hinweis auf dieses grundlegende Bedürfnis. Gemeint sind hier vielmehr ==Bindungen zu unseren Partnern,== zu unseren ==Freunden,== zu unseren ==Familien== oder auch zu den Menschen ==in Organisationen== oder ==Vereinen==, in denen wir uns für ein gemeinsames Ziel, sei es nun die Welt zu retten oder Tauben zu züchten, engagieren. In diesen Gemeinschaften finden wir idealerweise die Möglichkeit, uns Rat einzuholen, uns gemeinsam und ohne fremden Neid, über unsere Erfolge zu freuen und unsere Schwächen und Niederlagen ehrlich zu äußern und dafür auch Mitgefühl zu erhalten. Vielleicht gehören Sie auch zu den Menschen, die ein echtes Gefühl des Glücks empfinden, wenn ihnen ein fremder Mensch auf der Straße ein Lächeln schenkt, ihnen die Tür aufhält oder einfach nur einen kurzen Schwatz mit ihnen hält. Wenn Sie dabei ein gutes Gefühl empfinden, wurde gerade Ihr Bedürfnis nach Bindung befriedigt.

Folgendes Experiment mit unseren nahen Verwandten, den Affen, verdeutlicht uns dies in eindrucksvoller Weise: Ein Affe wird in einen Käfig gesperrt und ein Hund in den Raum gelassen. Der Hund kann dem Affen nichts anhaben, da der Affe ja in einem Käfig sitzt. Dennoch erlebt der Affe eine extreme Angst- und damit Stressreaktion, was sich problemlos und relativ schmerzfrei beispielsweise am Adrenalinlevel im Blut des Affen nachweisen lässt. Setzt man nun einen zweiten Affen, den der andere Affe gut kennt und mit dem er sich versteht, in den Käfig und wiederholt das Experiment, geschieht etwas Erstaunliches: die Angst- und Stressreaktion verschwindet fast komplett. Wiederholt man das Experiment mit zwei Affen, die sich nicht kennen, kann diese verminderte Stressreaktion nicht festgestellt werden. Die ==Tatsache, dass die Affen sich kennen und mögen, gemeinsam dort sitzen und sich fest aneinander drücken,== nimmt ihnen ==also ihre Angst.== Auch aus diesem Grund sind »echte« Bindungen zu Menschen von so großer Wichtigkeit, denn sie nehmen beziehungsweise reduzieren unsere Angst. Vielleicht kennen Sie ja dieses Gefühl auch aus selbst erlebten Situationen, in denen Sie Angst hatten und bei denen alleine der Körperkontakt zu Ihrem Partner Ihre Angst reduziert hat. Vielleicht hat es aber auch schon gereicht, dass Sie sich vergegenwärtigt haben, dass eine

Person an Sie denkt oder Sie im Falle eines Rückschlags unterstützen wird. Wenn Sie dieses Gefühl nicht kennen, dann kann dies zwei Gründe haben. Entweder Sie haben niemanden in Ihrem Umfeld – dann rate ich Ihnen, dies zu ändern. Oder Sie müssen es sich einfach noch einmal deutlicher vergegenwärtigen.

Gleichzeitig sind aber soziale Situationen auch eine der wenigen noch verbleibenden Gefahren, denen wir uns tagtäglich aussetzen, denn eine soziale Situation birgt auch immer das Risiko, sich beispielsweise zu blamieren, jemanden zu nah an sich heranzulassen, enttäuscht zu werden oder, wenn man beispielsweise eine Präsentation vor dem Vorstand halten muss, seine Karriere aufs Spiel zu setzen. Gegen alles andere haben wir bereits eine Versicherung abgeschlossen, aber eine Versicherung, die uns vor sozialen Situationen schützt, haben wir noch nicht und es wird sie wahrscheinlich auch niemals geben. Genau aus diesem Grund berichten mehr als 50 Prozent der Studenten, Redeangst zu haben, haben fast alle Menschen Lampenfieber vor einer Rede und genau dies ist auch häufig der Grund, warum sich Menschen lieber in Chatrooms bewegen, mal eben eine Mail schreiben, statt anzurufen, oder sich lieber doch nicht bei ihren Nachbarn vorstellen. Sie könnten ja eventuell die Kontrolle über die Situation verlieren. Wenn sie aber dauerhaft dieses Vermeidungsverhalten zeigen, wird ihr Bindungsbedürfnis langfristig unbefriedigt bleiben und das Resultat wird meist eine innerliche Unzufriedenheit sein.

Grundbedürfnis 3: Das Bedürfnis nach Selbstwerterhöhung

Wir wissen aus der Forschung, dass psychisch gesunde Menschen eine Tendenz dazu haben, sich und ihre Leistung zu überschätzen. Vergleicht man diese Menschen mit leicht depressiven Menschen, stellt man fest, dass die letzteren ihre Fähigkeiten und ihre Leistung deutlich realistischer einschätzen als »gesunde« Menschen. Der Wunsch, etwas Besonderes zu sein, scheint uns somit in die Wiege gelegt worden zu sein. Dieses Bedürfnis wird von Menschen häufig auch als Wertschätzung bezeichnet und äußert sich im Negativen in Aussagen wie »Ich erfahre in diesem Unternehmen überhaupt keine Wertschätzung« oder »Mir ist es für mein Wohlbefinden wichtig, Wertschätzung zu erhalten«.

Kennen Sie dieses schöne Gefühl, wenn Ihnen ein anderer Mensch in vollkommen authentischer, ehrlicher und unerwarteter Weise ein Kompliment zu Ihrem Aussehen, der Art, wie Sie sprechen, oder vielleicht der Art, wie Sie tanzen, sich bewegen, macht. Wenn ja, wird gerade Ihr Bedürfnis nach Selbstwerterhöhung befriedigt. Ich frage mich häufig, warum dieses einfache Mittel nicht häufiger von uns Menschen verwendet wird, um einerseits einfach einem Menschen eine Freude zu bereiten oder sich vielleicht ein wenig beliebt zu machen. Grawe macht zu diesem Bedürfnis noch die bemerkenswerte Feststellung, dass es von allen hier genannten Bedürfnissen das einzige ist, welches uns von Tieren unterscheidet, denn um es zu empfinden, müssen wir uns unserer selbst erst einmal bewusst sein. Dies können nur die allerwenigsten Tiere, was sich beispielsweise daran feststellen lässt, dass sich ein Hund, eine Katze oder ein Kanarienvogel nicht als sich selbst in einem Spiegel erkennt. Deswegen hängt man Vögeln ja auch Spiegel in den Käfig. Es gibt ihnen das Gefühl, dass noch ein anderer Vogel im Käfig vorhanden ist, befriedigt also ihr Bedürfnis nach Bindung.

Der Psychologe Alfred Adler, über dessen Werk Paul Watzlawick, der renommierte Autor des Weltbestseller *Anleitung zum Unglücklichsein*, schreibt: *»Sein Werk, dessen Wiederentdeckung überfällig ist«* (Watzlawick 1983: 62), war einer der ersten, der das Thema Selbstwert zentral behandelte. Adler wurde bei Wien geboren und war österreichischer Arzt und Psychotherapeut. Er gehörte zum engen Kreis der Schüler von Freud, bis es 1911 zum Bruch mit Freud kam. Hauptgrund dafür war, dass Adler die Triebtheorie von Freud ablehnte und seine eigene Theorie, die Individualpsychologie, entwickelte. Adler starb recht jung mit 67 Jahren in Aberdeen. Als man Freud darüber informierte, soll er sinngemäß geantwortet haben: *»Ich kenn keinen Alfred Adler.«* Für Adler ist fast jegliches menschliche Handeln und jegliche psychologische Erkrankung immer der Versuch, ein in der Kindheit und Jugend erfahrenes Gefühl der Minderwertigkeit oder, in seiner extremen Form, einen erworbenen Minderwertigkeitskomplex zu kompensieren. Viele weitere renommierte Forscher folgten dieser Sichtweise, was sich in folgendem Zitat sehr gut nachlesen lässt (Brown 1993: 117):

»*People want to feel good about themselves. They want to believe that they are competent, worthy, and loved by others. The desire of self-enhancement is regarded as so fundamental to human functioning that it was dubbed the ›master sentiment‹ by William McDougall (1932) and ›the basic law of human life‹ by the renowned anthropologist Ernest Becker (1971). Many other figures of historical (e.g. Allport, 1943; Cooley, 1902; Mead, 1934) and contemporary (e.g. Baumeister, 1991; Greenwald, 1980; Schlenker, 1985; Steele, 1988; Tesser, 1988) prominence have endorsed the belief that a drive to achieve a positive self-image is, in the words of William James (1890), a direct and elementary endowment of human nature.*«

Sinngemäß heißt dies: Das Bedürfnis nach Selbstwerterhöhung ist ein ganz fundamentales menschliches Bedürfnis und wird von vielen Forschern als eines der bedeutendsten überhaupt angesehen. ==Je größer das Minderwertigkeitsgefühl oder der Minderwertigkeitskomplex in einem Menschen ist, desto außergewöhnlicher wird auch sein Verhalten sein.== Adler betont, dass dieses Gefühl der Minderwertigkeit in seiner extremen Form sowohl durch das Erziehungsverhalten der Erziehungsberechtigten als auch durch körperliche Minderwertigkeiten, wie beispielsweise die Körpergröße, ausgelöst werden kann.

Er macht deutlich, dass sowohl die psychische und physische Misshandlung als auch eine Überbehütung des Kindes zu einem Gefühl der Minderwertigkeit führen kann. Im ersten Fall wird der Selbstwert des Kindes direkt angegriffen, während sich das Kind im Falle einer Überbehütung als ein Individuum erlebt, dessen Probleme immer von anderen gelöst werden. Dies impliziert, dass es diese Probleme nicht selbst lösen kann. Die körperliche Minderwertigkeit wiederum kann beispielsweise dazu führen, dass das Kind in der Schule permanent gehänselt wird und sich darüber dann minderwertig fühlt. Es ist bemerkenswert und gleichzeitig erschreckend zu sehen, dass Alfred Adler schon Anfang des 20. Jahrhunderts betont hat, dass weder eine autoritäre noch eine antiautoritäre Erziehung für ein Kind gut ist. Er plädierte schon damals für eine Erziehung, in der das Kind Unterstützung und Liebe erfährt, aber gleichzeitig, manchmal schmerzhaft, lernt, seine Probleme und Herausforderungen selbst zu lösen, also einen wichtigen Resilienzfaktor, nämlich die Überzeugung der Selbstwirksamkeit, zu erlernen. Es hat dann noch viele Jahrzehnte des Streits zwischen Anhängern der autoritären und der nicht-autoritären Erziehung gebraucht, um zu erkennen, dass der Mittelweg der richtige ist. Ebenso erstaunlich ist ein Zitat von Adler aus dem Jahre 1926, in dem Sie ebenfalls eine Reihe von Resilienzfaktoren erkennen werden. Dieses lautet:

»*Sein [Anm. des Autors: eines Menschen] Mut, sein Optimismus und seine trainierte Leistungsfähigkeit sind notwendige Antworten auf eine reale Not, die auch ein dauerndes Gefühl der Minderwertigkeit als wesentlichen Inhalt seines Seelenlebens unterhält.*«

Alfred Adler, Begründer der Individualpsychologie, 1926

Vielleicht fällt es Ihnen nun leichter zu verstehen, warum sich kleine Menschen, insbesondere Männer, häufig (Achtung nicht immer) so stark mit Statussymbolen umgeben, so erfolgreich sind und einen so starken Willen zur Macht haben. All dies hilft ihnen, ihr Gefühl der Minderwertigkeit zu kompensieren. Abhängig von den Wertvorstellungen der Person, ihren genetischen Prädispositionen und ihren Erfahrungen kann sich diese ungeheure Energie aber auch ganz andere Wege suchen. Warum glauben schizophrene Menschen zum Beispiel, dass sie als einzige mit Gott kommunizieren oder, Sie erinnern sich vielleicht an den Film *A Beautiful Mind* mit Russel Crowe, eine Geheimsprache im Auftrag des FBI entziffern können? Warum bezeichnet sich ein Massenmörder wie der »Washington-Sniper«, der im Jahr 2002 zehn Menschen wahllos aus dem Hinterhalt erschoss, in einem offiziellen Schreiben selber als Gott? Vielleicht weil er sich in dem Moment, in dem er eine Person ausgesucht hatte und abdrückte, allmächtig fühlte? Adler hat die Kompensation eines Minderwertigkeitskomplexes in seiner extremsten Form genau als das, als »das Streben nach Gottähnlichkeit« bezeichnet und das Einleuchten dieser Aussage erscheint, wenn auch wissenschaftlich nicht untersucht, verblüffend, wenn wir uns diese Beispiele anschauen.

Warum schreibe ich das alles an dieser Stelle und was hat das mit dem Thema »Resilienz und Erfolg« zu tun? Ganz einfach: weil es Sinn macht, auch einmal bei sich zu schauen, wie stark eventuell der Ehrgeiz, den wir an den Tag legen, auch eine Kompensation eines eigenen Minderwertigkeitsgefühls ist. Dies ist wichtig, weil sonst die Gefahr besteht, dass Sie, auch wenn Sie schon sehr viel beruflichen Erfolg haben, immer weiter rennen, ohne dass sich bei Ihnen jemals ein wirkliches Gefühl der Zufriedenheit einstellt. Ja, Sie werden beruflich erfolgreich sein, aber werden Sie *wirklich* erfolgreich sein?

Wir werden zu einem späteren Zeitpunkt in diesem Buch noch genauer darauf eingehen, wie wichtig ehrliche und gute Kontakte zu anderen Menschen sind, wenn Sie Ihre eigene Resilienz weiter steigern möchten. Aber so viel schon vorweg: vielleicht haben Sie sich selbst eben in der Beschreibung des Getriebenen, der niemals so richtig mit dem Erreichten zufrieden ist, wiedergefunden und fragen sich nun, was Sie eigentlich tun können, um ein ausgewogeneres Selbstwertgefühl zu erlangen. Hier gibt es zwei grundlegende Wege. Der erste ist, wie es Alfred Adler ausdrückt, »die Rückkehr in die Gemeinschaft«, in der ein Mensch andere Menschen nicht dazu benutzt, seine Macht auszuüben oder um in deren Augen Bewunderung für seine Person oder seinen beruflichen Erfolg zu sehen. Es geht also um Empathie und die Verschiebung der Aufmerksamkeit von sich selbst hin zu der anderen Person, mit der wir zusammen sind. Der zweite Weg ist der zu verstehen, dass wir, egal ob wir Erfolg haben oder nicht, egal was wir in der Kindheit oder Jugend erlebt haben, als Mensch einzigartig und wertvoll sind, und uns dies, auch wenn wir Rückschläge erleben, immer wieder zu verdeutlichen. Wenn es also zum Beispiel bei Ihnen zwickt, wenn Sie beim Joggen oder Radfahren überholt werden, und Sie sich entsprechend emotional schlecht fühlen, können Sie diese neue Haltung genau an dieser Stelle perfekt üben. Lächeln Sie über sich und vergegenwärtigen Sie sich, dass Sie deswegen doch nicht wertlos sind.

Grundbedürfnis 4: Das Bedürfnis nach Orientierung und Kontrolle

Es ist Sonntagmorgen. Draußen ist es kalt und es regnet in Strömen. Eigentlich hatten Sie geplant, mit Ihrer Partnerin eine Fahrradtour zu machen, aber der Wetterbericht hat mal wieder vollkommen danebengelegen. Ihre Partnerin entscheidet sich, ein Buch zu lesen, und Sie selbst wissen nicht so recht, was Sie mit sich anfangen sollen. Warum nicht mal den Keller aufräumen und so richtig ausmisten. Der Gedanke, in den staubigen Keller zu gehen, gefällt Ihnen zwar nicht besonders, aber Sie sagen sich, dass Sie ja mal anfangen können. Die erste halbe Stunde ist schwer und es fällt Ihnen nicht leicht, zu entscheiden, ob Sie dies oder jenes wegwerfen sollen. Plötzlich merken Sie, dass es Ihnen immer leichter fällt, diese Entscheidungen zu treffen, und Sie fangen an, die Zeit zu vergessen. Es macht richtig Spaß, mal so richtig auszumisten. Nach fünf Stunden, Sie hätten gedacht, dass es deutlich länger dauern würde, haben Sie es geschafft. Sie haben sogar noch ein neues Regal aufgebaut und alles ist nun an seinem Platz und man kann sich im Keller wieder frei bewegen. Wie fühlen Sie sich? Wahrscheinlich so wie die meisten Menschen, die dieser Tätigkeit nachgehen: Sie fühlen sich richtig gut, denn Sie haben soeben Ihr Bedürfnis nach Orientierung und Kontrolle befriedigt.

Auch dieses Grundbedürfnis ist psychologisch sehr gut untersucht und beschreibt unser Bedürfnis, wissen zu wollen, wo es hingeht, selbst Entscheidungen treffen zu können und möglichst gegen die Unwägbarkeiten des Lebens abgesichert zu sein. Die gesamte billionenschwere Versicherungsbranche lebt nur von diesem Bedürfnis. Hätten wir dieses Bedürfnis nicht, bräuchten wir auch keine Versicherungen. Es gehört mit zu den schlimmsten Erfahrungen, die ein Mensch machen kann, wenn er plötzlich die Kontrolle oder Orientierung über sein Leben verliert, wie es beispielsweise bei einer Kündigung, der Ankündigung des Partners, dass er einen verlässt, oder schlimmer einer Entführung, einer Vergewaltigung oder der Diagnose einer schweren Krankheit der Fall ist. Neben der Tatsache, dass dadurch natürlich auch unser Bindungsbedürfnis beziehungsweise unser Selbstwert angegriffen werden, wird uns in diesen Situationen bewusst oder vor Augen geführt, dass wir uns selbst, unser Leben oder die Situation nicht mehr voll unter Kontrolle haben und darüber für einen mehr oder weniger langen Zeitraum die Orientierung verlieren. Hoch resilienten Menschen passiert dies natürlich auch, aber sie finden über unterschiedlichste Strategien, die später in diesem Buch beschrieben werden und von denen schon ein Teil in Zusammenhang mit Viktor Frankl genannt wurde, schneller wieder zu ihrem Ursprungszustand zurück.

Grundbedürfnis 5: Das Bedürfnis nach Kohärenz

Ihr Vorgesetzter sagt Ihnen und dem gesamten Team, dass Sie pünktlich auf die Minute zu Meetings erscheinen sollen. Er regt sich fürchterlich auf, wenn sich jemand aus dem Team nicht daran hält, und kommt bei 50 Prozent der Meetings selbst immer mindestens fünfzehn Minuten zu spät.

Ihr Unternehmen hat in dem vergangenen Geschäftsjahr alle Umsatz- und Gewinnrekorde gebrochen und kommuniziert einen Monat später, dass es 10 Prozent der Belegschaft entlassen wird.

Sie haben Talent, möchten unbedingt Karriere in Ihrem Unternehmen machen, weshalb Sie auch häufig für das Unternehmen ins Ausland fliegen müssen, haben aber eine fürchterliche Angst, in ein Flugzeug zu steigen. In diesen Situationen wird weder das Bindungsbedürfnis noch das Bedürfnis nach Orientierung und Kontrolle, das Bedürfnis nach Selbstwerterhöhung oder das Bedürfnis nach Lustgewinn verletzt.

In diesen drei Situationen, und dies sind nur ein paar Beispiele, wird das Grundbedürfnis des Menschen nach Kohärenz verletzt. Etwas ist inkohärent, unstimmig und dies macht uns häufig sehr, sehr wütend.

Nach Aaron Antonovsky entsteht Kohärenz insbesondere dann, wenn wir die Zusammenhänge des Lebens verstehen, wenn wir der Überzeugung sind, dass wir unser Leben selbst gestalten können und wenn wir das Gefühl oder den Glauben haben, dass das Leben einen Sinn hat. Des Weiteren entsteht ein Kohärenzgefühl, und diesen Punkt greift Grawe ausführlich auf und belegt ihn auf neurobiologischer Ebene, wenn unsere anderen Grundbedürfnisse in ihrer jeweiligen Ausprägung befriedigt werden beziehungsweise wenn sie nicht in Konkurrenz zueinander stehen, wie wir es in den folgenden Abschnitten sehen werden.

6.3 Menschliche Grundbedürfnisse und Resilienz

Hoch resiliente Menschen können einen manchmal nerven. Warum ist das so? Weil sie, so wie zu Beginn des Kapitels beschrieben, sehr viel Spaß am Leben haben, recht genau wissen, wo es für sie hingehen soll, ihr Leben im Griff haben, enge und ehrliche Kontakte zu Menschen pflegen, Erfolg haben, diesen genießen, um sich dann neue Ziele zu setzen und diese Ziele nicht getrieben, sondern gelassen und zuversichtlich verfolgen. Sie wirken insgesamt einfach sehr balanciert auf andere Menschen. Mit anderen Worten: Hoch resiliente Menschen führen durch ihr Verhalten meist unbewusst eine Befriedigung aller ihrer fünf Grundbedürfnisse herbei und wirken, ein anderes Wort für balanciert oder ausgeglichen, kohärent und stimmig. Irgendwie scheint bei ihnen alles perfekt zu laufen und das kann eben auch mal nerven. Sie erreichen diese Stimmigkeit, indem sie die sieben genannten Resilienzfaktoren so einsetzen, dass Ungleichgewichte bei den Bedürfnissen gar nicht erst auftreten beziehungsweise dass wenn diese auftreten, sie das Richtige tun, um wieder eine Balance herzustellen. Wir wissen also jetzt, wie wir Ungleichgewichte vermeiden können, wissen aber noch nicht, wie diese Ungleichgewichte entstehen. Lassen Sie uns dies also einmal genauer betrachten, denn diese Gleichgewichte und Ungleichgewichte haben einen ganz entscheidenden Einfluss auf einen zentralen Aspekt des Resilienzkonzepts: unsere Emotionen.

6.4 Ungleichgewichte bei der Befriedigung der Grundbedürfnisse

Woran merken Sie, dass Ihr Körper Nahrung benötigt? Richtig: Sie haben Hunger. Woran merken Sie, dass Ihr Körper Flüssigkeit benötigt? Wieder richtig: Sie haben Durst. Woran merken Sie, dass Ihr Körper Schlaf benötigt? Sie sind ein Champion: Sie sind müde. Woran merken Sie, dass Ihre psychologischen Grundbedürfnisse befriedigt oder nicht befriedigt sind? Sie empfinden Gefühle!

Diese Feststellung ist von allergrößter Bedeutung, denn wie wir schon gesehen haben verfügen hoch resiliente Menschen über den Willen und die Fähigkeit, negative Emotionszustände wahrzunehmen, akkurat die Situation zu analysieren, um dann wieder ein Gefühl des Wohlbefindens anzustreben. Wenn Sie also ein positives Gefühl spüren, wird Ihnen dies in den allermeisten Fällen einen Hinweis darauf geben, dass gerade eines Ihrer Grundbedürfnisse befriedigt wird. Sie haben eine tolle Präsentation gehalten, Ihr Chef lobt Sie und Sie empfinden Stolz, weil Ihr Bedürfnis nach Selbstwerterhöhung gerade befriedigt wurde. Oder umgekehrt, die Geschäftsleitung teilt Ihnen mit, dass ein Stellenabbau in Ihrem Bereich geplant ist, und Sie empfinden Angst, weil Ihr Bedürfnis nach Orientierung und Kontrolle in Gefahr ist. Je nachdem, wie Sie nun auf die Situation schauen, können Sie hier aber auch Ärger oder auch beide Gefühle empfinden. Ärger, weil Sie genau wissen, dass das Unternehmen eigentlich einen riesigen Gewinn gemacht hat, der Stellenabbau nur für die Aktionäre durchgeführt und somit Ihr Bedürfnis nach Kohärenz verletzt wird. Welches Gefühl wir an dieser Stelle empfinden, wird ganz entscheidend dadurch beeinflusst, wie wir auf die Situation schauen. So kann ein Mitarbeiter bei dem angekündigten Stellenabbau auch mit echter Freude reagieren. Warum? Weil er weiß, dass das Unternehmen sehr hohe Abfindungen zahlt, und er nur auf diese Gelegenheit gewartet hat, um sich endlich mit einem guten Startkapital selbstständig zu machen.

Ungleichgewichte in der Bedürfnisbefriedigung und damit kurz-, mittel- oder langfristig auftretende negative Gefühle können nun durch drei verschiedene Prozesse entstehen:

1. Die Grundbedürfnisse werden durch externe Faktoren in Mitleidenschaft gezogen.
2. Die Grundbedürfnisse stehen in Konkurrenz zueinander.
3. Ein Mensch zeigt eine übertriebene Annäherungs- beziehungsweise Vermeidungstendenz in Bezug auf ein oder mehrere Bedürfnisse.

6.5 Die externen Feinde unserer Grundbedürfnisse

Alle fünf Grundbedürfnisse können durch externe Faktoren befriedigt oder in Mitleidenschaft gezogen werden. Ihr Vorgesetzter befriedigt Ihren Wunsch nach Lustgewinn und Unlustvermeidung, indem er Ihnen eine Aufgabe gibt, die Sie wahnsinnig gerne machen, oder er greift es an, indem er Ihnen über Monate Aufgaben gibt, die gar nicht Ihren Fähigkeiten entsprechen oder Sie langweilen. Eltern befriedigen den Wunsch des Kindes nach Selbstwerterhöhung, indem sie es, trotz einiger schlechter Noten in der Schule, auch einmal für eine gute Note loben, und verletzen sein Bedürfnis nach Selbstwerterhöhung, indem sie ihm immer wieder sagen, dass es zu nichts taugt, und sich selbst permanent laut in Gegenwart des Kindes fragen, womit sie solch ein Kind eigentlich verdient haben. Jugendliche verletzen das Bindungsbedürfnis eines anderen Jugendlichen, indem sie ihn als Außenseiter hinstellen und hänseln, oder unterstützen das Bindungsbedürfnis, indem sie den Jugendlichen als ein neues Mitglied in einem Fußballverein herzlich willkommen heißen. Ein Partner verletzt das Bedürfnis nach Orientierung und Kontrolle des anderen Partners, indem er ständig wiederholt, dass er sich noch nicht sicher über die Beziehung ist, und unterstützt dieses Bedürfnis, indem er sagt, dass er ihn immer lieben wird. Der Vorstand eines Unternehmens schadet dem Bedürfnis nach Kohärenz seiner Mitarbeiter, indem er die Gehälter einfriert, sich aber selbst das

Gehalt um 20 Prozent erhöht, und unterstützt das Bedürfnis nach Kohärenz, indem er die Gehälter einfriert und dasselbe mit dem eigenen Gehalt tut. In allen genannten Fällen werden Menschen positive oder negative Gefühle empfinden. Welche Gefühle jemand empfindet, hängt sehr stark von der Sichtweise der Person ab, ist von größter Wichtigkeit und wird an späterer Stelle erläutert.

6.6 »Ich will! Nein, ICH will!« – Konkurrenz der Grundbedürfnisse

Alle unsere Grundbedürfnisse können auch in Konkurrenz zueinander stehen und auch dies wird zu einem unangenehmen Gefühlszustand führen, denn dadurch entsteht wiederum Inkohärenz, also eine innere Unstimmigkeit. Genauso können die einzelnen Bedürfnisse aber auch innerlich in Einklang miteinander stehen. Wir merken dies daran, dass sich alles irgendwie stimmig, richtig und gut anfühlt. Es besteht Kohärenz und häufig sind dies auch die Situationen, in denen wir echtes Glück empfinden. Dass diese Momente im Leben äußerst selten sind, brauche ich an dieser Stelle nicht besonders zu betonen. So scheinen wir Menschen also permanent in einem Zustand der Inkohärenz zu sein. Irgendetwas, was noch besser geht, scheint es immer zu geben.

Eine Frau hat zum Beispiel den sehr starken Willen, Karriere zu machen, um darüber sowohl ihr Bedürfnis nach Selbstwerterhöhung als auch ihr Bedürfnis nach Orientierung und Kontrolle zu befriedigen. Sie gehört zu den Personen, die schon in ihrer Kindheit von ihren Eltern immer wieder Sätze wie »Das Leben ist eben kein Zuckerschlecken«, »Man muss sich anstrengen, um erfolgreich zu sein«, »Nur der berufliche Erfolg zählt« gehört hat. Diese Sätze haben sich tief in ihr Gehirn eingebrannt und sind entsprechend auch emotional belegt. Mit positiven Gefühlen, wie zum Beispiel Stolz, wenn sie diesen Glaubenssätzen, diesen Werten folgt und zum Beispiel am Wochenende hart arbeitet, also ein Annäherungsverhalten zeigt. Mit negativen

Gefühlen wie Angst oder Schuld, wenn sie diesen Glaubenssätzen nicht folgt, also am Wochenende zum Beispiel das Blackberry mal ausschaltet. Gleichzeitig spürt sie aber in sich auch den Wunsch, Kinder zu bekommen und eine eigene Familie zu haben und auch mal wieder ihre Freunde und Freundinnen zu treffen, die sie sehr mag. Sie hat das Gefühl, dass sie eigentlich nur noch arbeitet, einen Partner hat sie ja auch nicht und mit mittlerweile 36 Jahren läuft ihr eigentlich auch die Zeit davon.

Wann immer sie aber angerufen wird, weil sich ihre Freunde mit ihr treffen möchten, spürt sie einen inneren Druck, ein Unwohlsein und beobachtet bei sich Gedanken wie »Bleib lieber zu Hause und ruh dich aus. Du weißt, dass du morgen einige schwierige Termine hast, die sehr nützlich für deine Karriere sein können. Außerdem kannst du heute Abend doch noch das Konzept fertig machen.« Sie sagt entsprechend ab und verspricht sich und ihrer Freundin, die langsam sauer wird, hoch und heilig, dass sie das nächste Mal auf jeden Fall mitkommt, was aber mit hoher Wahrscheinlichkeit nicht passieren wird. In dem Moment, in dem sie absagt, lässt das ungute Gefühl augenblicklich nach und so wird sie natürlich für das Verhalten, das sie gerade gezeigt hat, emotional belohnt. Ihr Körper signalisiert ihr: Gut gemacht! Sonst würde sie sich ja nicht wohlfühlen. Das in Bezug auf das Erleben von Lust und das Erleben von Bindung gezeigte Vermeidungsverhalten führt somit zu einem positiven Gefühl beziehungsweise der Beendigung eines negativen Gefühls. In diesem Fall wahrscheinlich ein Schuldgefühl, weil sie ansonsten ihrem Glaubenssatz »Man muss hart arbeiten, um erfolgreich zu sein« nicht gefolgt wäre.

In diesem Fall sehen wir, dass in der Person die ==Bedürfnisse nach Selbstwerterhöhung sowie Kontrolle und Orientierung mit ihrem Bindungsbedürfnis und ihrem Bedürfnis nach Lustgewinn in Konkurrenz stehen==. Die Oberhand haben zum jetzigen Zeitpunkt allerdings noch die erstgenannten Bedürfnisse. Gefährlich an diesen Situationen ist, dass diese Prozesse nur langsam und schleichend zu negativen Folgen führen, denn die Befriedigung des anderen Bedürfnisses wirkt quasi wie eine Droge, ein Kick, der uns, wie bei jeder Droge, ein positives Gefühl beschert oder eben ein negatives Gefühl beendet, was Menschen wiederum positiv erleben. Wurde an früherer Stelle nicht gesagt, dass hoch resiliente Menschen genau das gut können – positive Gefühle herbeiführen –, und ist dementsprechend dieses Verhalten nicht erstrebenswert? Nein, denn es geschieht zulasten eines anderen grundsätzlichen Bedürfnisses. Ergebnis in diesem Fall ist dann häufig ein langsam immer größer werdendes Gefühl der Sinnlosigkeit, ein Zustand der Erschöpfung und der Hoffnungslosigkeit, Arbeitssucht oder im schlimmsten Fall ein Burn-out. Denken Sie daran: Sie möchten wirklich erfolgreich sein, aber ein Burn-out führt in der Regel auch zum Ende Ihres beruflichen Erfolgs. Dies sind dann häufig die Menschen, die bei mir sitzen und, Sie erinnern sich an den Beginn des Kapitels, sagen: »Ich weiß eigentlich gar nicht genau, was ich will.«

6.7 Zwanghafter Umgang mit Grundbedürfnissen – »Soll ich oder soll ich nicht?«

Wir können nun als letzten Einflussfaktor auf unsere Grundbedürfnisse auch ein übertriebenes Annäherungs- oder Vermeidungsverhalten zeigen. Ganz grundsätzlich bedeutet dies, dass wir selbst hier unbalanciert, nicht im Gleichgewicht sind. Dies zeigt sich dann in überzogenen Verhaltensweisen und diese Verhaltensweisen sind so gut wie immer Produkt von Haltungen, Glaubenssätzen, Wertvorstellungen oder Perspektiven, die wir beigebracht bekommen oder die wir auf der Basis von Erfahrungen gesammelt haben. Nähern wir uns dann einer solchen Haltung und befriedigen darüber ein überzogenes Bedürfnis, empfinden wir wiederum positive Gefühle. Entfernen wir uns von der Befriedigung dieses überzogenen Bedürfnisses, empfinden wir negative Gefühle. In beiden Fällen hätten wir ein überzogenes Annäherungsverhalten.

Ebenso können wir einen intensiven Wunsch haben, uns vor der Verletzung eines Grundbedürfnisses, wie zum Beispiel einen Selbstwertverlust, zu schützen. Entsprechend würden wir dann alle Situationen, in denen wir glauben, dass unser Selbstwert gefährdet ist, vermeiden. Dies wäre dann ein überzogenes Vermeidungsverhalten, wie wir es zum Beispiel bei einer sozialen Phobie, bei der menschliche Kontakte genau aus diesem Grund möglichst gemieden werden, beobachten können. All diese überzogenen Haltungen nennen wir Eisberg. Die am häufigsten vorkommenden Eisberge finden Sie im Kapitel 8.5 in diesem Buch.

So hat beispielsweise ein Mensch ein überzogenes Bedürfnis nach Orientierung und Kontrolle. Sobald er das Gefühl hat, die Kontrolle über eine Situation zu verlieren, verspürt er Angst und kontrolliert daher noch intensiver. Dies kann zum Beispiel eine Führungskraft in einem Unternehmen sein, die sich dann noch häufiger als bisher über den aktuellen Stand eines Projekts informieren lässt. Wird dies klinisch beziehungsweise krankhaft, sprechen wir von einem Kontrollzwang. Ein anderer Mensch ist in der Vergangenheit aufgrund seiner Körpergröße immer gehänselt worden. Dies hat zu einem starken Gefühl der Minderwertigkeit geführt. Entsprechend verwendet er einen Großteil seiner Energie darauf, dieses Gefühl zu kompensieren. Wann immer sein Selbstwert aus seiner Sicht in Gefahr ist, erlebt er Angst und Ärger und zeigt kompensierende Verhaltensweisen. Er kauft sich also zum Beispiel ein größeres Auto als sein Nachbar, versucht immer im Mittelpunkt zu stehen oder übt Macht über seine Mitarbeiter aus, um sich wieder gut zu fühlen. Wird dies klinisch, sprechen wir zum Beispiel von einer narzisstischen Persönlichkeitsstörung. Einem wiederum anderen Mensch ist es enorm wichtig, von den Menschen, die ihn umgeben, immer gemocht zu werden. Er hat ein intensives Bedürfnis nach Bindung. Dieses Bedürfnis drückt sich zum Beispiel durch die Haltung »Du musst für die Menschen, die dich umgeben, immer da sein« aus. Sobald er das Gefühl hat, dies nicht tun zu können, empfindet er Angst. Vielleicht die Angst, nicht mehr gemocht zu werden. Er wird sich dann die allergrößte Mühe geben, wieder ein Gleichgewicht herzustellen, indem er sich noch intensiver um seine Freunde, Angehörigen, aber auch Mitarbeiter kümmert. Wird dies krankhaft, sprechen wir von einer abhängigen Persönlichkeitsstörung.

Wieder ein anderer Mensch ist der Auffassung, dass das Leben immer Spaß machen muss. Er verbringt seine Zeit entsprechend nur mit Dingen, die ihm eine wirkliche Freude bereiten, und vermeidet alles, was irgendwie mit Disziplin zu tun hat. Bei ihm sieht das so aus, dass er stundenlang Computerspiele spielt, fast jeden Abend feiern geht und viel Sport macht. Für die Klausuren zu lernen, die in Kürze anstehen, oder seine Wohnung mal aufzuräumen, verursacht bei ihm sofort ein unangenehmes Gefühl, das er dann wunderbar durch die anderen Verhaltensweisen kompensieren kann. Eine krankhafte Ausprägung zeigt sich dann häufig in Abhängigkeitserkrankungen wie zum Beispiel einer Spiel- oder Alkoholsucht oder durch Prüfungsängste. Eine schließlich letzte Person hat ein enorm starkes Bedürfnis nach Kohärenz. Dies drückt sich bei ihr so aus, dass einfach alles in ihrem Leben immer perfekt und stimmig sein muss. Wenn nun beispielsweise eine Veränderung in ihrem Unternehmen ansteht, die sie aus ihrer Routine herausbringt, steht sie sofort bei ihrem Chef im Büro und will wissen, was dies nun für sie bedeutet. Kann er es ihr nicht sagen, wird sie wochenlang Ängste haben und weiterhin versuchen, dies irgendwie auszugleichen. Dies kann sie zum Beispiel dadurch erreichen, dass sie permanent nach weiteren Informationen sucht. Wird ein solches Streben nach Kohärenz extrem und wiederum krankhaft, kann sich dies beispielsweise in Form eines Ordnungszwangs oder eines übertriebenen Perfektionismus zeigen.

Sie haben in den einzelnen Beschreibungen sicherlich die fünf menschlichen Grundbedürfnisse nach Lustgewinn/Unlustvermeidung, Kontrolle und Orientierung, Bindung, Selbstwerterhöhung und Kohärenz erkannt. Bemerkenswert an allen Beispielen ist, dass auf den ersten Blick erst einmal nichts wirklich Verwerfliches daran zu erkennen ist. Menschen möchten gerne ein Gefühl der Kontrolle haben, ihren Selbstwert schützen, andere Menschen unterstützen, Spaß im Leben haben oder möchten wissen, wo es langgeht. Entsprechend führen diese Verhaltensweisen nur wenn sie überzogen sind, und dann auch erst mittel- bis langfristig, zu Problemen und können häufig auch dazu führen, dass unser beruflicher Erfolg irgendwann endet. Sie können aber auch dazu führen, dass wir enormen beruflichen Erfolg haben, wie wir es am Ende des Buches am Beispiel von Steve Jobs, dem verstorbenen Gründer und CEO von Apple Inc., sehen werden. Allerdings dann häufig nur auf Kosten von unserer eigenen oder der Gesundheit anderer Menschen. Wichtig an dieser Stelle ist es, erneut zu betonen, dass wir es meist selbst sind, die uns diese Sachen eingebrockt haben, denn die Verhaltensweisen sind in der Regel Ausdruck einer spezifischen Haltung. Es macht also häufig auch keinen Sinn, zu versuchen, auf irgendwelche externen Faktoren Einfluss zu nehmen, wenn wir daran etwas ändern wollen. Wir können in solchen Fällen nur bei uns selbst ansetzen.

6.8 Zusammenfassung und Übergang

Hoch resiliente Menschen sind glücklicher, gesünder, gelassener und erfolgreicher als wenig resiliente Menschen. Dies zeigt sich nicht nur in Krisensituationen, sondern auch im »normalen« Leben. Hoch resilienten Menschen gelingt dies, indem sie über die Befriedigung ihrer Grundbedürfnisse emotional positive Zustände herbeiführen oder, sollte die Befriedigung eines Bedürfnisses in Gefahr sein und sich ein emotional negativer Zustand bemerkbar machen, die richtigen Maßnahmen ergreifen, um sich wieder besser zu fühlen. Eine solche Maßnahme kann entsprechend auch die Erkenntnis sein, dass ich ein selbst erzeugtes Ungleichgewicht auf einem Bedürfnis habe und entsprechend an mir selbst ansetze, um dies zu ändern.

Genau an dieser Stelle helfen ihnen die sieben Resilienzfaktoren: Sie folgen nicht einfach ihrem ersten Instinkt, sondern kontrollieren ihre ersten Impulse. Sie analysieren akkurat die Situation, klären erst das Warum für ihren Zustand und vermeiden es dadurch, immer wieder den gleichen

Fehler zu machen oder zu früh aufzugeben. Sie glauben daran, dass sie sich selbst und ihre Welt beeinflussen können, und erleben schon allein dadurch ein wohltuendes Gefühl der Kontrolle. Sie glauben auf der Basis der Realität, dass sich Dinge zum Positiven wenden werden, und gehen entsprechend zuversichtlich ans Werk. Sie können sich in andere Menschen gut hineinversetzen und darüber enge und echte Beziehungen zu anderen Menschen aufbauen, in denen sie wiederum Unterstützung und Sicherheit erfahren. Und hoch resiliente Menschen setzen sich hohe, aber auch erreichbare Ziele, die sie mit Ausdauer und viel Selbstvertrauen verfolgen.

Vielleicht finden Sie sich in den meisten Beschreibungen, die Sie hier lesen, wieder, vielleicht aber auch nur hier und da, vielleicht aber auch gar nicht. Sollten Sie nun die Entscheidung getroffen haben, Ihre Resilienz zu steigern, dann werden Sie im folgenden Kapitel zahlreiche Methoden finden, die wir Skills nennen. Mit diesen können Sie sowohl einzelne Resilienzfaktoren stärken als auch Ihre psychologischen Grundbedürfnisse, Ihre 5needs, besser befriedigen.

> **Kernfrage zu diesem Kapitel**
>
> Welche Grundbedürfnisse sind bei mir im Gleichgewicht, welche nicht, wie macht sich dies emotional bemerkbar und was fällt mir schon jetzt ein, das ich tun kann, um ein Gleichgewicht herzustellen?

7.
Die Erkenntnis der Neurobiologie: Wir können mehr!

Vielleicht haben Sie auch von dem Neurobiologen Professor Gerald Hüther aus Göttingen gehört? Sein wahrscheinlich größtes Verdienst ist es, dass er uns in einer wunderbar einfachen und nachvollziehbaren Art und Weise unermüdlich bewusst macht, dass wir Menschen, im Gegensatz zu der Mehrzahl anderer Wesen auf diesem Planeten, in der Lage sind, unser gesamtes Leben lang etwas Neues zu erlernen. Sei es nun eine Sprache, einen Beruf oder eine neue Haltung. Unser Wissen, welches in Form von neuronalen Strukturen verankert ist, kann also jederzeit erweitert oder verändert werden. Entsprechend verändert sich dann auch unser Gehirn.

Dieses Prinzip wird in der Neurobiologie als Neuroplastizität beschrieben. Sollten Sie also eher niedrige Werte im Bereich Selbstwirksamkeitsüberzeugung haben, sollten Sie sich das Prinzip der neuronalen Plastizität sehr genau vor Augen führen: wir Menschen haben nicht nur die Möglichkeit, unser externes Umfeld zu verändern, also beispielsweise den Job zu wechseln. Wir können auch uns selbst, unsere Art, Dinge und uns selbst zu sehen, verändern. Dies erscheint vor allem dann als sinnvoll, wenn wir inakkurat denken beziehungsweise die Art, wie wir denken, uns selbst oder anderen Menschen kurz-, mittel- oder langfristig Schaden zufügt. Entsprechend können wir auch lernen, neu oder anders zu denken, und vielleicht fällt ihnen an dieser Stelle auch eine Situation ein, in der Sie eine tiefe Erkenntnis hatten und quasi von einem Tag auf den anderen gelernt haben, etwas aus einer anderen Perspektive zu betrachten. Vielleicht hat dies auch dazu geführt, dass Sie sich besser gefühlt haben und dass irgendetwas in Ihrem Leben plötzlich viel leichter, wie von selbst ging. Dann haben Sie das Phänomen der neuronalen Plastizität erlebt und tatsächlich Ihr Gehirn so benutzt, wie es von der Evolution scheinbar vorgesehen ist.

Wir wissen aus der Forschung, dass das Maß an Resilienz, welches ein Mensch besitzt, ganz entscheidend von seiner Art zu denken, von seinem *Thinking Style* abhängt. Vergessen Sie diese beiden Wörter bitte nicht. Am einfachsten kann man sich dies an dem bekannten Beispiel des halb vollen oder halb leeren Glases Wasser verdeutlichen. Oder füllen Sie doch einfach Ihr Lieblingsgetränk, also zum Beispiel einen sehr guten, seltenen und teuren Wein in dieses Glas. Was würden Sie davon halten, wenn nun zwei Menschen sich darüber streiten würden, ob das Glas Wein nun halb voll oder halb leer ist? Sie würden diese beiden Menschen wahrscheinlich für verrückt erklären beziehungsweise denken, dass dies doch vollkommener Blödsinn ist. Wieso? Weil natürlich beide Personen in der Situation recht haben. Entsprechend dürften beide Personen auch niemals zu dem Punkt kommen, dass der eine dem anderen recht gibt. Schließlich ist beides wahr. Entscheidend ist hier aber, wie sich die beiden Menschen mit ihrer Sichtweise, mit ihrem Thinking Style fühlen. Derjenige, der sieht, dass sein Glas noch halb voll ist, bezeichnen wir ihn mal als Optimisten, wird sich freuen und den Wein genießen. Der andere, bezeichnen wir ihn als Pessimisten, der das Glas schon halb leer sieht, wird bei jedem Schluck, den er nimmt, immer trauriger werden und es schade finden, dass sein Lieblingsgetränk immer mehr zur Neige geht. Vielleicht wird er sich auch über sich selbst ärgern, dass er den Wein zu schnell getrunken hat. Er wird also eine ganze Reihe negativer Gefühle empfinden und seinen Lieblingswein vielleicht auch nicht so genießen können wie sein optimistisches Pendant. Entscheidend an dieser Stelle ist also nicht, was wahr ist, sondern wie wir es selber sehen und uns damit fühlen.

Wir wissen aus der psychologischen Forschung, aber auch aus der Philosophie und der Religion, dass das Entscheidende nicht die wirklichen Tatsachen sind, sondern die Art und Weise, wie wir die Dinge sehen. Entsprechend zeichnen sich hoch resiliente Menschen durch ganz spezifische Denkstile aus, welche wiederum einen ganz entscheidenden Einfluss darauf haben, wie sie sich fühlen, was sie machen und wie sie von außen, also zum Beispiel von einem neuen potenziellen Kunden, ihren Mitarbeitern oder dem Personalleiter während eines Vorstellungsgesprächs wahrgenommen werden. Diese Denkstile führen also zu nichts anderem als zu einem tatsächlich von außen beobachtbaren Verhalten. Sie führen dazu, dass Menschen gelassen auf Drucksituationen reagieren, dass sie ihr Leben zuversichtlich anpacken, dass sie positiv auf Menschen wirken und sich von Rückschlägen nicht entmutigen lassen. Natürlich gibt es nicht die eine richtige Art und Weise zu denken und es wäre ja auch sehr langweilig, wenn wir Menschen alle gleich denken würden. Wir wissen aber, dass wir Menschen, ganz im Gegensatz zu dem oben erläuterten Beispiel mit dem Glas Wein, bei dem der Pessimist ja wirklich recht mit seiner Behauptung hat, dass das Glas Wein halb leer ist, manchmal einfach ziemlichen Blödsinn denken oder zumindest Dinge denken, die außerordentlich unwahrscheinlich sind. Wir nennen dies dann ein inakkurates Denken und diese Art zu denken steckt voller Denkfallen. Dies wäre zum Beispiel der Fall bei dem Mann, dem übertriebenen Optimisten, der aus dem 50. Stockwerk eines Hauses fällt und sich beim 30. Stock denkt: »Bisher ist alles gut gegangen.« Dies wäre aber auch der Fall bei einem Menschen, der von sich selbst denkt, dass er zu nichts im Leben taugt, wobei die Wahrscheinlichkeit, dass es stimmt, zwar gegeben, es aber doch außerordentlich unwahrscheinlich ist, dass er zu den wenigen Menschen gehört, die zu gar nichts taugen. Sofern es diese überhaupt gibt, was ich an dieser Stelle ausdrücklich verneinen möchte.

Dementsprechend ist eines der Hauptziele unserer Resilienztrainings und Resilienzcoachings genau dies: sich bewusst machen, wie wir als Menschen funktionieren, unsere Thinking Styles mal genauer unter die Lupe zu nehmen und zu schauen, wo uns diese unterstützen, glücklich und erfolgreich machen und an welcher Stelle wir uns mit ihnen selbst im Wege stehen.

Es ist an dieser Stelle ganz entscheidend zu verstehen, dass es dabei niemals darum geht, in absoluter Art und Weise zu sagen, welcher Denkstil nun der richtige oder der falsche ist. Es geht darum, dass Sie *für sich* entscheiden, welcher der richtige ist. So kann beispielsweise ein Mensch, der eine Tendenz zum Pessimismus hat, sich eine Position und Aufgabe suchen, in der genau diese Fähigkeit gefragt ist, also zum Beispiel als Controller arbeiten oder aber als Ingenieur die Sicherheit eines Atomkraftwerkes überwachen. Entscheidend ist also, wie es Ihnen selbst mit Ihrem Denkstil geht. Wenn Sie also beispielsweise wenig realistische und damit inakkurate Versagensängste haben, können Sie für sich entscheiden, etwas an dieser inakkuraten Art zu denken zu verändern, oder aber sich eine Position suchen, in der Sie wenig oder gar keine Verantwortung tragen. Tun Sie sich dann aber bitte den Gefallen, dies auch wirklich für sich zu akzeptieren und sich so anzunehmen, wie sie nun einmal sind.

Eine Ausnahme sei hier dennoch genannt. Diese Ausnahme ist dann gegeben, wenn Sie mit Ihrem Denkstil anderen Menschen Schaden zufügen. Wenn Sie also der Meinung sein sollten, dass Sie immer recht haben, dass andere Sie immer respektieren müssen, und es aufgrund dessen auch für richtig halten, beispielsweise als Vorgesetzter Ihre Mitarbeiter anzuschreien, dann empfehle ich Ihnen tatsächlich, etwas an Ihrem Denkstil und somit auch Ihrem Verhalten zu ändern. Sollten Sie dies nicht tun, empfehle ich Ihnen, sich zumindest nicht darüber zu wundern, dass Menschen Angst vor Ihnen haben, Sie nicht sonderlich mögen, Sie meiden und dass der Krankenstand in Ihrer Abteilung besonders hoch ist. Denn genau das ist allzu häufig zu beobachten: Diese Menschen benehmen sich wie echte Berserker und finden es trotzdem erstaunlich, dass sie nicht so gemocht werden, wie sie es sich wünschen. Häufig sehen sie dies dann sogar als Beweis dafür, dass »die anderen« es nicht verdienen, respektiert zu werden.

Schon erstaunlich, welche Denkweisen wir Menschen entwickeln können – oder?

8.
Boost your resilience – 9 plus X Wege, die sich lohnen

Im vorigen Kapitel haben Sie erfahren, dass Menschen die Art, wie Sie denken, also ihren Thinking Style beeinflussen können und dass es möglich ist, so an seiner Resilienz zu arbeiten beziehungsweise diese zu verändern. Auf den folgenden Seiten finden Sie nun eine Ideenfundgrube von 9 plus X Wegen, wie Sie genau das machen können. Wir nennen diese Wege, an seiner Resilienz zu arbeiten, auch Skills, denn sie werden durch die kontinuierliche Anwendung zu echten, vielleicht auch neuen Fähigkeiten Ihrer Person.

Die 9 plus X Skills sind:

>   Skill 1: Love it, change it, leave it
>   Skill 2: Influenceradar
>   Skill 3: Thought Crafting
>   Skill 4: Emotionsradar
>   Skill 5: Eisberge
>   Skill 6: Denkfallen
>   Skill 7: Positivity
>   Skill 8: Achtsamkeit
>   Skill 9: Connection
>   Skill X: Mensch sein

Die Skills, die Sie auf den nächsten Seiten finden, sind, wenn Sie sie kontinuierlich anwenden, in einer mehr oder weniger starken Weise dazu geeignet, direkten Einfluss auf die jeweiligen sieben Resilienzfaktoren zu nehmen. Wir haben bereits gesehen, dass diese Resilienzfaktoren auch entscheidend dafür sind, wie gut es uns gelingt, unsere psychologischen Grundbedürfnisse zu befriedigen.

Entsprechend kann Ihnen beispielsweise eine Meditationsübung, deren Nutzen im Kapitel 8.8 *Achtsamkeit* geschildert wird, dabei helfen, Ihre Emotionen besser wahrzunehmen und durch ein besseres Verständnis Ihrer eigenen Person auch einen positiven Einfluss auf Ihre soziale Kompetenz und Empathie nehmen. Sie werden dadurch dann auch lernen, andere, intensivere Kontakte zu Menschen herzustellen, und somit direkt Einfluss auf Ihr Bindungsbedürfnis nehmen.

Ebenso kann Ihnen das Erkennen von Denkfallen dabei helfen, die Gründe für Rückschläge besser zu deuten, sich also beispielsweise nicht immer selbst die Schuld für einen Misserfolg zu geben. Darüber werden Sie Ihre Kausalanalyse und Ihre Selbstwirksamkeitsüberzeugung verbessern und dies wird wiederum dazu führen, dass Ihr Bedürfnis nach Selbstwerterhöhung befriedigt wird. Warum? Weil Sie sich eben nicht ständig selbst »fertigmachen«.

Die schlechte Nachricht: Wir alle tragen Denkstile in uns, die uns weniger resilient und damit auch weniger glücklich und erfolgreich machen. Dementsprechend werden Sie auf den folgenden Seiten mit sehr großer Wahrscheinlichkeit die eine oder andere Schwäche bei sich entdecken, die Sie vielleicht nicht an sich mögen werden. Tun Sie sich dann bitte einen Gefallen: Nehmen Sie sie und damit sich selbst so an, wie Sie nun gerade einmal sind. Denn das ist Selbstbewusstsein. Versuchen Sie dann, das hilft wirklich (!), auch ein wenig über sich zu lächeln und zu schmunzeln. Denn es gibt auch eine gute Nachricht: wir haben diese Denkstile gelernt und können daher auch neue, andere Denkstile lernen. Die folgenden Skills werden Ihnen genau dabei helfen.

Verstehen Sie diese Skills aber bitte nicht als ein Trainingsprogramm, das Sie nun mühsam Skill für Skill durcharbeiten sollten, sondern als eine Quelle der Inspiration, als einen großen bunten Blumenstrauß, aus dem Sie sich die eine oder andere Blume herauspicken können.

Ich bin mir ziemlich sicher, dass Sie die für Sie richtigen Blumen auswählen werden.

8.1 Love it, change it, leave it (Skill 1)

Ja, ja, ja ... ist ja gut! Es stimmt: Unsere Welt ist komplexer und dynamischer geworden, deswegen erkranken scheinbar Millionen von Menschen an psychischen Störungen und irgendwie weiß niemand so richtig Rat, was man nun eigentlich tun kann, um dies zu ändern. Ich gebe Ihnen gleich zwei: Erstens: akzeptieren Sie, dass es so ist, denn wir werden die Uhr hier sicherlich nicht zurückdrehen können und, zweitens, versuchen Sie den Begriff Dynamik durch den Begriff Chancen und den Begriff Komplexität durch den Begriff Freiheit in Ihrem Gehirn zu ersetzen. Sie machen dann das, was wir in der Psychologie als Reframing bezeichnen und was nichts anderes besagt, als eine wahre, aber als unangenehm empfundene Sichtweise durch eine wahre angenehmere, vorteilhaftere Sichtweise zu ersetzen. Welcher Satz fühlt sich besser an und gibt Ihnen mehr Energie: »Ich lebe in einer Welt voller Komplexität und Dynamik« oder der Satz »Ich lebe in einer Welt voller Chancen und Freiheiten«? Dies ist also ein rein gedanklicher Prozess und somit nichts anderes als *eine Frage der Haltung*. Entscheidend wird dann natürlich sein, wie Sie mit diesen Chancen und dieser Freiheit umgehen, welche Entscheidungen Sie treffen, wie Sie diese treffen und ob Sie die Ihnen zur Verfügung stehenden Ressourcen *intelligent* einsetzen.

Wie schön, dass es in unserer so komplexen beziehungsweise freien Welt ein paar sehr einfache Regeln gibt, die voller Wahrheit stecken, zumindest auf den ersten Blick sehr einfach anzuwenden sind und uns helfen, unsere Freiheit und unsere Chancen sinnvoll zu nutzen. Einer dieser Sätze ist »Love it, change it, leave it oder leide weiter« (also: liebe es, verändere es, verlasse es oder leide weiter).

Was sagt dieser Satz in seinem Kern aus? Gehen wir einmal davon aus, dass es Ihnen seit ein paar Wochen emotional nicht wirklich gut geht. Irgendwie sind Sie frustriert. Sie haben eine Vermutung, woran es liegen könnte, aber so ganz sicher sind Sie sich nicht. Sie entscheiden nun, dass es nach drei Wochen frustriert sein auch einmal gut damit ist, und möchten etw ändern. An welchen beiden Punkten, es sind wirklich nur zwei, mehr Möglichkeiten haben Sie nicht, können Sie ansetzen? Richtig! Sie können sich selbst ändern oder Sie können die Situation, die Ihnen vielleicht die negativen Gefühle bereitet, ändern. Mehr ist nicht drin! Das macht das Leben doch wirklich einfacher, oder?!

»*Change it*« und »*leave it*« beschreiben entsprechend die häufig vorhandene Möglichkeit, die Situation zu ändern. Sie können also versuchen, Einfluss auf die Situation zu nehmen oder diese ganz einfach verlassen. Auch so ändern Sie Ihre Umgebung. »*Love it*« steht für die Änderung unserer Person. Dies heißt dann nicht unbedingt, dass Sie die Situation lieben müssen, sondern dass Sie versuchen, sich selbst zu ändern, um sich besser zu fühlen.

Lassen Sie mich Ihnen hierzu noch ein Beispiel geben, in dem Ihnen auf den ersten Blick tatsächlich alle drei Möglichkeiten offenstehen. Sie arbeiten seit drei Monaten für einen neuen Vorgesetzten. Dieser Vorgesetzte ist ganz anders als Ihr vorheriger. Ihr früherer Vorgesetzter hat Ihnen immer genau gesagt, was er von Ihnen erwartet und wie er die Dinge haben möchte. Dies war Ihnen eigentlich auch ganz recht, denn so wussten Sie wenigstens, dass Sie nichts falsch machen würden. Ihr neuer Vorgesetzter hingegen hat Ihnen gleich beim ersten Einzelgespräch mitgeteilt, dass er unter anderem als neue Führungskraft eingesetzt und von außen geholt wurde, um den Unternehmergeist und die Selbstständigkeit der Mitarbeiter seines Bereiches zu fördern und zu erhöhen. Er möchte Sie »empowern«, wie man heutzutage in vielen Unternehmen sagt. Sie hassen diesen Begriff. Von Ihnen, als langjährigem Mitarbeiter, erwartet er das in besonderem Maße. Dies hat er Ihnen auch in einem sehr verbindlichen Ton mitgeteilt. Ergebnis für Sie: Sie sind frustriert und auch Ihre Frau hat dies schon bemerkt und entsprechend diskutieren Sie die drei folgenden Möglichkeiten mit ihr:

Erstens überlegen Sie gemeinsam, ob Sie nicht einfach die Abteilung wechseln sollten. Der Vorgesetzte aus einem anderen Bereich hat Ihnen ja schon ein Jobangebot gemacht und gesagt, dass er Sie mit Handkuss einstellen würde. Sie überlegen also, die Situation zu verlassen.

Zweite Möglichkeit: Sie überlegen, ob Sie nicht noch einmal mit Ihrem Chef sprechen sollen. Schließlich gibt es ja auch genügend andere Möglichkeiten, Ihren Job weiterhin so zu machen, wie Sie es bisher gemacht haben. Sie könnten ja auch ein wenig Verantwortung abgeben. Sie überlegen also, die Situation zu verändern, indem Sie Einfluss auf Ihre neue Führungskraft nehmen.

Dritte Möglichkeit, und für diese plädiert insbesondere Ihre Frau: Sie überlegen sich, tatsächlich Ihre Arbeitsweise und somit sich selbst zu ändern. Das wäre die Love-it-Strategie. Ihre Frau schildert Ihnen, dass sie sowieso der Meinung ist, dass Sie Ihr Licht viel zu sehr unter den Scheffel stellen, mehr können, als Sie zeigen, und der vorherige Chef Sie über Jahre eigentlich entmündigt hat. Sie erinnert Sie auch daran, wie Sie vor sieben Jahren, als Ihr damaliger Vorgesetzter gerade angefangen hatte, sich über ihn und seinen Kontrollwahn fürchterlich aufgeregt haben. Könnte die neue Situation vielleicht auch eine Chance für Sie sein?

Wir werden uns auf den kommenden Seiten vor allem mit der Frage beschäftigen, wie Sie die Love-it-Strategie umsetzen können, denn diese beinhaltet ein enormes Potenzial für Ihr eigenes Wohlbefinden und für die Steigerung Ihrer eigenen Resilienz. Wie man eine Situation richtig verlässt, also die Leave-it-Strategie umsetzt, wird uns nicht weiter beschäftigen, denn dies ist sicherlich auch nicht allzu schwer. Die Change-it-Strategie, also wie Sie andere Menschen beeinflussen können, möchte ich zumindest im kommenden Kapitel kurz anreißen und Ihnen in diesem Zusammenhang den zweiten wichtigen Skill zeigen, der Ihre Resilienz stärken und erhalten wird. Bevor Sie diesen Skill aber anwenden, gewöhnen Sie sich daran, bei lang andauernden nicht-resilienten Gefühlen eine Love-it-change-it-leave-it-Perspektive einzunehmen. Sie ist der erste wichtige Schritt, um Ihre begrenzten Ressourcen auch in Zukunft effektiv und effizient zu nutzen.

> **Kernfrage zu diesem Abschnitt**
>
> Zu welcher der drei eben geschilderten Strategien tendiere ich am ehesten und welche positiven oder negativen Auswirkungen hat dies auf mein Leben?

8.2 Schalten Sie Ihr Influenceradar ein (Skill 2)

Wie eben erwähnt, werden wir uns nicht vertieft mit den zahlreichen Strategien beschäftigen, auf welche Weise Situationen und andere Menschen beeinflusst werden können. Hierzu sind auch schon wunderbare Bücher wie zum Beispiel *Die Psychologie des Überzeugens* von Prof. Dr. Robert B. Cialdini geschrieben worden. Dennoch ist es wichtig, an dieser Stelle kurz innezuhalten und sich noch einmal Gedanken darüber zu machen, wie Sie entscheiden können, welche der eben geschilderten Strategien Sie nun eigentlich verfolgen sollten, wenn Sie von einem negativ erlebten Gefühlszustand in einen positiveren Zustand gelangen wollen. Sie erinnern sich, dass dieser als Emotionssteuerung bezeichnete Faktor einer der entscheidenden Resilienzfaktoren ist.

Meine erste Empfehlung für mehr Resilienz: Schalten Sie Ihr Influenceradar, also Ihr »Beeinflussungsradar« ein.

Was hat es damit auf sich? Bevor Sie entscheiden, ob Sie die Situation ändern, verlassen oder sich selbst ändern, sollten Sie sich erst einmal Gedanken darüber machen, ob Sie die Situation überhaupt verändern, also beeinflussen können. Sie erinnern sich sicherlich noch an den Satz von meinem Freund und Kollegen Dean M. Becker:

»Resilience is the intelligent deployment of limited resources.«

Dean M. Becker

Resilienz ist also die intelligente Verwendung begrenzter Ressourcen. Dieser Satz drückt nichts anderes aus, als dass es vollkommen unsinnig ist, seine Kraft und Lebenszeit mit dem Versuch zu verschwenden, Dinge zu ändern, die wir sowieso nicht beeinflussen können. Gleichzeitig ist es aber auch verschwendete Energie, wenn wir versuchen, etwas zu ändern und dann zu früh wieder aufgeben.

Entsprechend können wir zwischen *drei Zonen* unterscheiden, die uns als Individuen umgeben und in die wir all die Faktoren, Menschen und Ereignisse, mit denen wir in Kontakt stehen, einordnen können.

Zone 1 ist am nächsten an uns dran und in dieser befinden sich alle Dinge, die wir *beeinflussen* können. In dieser befinden wir uns auch selbst, denn auf uns selbst können wir fast immer Einfluss nehmen. Dies ist einem Menschen insbesondere dann bewusst, wenn er über eine hohe Selbstwirksamkeitsüberzeugung verfügt. Sie können also aufhören zu rauchen, abnehmen, mehr Sport machen, aber auch andere Perspektiven einnehmen. In der Zone 1 befinden sich aber auch all die Dinge, die wir beeinflussen können. Diese sind zum Beispiel die Art und Weise, wie wir unsere Wohnung einrichten, wie wir unsere Arbeit organisieren, wie häufig wir uns mit unseren Freunden treffen, Sport machen, wo wir unseren Urlaub verbringen, welchen Karriereweg wir einschlagen, wie wir unsere Kinder erziehen und so weiter und so fort.

Zone 2 ist der Bereich, der die Faktoren enthält, die wir *eventuell beeinflussen* können. Wir sind uns also nicht ganz sicher, ob wir wirklich durch unser Verhalten Einfluss auf zum Beispiel eine Person oder eine Situation nehmen können. In diesen Bereich gehören die meisten Menschen, die uns umgeben. Wenn Sie Führungskraft sind, sind dies Ihre Mitarbeiter, wenn Sie keine Führungsverantwortung haben, Ihre Kollegen und wenn

Sie in einer Partnerschaft leben, ist es Ihr Partner. Ihr Partner ist vielleicht jemand, dem es enorm schwerfällt, Kritik anzunehmen. Sie äußern dies ihm gegenüber mit der Intention, dass er sein Verhalten ändert. Da Ihr Partner aber bekanntermaßen nicht besonders gut darin ist, eben auch diese Kritik anzunehmen, könnte es ziemlich schwer werden, ihn dahin zu bewegen, die Dinge, die Sie an ihm kritisieren, nicht als persönlichen Angriff zu sehen, sondern nur als eine Feststellung, die dem Zweck dient, ihm weiterzuhelfen. Mit anderen Worten: Sie sind sich nicht ganz sicher, ob Ihre Intervention wirklich zu einem Ergebnis führen wird.

Insbesondere bei den Faktoren, die sich in Zone 2 befinden, beobachtet man immer wieder Menschen, die in Bezug auf diese Faktoren zu früh, manchmal auch zu spät, aufgeben und entsprechend ihre wertvollen Ressourcen verschwenden. Ich selbst erlebe dies häufig in Coachinggesprächen, in denen mir Führungskräfte fast immer Probleme mit Mitarbeitern, Kollegen oder den eigenen Vorgesetzten schildern. Die sehr einfache Frage, ob sie das alles, was sie mir schildern, denn schon einmal der Person selbst gesagt haben, wird zu meiner immer wieder großen Überraschung sehr häufig mit Nein beantwortet. »Das bringt doch eh nichts«, ist dann nicht selten die Antwort, die ich bekomme. Die Person hat also noch nicht einmal den Versuch unternommen, etwas zu ändern, und spielt häufig schon mit dem Gedanken, selbst die Situation zu verlassen oder sich von dem problematischen Mitarbeiter oder Kollegen in irgendeiner Weise zu trennen.

Die Person wird also bildlich gesprochen in Zone 3, der Zone des Nicht-Beeinflussbaren, die wir gleich sehen werden, abgestellt. Genau an dieser Stelle kann sich dann auch mittel- bis langfristig eine Erfolglosigkeit der Person, die man berät, einstellen, da sie zu früh aufgibt und eventuell zu häufig und zu schnell das Unternehmen, die Abteilung, die eigenen Mitarbeiter oder den Chef wechselt. Das Gleiche gilt für das oben geschilderte Partnerschaftsproblem und insbesondere langjährige Singles kennen dies sehr gut. Man erkennt in den ersten Monaten, in denen man mit einer neuen Person zusammen ist, dieses und jenes, das einem nicht so gefällt, und beendet daher die Beziehung wieder ganz schnell mit dem Satz: »Ich glaube, das passt nicht so richtig zwischen uns.« Dann noch eine Diskussion darüber zu führen, was nicht passt, ist meistens sinnlos, da die Person, die die Entscheidung getroffen hat, sich gedanklich und emotional schon Lichtjahre entfernt befindet. Erfolglosigkeit kann sich eben auch in unserem Beziehungsleben einstellen.

Kein Satz beschreibt das Influenceradar so kurz, präzise und bewegend, wie das Gelassenheitsgebet des US-amerikanischen Theologen Reinhold Niebuhr. Dieser kurze Satz lautet:

»Gib mir die Gelassenheit, Dinge hinzunehmen, die ich nicht ändern kann, den Mut, Dinge zu ändern, die ich ändern kann, und die Weisheit, das eine vom anderen zu unterscheiden.«

Reinhold Niebuhr

In **Zone 3** befinden sich genau die Dinge, die mit der ersten Zeile des Gelassenheitsgebets beschrieben werden: *»Dinge, die ich nicht ändern kann«*. Niebuhr gibt in seinem Gebet auch schon eine Empfehlung, was man tun sollte im Umgang mit diesen: Gelassenheit üben, also eine Eigenschaft haben oder eben erlernen, die hoch resiliente Menschen in besonderer Weise auszeichnet. Lassen Sie mich an dieser Stelle schon einmal betonen, dass Gelassenheit nichts, aber auch rein gar nichts mit Gleichgültigkeit zu tun hat. Denn Gleichgültigkeit ist ein Zustand, der uns dazu bringt, in dem Zustand zu verweilen, der uns eventuell belastet, und nichts an ihm oder an uns selbst zu ändern. Wir fügen uns dann in eine Opferrolle und meistens führt dieser Zustand auch zu Zynismus. Dies ist ein Zustand, der, leider, viel zu häufig bei Mitarbeitern und Führungskräften in Unternehmen anzutreffen ist, die schon durch zig Veränderungsprozesse und Umstrukturierungen gegangen sind, die am Ende aber nichts bewirkt haben. »Mal schauen, welche Sau jetzt wieder durchs Dorf gejagt wird«, das ist der Satz, den man dann häufig zu hören bekommt. Diese Menschen werden dann meist als gleichgültig oder veränderungsresistent beschrieben. Sie sind aber sehr häufig erst dazu gemacht worden, weil eben zu viele Veränderungsprozesse mühsam waren, aber keinen wirklichen Effekt erzielt haben. Hoch resiliente Menschen sind hier anders, denn neben der Gelassenheit, die sie auszeichnet, verfügen sie, wie bereits geschildert, über Ziele, Mut, Konsequenz und Disziplin, die sie aber eben in einer gelassenen Art und Weise angehen beziehungsweise anwenden.

Wen würden Sie eher als Babysitterin für Ihre Kinder einstellen? Die Frau, die hektisch durch die Gegend rennt, wenn es eine Krisensituation gibt, oder die, die gelassen, aber konsequent die Dinge unternimmt, die zu tun sind? Wem würden Sie eher die Löschung Ihres Hausbrandes anvertrauen? Dem Feuerwehrmann, der hektisch umherläuft und in gleicher Weise seinen Mitarbeitern Anweisungen gibt, oder der Person, die gelassen, aber konsequent alle notwendigen Anweisungen gibt? Wem würden Sie am ehesten die Führung Ihres krisengeschüttelten Unternehmens anvertrauen?

Es gibt eine ganze Reihe von Dingen, die wir ganz offensichtlich nicht ändern können, und manchmal merken wir dies eben erst über eine sorgfältige Analyse oder dadurch, dass wir die unterschiedlichsten Dinge versuchen, die aber dennoch nicht zum gewünschten Ergebnis führen. Sie wandern in unserem Kopf somit gleichsam von Zone 2 in Zone 3. Zu den Dingen, die wir nicht ändern können, gehören das Wetter, der Tod, unheilbare Krankheiten, die Entscheidung eines anderen Menschen, uns zu verlassen, die Entscheidung Ihres Unternehmens, sich von Ihnen zu trennen, oder, ganz einfach, die Tatsache, dass die Rolltreppe, mit der Sie gerade den U-Bahnhof verlassen wollten, kaputt ist, oder dass Sie in eine Vollsperrung auf der Autobahn fahren und nun dort stehen. Das Besondere und Bemerkenswerte an diesen Situationen ist, dass sie, obwohl wir am wenigsten Einfluss auf sie haben, diejenigen sind, die häufig zu den heftigsten emotionalen Reaktionen führen. Dies hat auch einen plausiblen Grund: Genau in diesen Situationen werden uns die Grenzen unserer Freiheit bewusst vor Augen geführt, also eines unserer Grundbedürfnisse massivst in Mitleidenschaft gezogen: unser Bedürfnis nach Kontrolle.

Ich habe zu Beginn dieses Buches die Hypothese aufgestellt, dass es gerade der heutige große Grad an persönlicher Freiheit ist, der viele Menschen in die Depression und Hoffnungslosigkeit treibt. Sobald diese Menschen aber wiederum mit den Grenzen ihrer Freiheit konfrontiert werden, passiert genau das Gleiche: Es findet auch hier eine heftige emotionale Reaktion statt. Sind wir Menschen nicht manchmal erstaunliche und wunderbar widersprüchliche Wesen?

Die Sache mit der Rolltreppe

Lassen Sie uns nun noch einmal das einfache Beispiel mit der Rolltreppe nehmen, denn an ihm lässt sich wunderbar der Unterschied zwischen einem wenig resilienten und einem hoch resilienten Menschen beschreiben. *Zwei Personen, beide hatten einen anstrengenden Arbeitstag, bei dem so Einiges schief gelaufen ist, waren nach dem Büro noch schnell einkaufen und kommen nun an derselben U-Bahn-Station an. Beide freuen sich darauf, bald zu Hause zu sein, die Lebensmittel in den Kühlschrank zu räumen, eine kühle Dusche zu nehmen, denn es war den ganzen Tag sehr heiß, und dann gemütlich die Beine hochzulegen und ein Feierabendbier zu trinken. Sie gehen beide zu der Rolltreppe, die die achtzig Stufen bis zur Oberfläche gemütlich überwinden soll, und was sehen sie: So ein Mist, die Rolltreppe ist schon wieder kaputt und dies werden sie bestimmt nicht ändern können. Beide Personen empfinden im ersten Moment die gleiche Reaktion: Ärger! Person A äußert dies auch lautstark, flucht über die Rolltreppe, die Randalierer, die die Rolltreppe wahrscheinlich kaputt gemacht haben, den Verkehrsbetrieb, der nicht in der Lage ist, so ein Problem schnell zu lösen, und auch über das Schicksal, denn eigentlich passiert so etwas ja immer nur dieser Person A. Person B steht daneben, verspürt ebenfalls Ärger und beobachtet das Fluchen der anderen Person, sagt sich aber, dass es keinen Sinn macht, sich darüber aufzuregen, denn »man kann es ja eh nicht ändern«. Ihr fällt außerdem ein, dass sie den ganzen Tag nur gesessen und sich kaum bewegt hat und, auch wenn es keinen wirklichen Spaß macht, es gut ist, mit den schweren Tüten die achtzig Stufen zu überwinden. Auch wenn sie in der Mitte der Treppe es für einen kurzen Moment wieder nicht so gut findet, kommt sie oben an* und fühlt sich eigentlich ganz gut. Es tut gut, ein wenig außer Atem zu sein und die Beinmuskeln zu spüren. Was glauben Sie, in welchem emotionalen Zustand Person A die letzte Stufe der Treppe erreichen wird?

Immer wenn ich diese Geschichte bei Veranstaltungen erzähle, kann ich zu fast hundert Prozent sicher sein, dass es die ein oder andere Person im Raum geben wird, die mir einen von zwei möglichen Einwänden an den Kopf wirft. Meist geschieht dies tatsächlich in einer etwas genervten und manchmal sogar leicht aggressiven Art und Weise. Entweder es ist »Ja, aber was ist, wenn ich mich aufregen will?« oder, zweiter Einwand, »Dann ist Resilienz ja nichts anderes, als sich etwas schönzureden!«. Auf den ersten Einwand erwidere ich dann in der Regel: »Genau! Es ist Ihre Entscheidung!« Denn es ist ein wunderbares Beispiel dafür, dass es tatsächlich an unserer Entscheidung liegt, ob ich mich darüber aufregen möchte oder eben nicht. Und genau das zeigt uns, dass wir doch nicht so unfrei sind, wie wir es eigentlich im ersten Moment gedacht haben.

Möchten Sie, nehmen wir das andere Beispiel, zu den Personen gehören, die sich eine Stunde lang aufregen, weil sie in einer Vollsperrung auf der Autobahn stehen, die sie definitiv nicht beeinflussen können, oder entscheiden Sie sich dafür, Ihre Ressourcen intelligent zu nutzen. Was denken Sie eigentlich über Menschen, die Sie im Stau beobachten und die sich immer und immer weiter aufregen?

Auf den zweiten Einwand, das Schönrederei-Argument, antworte ich in einer sehr deutlichen Weise. Wann immer Sie Schönrederei betreiben, Ihre Haltung also nicht wirklich einen Wahrheitsgehalt hat, machen Sie etwas falsch. Dies könnte zum Beispiel der Fall sein, wenn sich Person B bei der Rolltreppe sagt, dass dies das Schönste ist, was ihr jemals im Leben passiert ist. Entscheidend ist in dieser Situation Folgendes: Sowohl Person A als auch Person B haben wieder einmal recht: Person A hat recht darin, dass es das Schicksal nicht wirklich gut mit ihr gemeint hat, dass der Verkehrsverbund sich deutlich schneller um alles kümmern könnte und dass es ziemlich asozial ist, eine Rolltreppe mutwillig zu beschädigen. Keine Frage, das stimmt. Aber auch Person B hat recht, wenn sie sagt, dass es ihr ganz gut tut, ein paar Meter zu gehen und dadurch auch die ganzen Stresshormone, die sich während des Arbeitstages in ihr angesammelt haben, durch Bewegung abzubauen. Beide haben recht, aber wer von beiden wird sich zum Ende des Tages besser fühlen und verzeihen Sie diese kleine Übertreibung, glücklicher sein? Beide Personen hindert übrigens auch nichts daran, einmal oben angekommen, ihr Handy zu zücken und eine Person beim Verkehrsverbund anzurufen und sich zu beschweren. Person A wird dies aber in einer äußerst aggressiven Art und Weise machen, während Person B es wahrscheinlich in einer gelassenen und trotzdem konsequenten Art und Weise tun wird.

Lassen Sie mich an dieser Stelle noch einmal betonen, dass hoch resiliente Menschen all dies nicht bewusst tun. Sie stehen also nicht vor der Rolltreppe und sagen sich »Okay, ich ärgere mich!«, »Kann ich die Situation denn überhaupt beeinflussen?«, »Nein! Okay, was kann ich dann Positives und Wahres daran finden?«. Das alles passiert ganz automatisch und führt dazu, dass sie denken, dass es gut ist, sich etwas zu bewegen. Sie haben in sich eine bestimmte Art und Weise, Dinge zu sehen und zu denken, sie haben Thinking Styles, Denkstile, die dazu führen, dass sie sich eben besser fühlen. Häufig sind diese Denkstile von Modellen, wie zum Beispiel unseren Eltern, gelernt worden. Wir wissen mittlerweile, dass wir lernen können, anders zu denken, aber dazu ist es eben notwendig, dass wir erst einmal unsere Art und Weise zu denken analysieren und auf dieser Basis neue Denkweisen, Haltungen, Glaubenssätze, Werte, Perspektiven – Sie können diese Begriffe alle synonym verwenden – erlernen.

Umgang mit dem Nicht-Beeinflussbaren

Bevor wir uns in den folgenden Kapiteln genauer mit diesen Denkstilen befassen, lassen Sie uns doch noch einmal schauen, was man nun eigentlich tun kann, wenn man in einer Situation ist, die man nicht beeinflussen kann. Diesen Situationen sollten wir besondere Aufmerksamkeit schenken, da sie, wie eben erwähnt, zu den stärksten negativen emotionalen Reaktionen führen. Warum? Weil eine Inkohärenz zwischen der Realität und unserem Willen nach Freiheit und Kontrolle entsteht.

Denken Sie doch noch einmal kurz darüber nach, ob Sie mal einen Bekannten oder Freund gehabt haben, der tatsächlich über einen langen Zeitraum in einer Situation »hängen geblieben« ist, die er nicht beeinflussen konnte, und was sie dieser Person geraten haben beziehungsweise gerne geraten hätten. Wahrscheinlich wird eine der folgenden Top-10-Strategien dabei gewesen sein:

Die Top-10-Strategien zum Umgang mit dem Nicht-Beeinflussbaren

1. Sie werden der Person geraten haben, die Situation zu verlassen. Zum Beispiel, wenn diese in einer (Arbeits-)Beziehung war, in der sie unglücklich war und in der sie schon alles versucht hatte, um den (Arbeits-)Partner zu ändern.
2. Sie werden der Person geraten haben, noch einmal zu überlegen, ob sie die Situation nicht vielleicht doch ändern kann, indem sie beispielsweise erneut ein Gespräch führt.
3. Sie werden der Person geraten haben, nicht gleichgültig und zynisch zu werden, sondern gelassen, geduldig und konsequent die richtigen Schritte zu unternehmen, also aktiv zu werden.
4. Sie werden der Person geraten haben, zu versuchen, etwas Positives an der Situation zu finden, wie also zum Beispiel Person B, die die kaputte Rolltreppe als eine Möglichkeit sieht, ein wenig Bewegung zu bekommen.
5. Sie werden versucht haben, gemeinsam mit der Person eine Sinnhaftigkeit in der Situation zu entdecken, so wie es uns Viktor Frankl eindrucksvoll gezeigt hat.
6. Sie werden der Person geraten haben, sich neue Ziele zu setzen und diese zu verfolgen und sich darüber wieder Freiheit und damit ein Gefühl der Kontrolle zu geben.

7. Sie werden der Person geraten haben, mal ein wenig weg von sich selbst zu gehen, nicht nur auf das eigene Leid zu schauen und den Blick wieder für andere Menschen zu schärfen. Gibt es vielleicht Menschen, die ihre Hilfe benötigen könnten, weil sie in einer deutlich schwierigeren Lage sind als sie selbst?
8. Sie werden der Person geraten haben, ihre Freundschaften zu pflegen und Kontakt zu anderen Menschen zu suchen, statt in ihrem Schneckenhaus zu verweilen.
9. Sie werden der Person geraten haben, die Situation, so wie sie ist, zu akzeptieren und sich zu vergegenwärtigen, dass das Leben eben leider nicht nur aus Sonnenschein besteht.
10. Und Sie werden ihr schließlich, mit dem Hinweis auf das Modell von Stephen Covey aus dem Buch *The 7 habits of highly effective people*, geraten haben, sich auf das zu konzentrieren, was sie beeinflussen kann (»Circle of Influence«), und nicht auf das, was sie belastet (»Circle of Concern«). Auch dadurch erlangt der Mensch wieder ein Gefühl der Kontrolle und der Freiheit.

Sie sehen: Es gibt zahlreiche Möglichkeiten, mit Situationen, die wir nicht beeinflussen können, umzugehen und uns darüber wieder ein Gefühl der Kontrolle und der Orientierung zu geben. Es steht aber gleichzeitig außer Frage, dass, sind wir erst einmal in einer solchen Situation, wir nicht einfach diese 10-Punkte-Liste herausholen und sagen können: »Mal schauen, was ich nun mache.« Es bedarf immer erst einer Akzeptanz der Situation und auch eines Zulassens und damit auch der Würdigung der damit einhergehenden Gefühle. Wenn dann aber nach einer gewissen Zeit die »Lebensgeister« wieder erwachen, ist diese Liste eine wunderbare Hilfe, um langsam in eine positive Gefühlswelt zurückzukehren und seinem Leben wieder Sinnhaftigkeit zu verleihen.

Was uns das Leben von Oskar Schindler lehrt

Das Leben von Oskar Schindler ist eines der prägnantesten und eindrucksvollsten Beispiele für die ganz intuitive Nutzung des Influenceradars. Vielleicht erinnern Sie sich noch einmal kurz an den Film *Schindlers Liste*, lassen ihn noch einmal in Ihrem Kopf abspielen oder, besser, Sie legen das Buch für heute beiseite und schauen sich den Film noch einmal an.

Der Film und die Biografie von Oskar Schindler zeigen uns, dass er ein deutscher Lebemann und Unternehmer war. Er war selbst NSDAP-Mitglied und ging während des Zweiten Weltkriegs nach Krakau, um dort sein Glück zu suchen und in einer gewissen Weise auch zu versuchen, von den Veränderungen, die der Zweite Weltkrieg und das Naziregime brachten, finanziell zu profitieren. Entsprechend »erwarb« er eine Emailwarenfabrik, in der er zunächst Küchengeschirr für die deutschen Soldaten herstellte, und wurde damit auch wohlhabend. Prägendes Ereignis, welches seine Haltung und sein Leben komplett verändern sollte, war die Beobachtung eines von Amon Göth beaufsichtigten Massakers im Krakauer Getto, welches er im Rahmen eines Ausritts mit seiner Geliebten beobachtete. Erinnern Sie sich noch an das kleine Mädchen im roten Mantel (der Film ist ansonsten schwarz-weiß) dessen Flucht, Angst und Hilflosigkeit er vom Hügel beobachtete? Ab diesem Zeitpunkt entschied sich Oskar Schindler, etwas zu tun. Erst zaghaft und dann, auch angetrieben von seinem Buchhalter Itzhak Stern, tat er immer mehr und rettete schließlich ganz am Ende 1.200 Juden vor dem sicheren Tod. Die sogenannten Schindlerjuden.

Oskar Schindler gelang dies auch dadurch, dass er, intuitiv und sicherlich nicht genau analysierend, herausfand, worauf er Einfluss nehmen konnte und worauf nicht. So verschwendete er keine Anstrengungen, keine Ressourcen darauf, das gesamte Regime zu stürzen, wusste er doch, dass dieses Unterfangen mit sehr hoher Wahrscheinlichkeit zum Scheitern verurteilt sein würde. Es lag in dem Bereich des durch ihn nicht Beeinflussbaren.

Er unternahm die Anstrengung, andere Unternehmer davon zu überzeugen, es ihm gleichzutun und ihr Geld dafür auszugeben, »ihre« Zwangsarbeiter ebenfalls freizukaufen. Er versuchte, den sadistischen Lagerkommandanten, Amon Göth, davon zu überzeugen, dass wahre Macht nicht im Töten, sondern im Verzeihen liegt. Dies alles lag für ihn im Bereich des eventuell Beeinflussbaren und er musste nach einer Weile einsehen, dass er mit diesem Vorhaben gescheitert war. Diese Menschen wanderten somit aus dem Bereich des eventuell Beeinflussbaren in den Bereich des Nicht-Beeinflussbaren und er musste dies akzeptieren.

Er ließ sich davon aber nicht entmutigen und verfolgte weiterhin sein Ziel und dies immer in einer äußerst gelassenen und konsequenten Art und Weise. Eine Gelassenheit, die von dem Schauspieler Liam Neeson im Übrigen eindrucksvoll im Film wiedergegeben wird. Er rettete seinen Buchhalter in letzter Sekunde aus dem schon abfahrenden Zug. Er sorgte dafür, dass mit Gefangenen überfüllte und in der prallen Sonne stehende Eisenbahnwaggons mit Wasser besprizt wurden. Er spendete der von Göth misshandelten Haushälterin Trost. Er gab einen Großteil seines Vermögens an Amon Göth weiter, um seine Zwangsarbeiter vor dem sicheren Tod zu retten. Er sorgte dafür, dass die Patronenhülsen, die seine Fabrik mittlerweile herstellen musste, so viele Fehler hatten, dass diese nicht im Krieg eingesetzt werden konnten, und opferte dafür den Rest seines erworbenen Vermögens. All dies war im Bereich dessen, was er beeinflussen konnte.

»Wer nur ein einziges Leben rettet, rettet die ganze Welt.«

Dieser Satz steht in dem aus Zahngold gefertigten Ring, den ihm die Schindlerjuden nach ihrer Befreiung schenkten, und es bedarf keiner weiteren Worte, um diesen Erfolg, den Oskar Schindler in seinem Leben erreichte, zu bewerten. Kein Bundesverdienstkreuz, keine mit seinem Namen veröffentlichte Briefmarke und kein mit sieben Oskars ausgezeichneter Film können wirklich den Wert seiner Taten belohnen. Warum gelang ihm dies? Weil er es verstand, mit viel Mut und Entschlossenheit die ihm zur Verfügung stehenden Ressourcen intelligent zu verwenden.

> **Kernfrage zu diesem Abschnitt**
>
> Wie intelligent gehe ich mit meinen Ressourcen um und in welchen Situationen könnte es Sinn machen, meinen Influenceradar häufiger einzuschalten?

8.3 Thought Crafting – Bastelstunde mit Ihren Gedanken (Skill 3)

Wenn Sie das vergangene Kapitel so verstanden haben, dass, wann immer Sie in einer Situation sind, die Ihnen Unbehagen bereitet und die Sie beeinflussen können, die Change-it-Strategie wählen sollen, dann haben Sie etwas falsch verstanden, und es ist wichtig, dies an dieser Stelle noch einmal zu betonen.

Fast alle Menschen haben eine Tendenz, genau dies zu tun, denn es erscheint immer einfacher, externe Rahmenbedingungen statt sich selbst zu ändern. Nehmen wir das Beispiel eines Mitarbeiters, der es nicht erträgt, von seinem Chef kritisiert zu werden. Er weiß, dass man mit dem Chef ganz gut reden, ihn also beeinflussen kann, und er beschließt, dies auch zu tun. Gehen wir mal davon aus, dass der Chef eine sehr dienstleistungsorientierte und gleichzeitig wenig durchsetzungsstarke Person ist und dem Wunsch des Mitarbeiters nachkommt. Was passiert? Der Mitarbeiter ist natürlich zufrieden, aber er hat sich wahrscheinlich auch um die Möglichkeit gebracht, an seiner, er weiß das schon, wenig ausgeprägten Selbstkritikfähigkeit zu arbeiten. Er wird also kurzfristig zufrieden sein, aber wie wird es mittel- bis langfristig für ihn aussehen? Wäre in diesem Fall die Love-it-Strategie für seine persönliche und vielleicht auch berufliche Entwicklung nicht angebrachter gewesen?

»Der neu Erworbene«

Epiktet war ein antiker Philosoph, der zwischen 50 und 125 nach Christus lebte. Seine »Karriere« begann in einer wenig vielversprechenden Weise, denn er gelangte als Sklave nach Rom, wo er von Epaphroditos erworben wurde. Epiktet ist ein Rufname, der ihm von seinem Herrn gegeben wurde und die Bedeutung »Der neu Erworbene« hat. Wie würde es Ihnen gehen, wenn Sie jeden Tag so genannt werden würden? »Hey, neu Erworbener, komm mal her!« Noch als Sklave studierte er Philosophie bei dem Stoiker Gaius Musonius Rufus und wurde später, nach seiner Freilassung, einer der berühmtesten Vertreter der Stoa. Eine Kernaussage dieser philosophischen Richtung ist, dass, wenn wir etwas nicht beeinflussen können, wir es mit stoischer Ruhe ertragen sollten. Also nichts anderes als das, was mit dem Influenceradar beschrieben wird. Seine Lehre übermittelt uns aber noch eine weitere, ebenso wichtige Aussage:

> »Es sind nicht die Dinge, die uns berühren, sondern die Sicht, die wir auf die Dinge haben.«
>
> Epiktet, antiker Philosoph

Was dies genau aussagt, können Sie sich verdeutlichen, wenn Sie sich noch einmal das Beispiel mit der kaputten Rolltreppe vor Augen führen. Person A blickt auf die Rolltreppe, denkt an die Randalierer, die die Rolltreppe mutwillig beschädigt haben, die Verkehrsbetriebe, die nicht in der Lage sind, diese zu reparieren, und das Schicksal, das es, wie immer, nicht gut mit ihr meint. Überhaupt: Die Welt ist eigentlich schlecht und ungerecht und wie gut, dass es noch Menschen wie ihn selbst gibt. Wie wird die Person berührt sein, was wird sie empfinden? Sie ärgert sich! Person B ärgert sich auch in der ersten Sekunde, sagt sich dann aber, dass ihr Bewegung ganz gut tut. Wie ist sie berührt, was wird sie empfinden? Sie ist sicherlich nicht froh, aber wenigstens gelassen beziehungsweise stellt diesen Zustand schnell wieder her: Es sind also nicht die Dinge, die uns berühren, sondern die Sicht, die wir auf die Dinge haben. Zwei ähnliche Personen, mit ähnlichen Erfahrungen in exakt der gleichen Situation und doch fühlen beide Personen etwas vollkommen Unterschiedliches.

Alles eine Frage der Haltung oder Lernen Sie Ihr ABC

Es ist eigentlich nicht besonders klug, einen Abschnitt mit dem Titel »Lernen Sie Ihr ABC« zu beginnen, denn bei vielen Lesern wird er wahrscheinlich ein etwas mulmiges Gefühl hervorrufen. Erinnert uns dieser Satz doch an die Anfänge unserer Schulzeit, die gleichzeitig häufig das Ende des unbeschwerten Spielens und der Beginn des Erlernens von Disziplin und Leistungsbewertungen mit sich brachten. Ich konnte trotzdem nicht umhin, diesen Satz, ebenso wie Karen Reivich und Andrew Shatté in ihrem Buch *The resilience factor*, zu verwenden, da das ABC-Modell des weltweit renommierten Psychologen Albert E. Ellis eines der Kernmodelle des Resilienzkonzeptes ist.

Das ABC-Modell eignet sich vortrefflich für das Thema Resilienz, denn es bildet den Kern der von Ellis entwickelten rational-emotiven Verhaltenstherapie (REVT) und genau darum geht es bei Resilienz: um unsere Ratio, also unsere Art zu denken und unsere Emotionen. Diese beiden Aspekte können nicht als separat funktionierende Systeme angesehen, sondern müssen als eine Einheit betrachtet werden. Es gibt also nicht die rationalen auf der einen und die emotionalen Menschen auf der anderen Seite, sondern alle Menschen sind in unterschiedlichen Ausprägungen rational-emotiv. Bei dem ABC-Modell handelt es sich gleichzeitig um eines der wissenschaftlich am besten untersuchten Modelle und viele Psychotherapeuten nutzen es im Rahmen anderer Therapieverfahren, insbesondere den kognitiv-verhaltenstherapeutischen Maßnahmen, deren Wirksamkeit wissenschaftlich bestens belegt ist. Auch wenn es in diesem Buch nicht um Therapie geht, so können wir diese allgemeingültigen, also auch für gesunde Menschen zutreffenden Wirkmechanismen nutzen.

Was sagt das Modell aus?

A steht für Situationen (»Activating Event«), B (»Belief Systems«) steht für unsere Interpretation von Situationen und C (»Consequences«) für die Konsequenzen, die auf eine Situation folgen.

Das Modell macht sich somit die Erkenntnis von Epiktet zunutze und zeigt, dass unsere Gefühle und Verhaltensweisen nicht direkt auf die Situation folgen, sondern, wie bei einer Software, erst einmal durch die »Mühle unserer Haltungen« beeinflusst werden. Diese Haltungen sind quasi wie ein Katalysator, der dafür sorgt, dass eine Situation zu einem für uns meist ganz spezifischen Gefühl führt. So werden die meisten Menschen, wenn Sie einen frei laufenden und aggressiv dreinschauenden Hund, der nicht an der Leine geführt wird und dessen Halter nirgendwo zu sehen ist, wahrscheinlich sofort eine Angstreaktion verspüren, welche auch Sinn macht, da diese uns ja schützt. Aber wie wird es mit einer Person sein, die schon seit zwanzig Jahren als Hundetrainer mit aggressiven Hunden umgeht und genau weiß, was sie in der Situation zu tun hat? Wird diese Person die gleiche heftige Angstreaktion verspüren? Sehr wahrscheinlich nicht.

Die klassische Psychologie ist in erster Linie eine Wissenschaft, die sich mit emotional negativen Zuständen von Menschen wie Niedergeschlagenheit, Angst, Frustration, Schuld etc. auseinandersetzt und versucht, Methoden zu entwickeln, um wieder emotional positive Zustände bei Menschen herbeizuführen. So müssen wir natürlich verstehen, wie emotional negative Zustände entstehen, und der hier geschilderte Prozess gilt als einer der bestbelegten in der Psychologie. Wenn also, neben den externen Umständen, unsere Haltungen mit dafür verantwortlich sind, dass wir uns nicht gut fühlen, können wir dann umgekehrt Haltungen erlernen, die uns helfen, dass wir uns gut fühlen? Ja, wir können und dies hat die Neurobiologie, wie weiter oben bereits erwähnt, eindrucksvoll auch auf neuronaler Ebene bewiesen.

Um dies zu tun, müssen Sie in einem ersten Schritt »Ihr ABC lernen«, das heißt:
1. Herausfinden, welche Situationen immer wieder zu negativen Gefühlszuständen führen (A: Activating Event).
2. Herausfinden, welche Emotionen Sie dabei empfinden (C: Consequences).

3. Herausfinden, welche Haltungen dazu führen, dass Sie sich immer so fühlen (B: Belief System).
4. Herausfinden, welche Emotion Sie in der Situation lieber empfinden würden (E: Effect).
5. Herausfinden, welche Haltung zu diesem neuen emotionalen Zustand führen kann (D: Dispute).

Wie Sie sehen, hat Ellis später noch die Buchstaben D für »Dispute«, also diskutieren, und E für »Effect« hinzugefügt. Mit E ist eine neue Konsequenz gemeint, die aus einem neuen »Belief System« entspringt. Lassen Sie mich Ihnen dazu eine kurze Geschichte erzählen:

»Psychologen haben doch selber einen an der Waffel«

Natürlich scherzhaft gemeint, möchte ich hier den Beweis antreten, dass der Satz, dass Psychologen dieses Studium wählen, weil sie selber einen Psychologen benötigen, der Wahrheit entspricht. Wie mache ich das? Indem ich Ihnen eine Geschichte aus meinem eigenen Leben erzähle, eine Geschichte darüber, wie ich mein eigenes ABC gelernt habe und wohl auch lernen musste.

Als ich vor mittlerweile vier Jahren die Entscheidung traf, wieder als Unternehmer tätig zu sein, war ich voller Energie und Motivation. Das war die eine Seite. Gleichzeitig war ich aber auch voller Zweifel, ob ich diese Veränderung wirklich schaffen würde. Das war die andere Seite. Ich hatte schon einmal viele Jahre selbstständig gearbeitet und hatte mich von dem Angebot eines deutschen Versandhandelskonzerns verlocken lassen und danach drei Jahre in dem Unternehmen gearbeitet. Meine Leidenschaft für diese Aufgabe wurde im Laufe der Jahre immer mehr erodiert. Diese Erosion kam vor allem aus mir selbst, denn mir wurde immer mehr bewusst, dass ich für das Angestelltendasein nicht wirklich geschaffen war. Ich stand also vor der Entscheidung, mich zu ändern oder eben die Situation zu verlassen und wieder zurück in das Unternehmerleben zu gehen. Die Entscheidung war dann, trotz Wirtschaftskrise, relativ schnell getroffen und so reichte ich meine Kündigung ein, die allerdings aufgrund einer sehr langen Kündigungsfrist erst sechs Monate später zum Tragen kam.

Da saß ich also nun. Ich hatte gerade meinen letzten Arbeitstag hinter mich gebracht und nun war klar: du musst Kunden und Aufträge finden. Ich war zuvor natürlich beim Arbeitsamt gewesen und wusste, dass ich die nächsten neun Monate durch einen Existenzgründungszuschuss wenigstens meine laufenden Kosten decken konnte. Ansonsten kein Auftrag weit und breit. Drei Wochen danach ergab sich eine glückliche Fügung. Einer meiner ehemaligen Vorgesetzten, der sich ein paar Jahre vor mir selbstständig gemacht hatte, hatte von meiner Veränderung gehört und war auf der Suche nach einem Trainer, der ihn im Rahmen eines großen Personalentwicklungsprojektes bei einem Deutschen Telekommunikationskonzern unterstützen konnte. Er hielt sehr viel von mir und meinen Fähigkeiten als Trainer und Personalentwickler. Es ging um circa dreißig Beratertage pro Jahr, also mehr als genug, um gut in mein neues Leben zu starten. Für mich war klar: Das ist der Durchbruch! Wenn ich das hinbekomme, habe ich es geschafft und alles wird gut!

Eine Woche später trafen wir uns dann eine Stunde vor dem Akquisetermin bei dem Telekommunikationskonzern in einem Café. Mann, war ich aufgeregt. Ich hatte feuchte Hände, mein Herz raste und mir gingen natürlich tausend Gedanken durch den Kopf: »Was, wenn es nicht klappt?«, »Was muss ich tun, um den Kunden von mir zu überzeugen?«, »Bin ich gut genug für dieses Projekt?«, »Was, wenn mein ehemaliger Chef das Projekt akquiriert, sie mich als Trainer aber ablehnen?«

Mit anderen Worten gesagt: Ich hatte Angst, und zwar richtig. Ich hatte damals nur am Rande von Resilienz gehört und war meinen Gefühlen entsprechend ziemlich hilflos ausgeliefert. Das Gespräch mit den vier Personalverantwortlichen lief dann entsprechend dieser hohen Aufregung. Ich habe sowieso eine Tendenz, zu schnell zu sprechen, und meine Aufregung tat ihr Übriges. Ich verließ das Gespräch mit der klaren Überzeugung: »So aufgeregt, wie du gewirkt hast, werden die dich niemals im Leben nehmen!«

Eine Woche später klingelte das Telefon. Es war mein ehemaliger Vorgesetzter, der mir die Entscheidung des Unternehmens mitteilen wollte. Er sagte, dass es für ihn zwar vollkommen unverständlich sei, aber das Unternehmen habe sich entschieden, ihm zwar das Projekt zu übertragen, aber nur unter der Bedingung, dass er einen anderen Trainer als mich vorschlägt. Sie waren nicht von mir überzeugt. Ich versuchte, meine Enttäuschung mit Sätzen wie »Das habe ich mir schon gedacht« zu überspielen, aber als ich den Hörer wieder auflegte, war ich extremst enttäuscht. Insbesondere von mir selbst. Der für mich schlimmste aller Fälle war soeben eingetreten. Ja, das Projekt ist akquiriert, aber ich bin nicht dabei.

In den kommenden Tagen fiel es mir sehr schwer, mich von diesem Rückschlag zu erholen. »Du bist ja viel zu wenig selbstbewusst, um selbstständig zu sein«, »Das war die Chance deines Lebens und du hast sie vermasselt«, »Wie peinlich ist das denn, das kannst du niemandem erzählen«, waren nur ein Bruchteil der Gedanken, die mir zu der Situation und zu mir selbst durch den Kopf gingen. Wie ich mich gefühlt habe, können Sie sich bei diesen Gedanken sicherlich vorstellen.

Natürlich erholte ich mich einigermaßen von diesem Rückschlag und es gelang mir auch, in den kommenden Monaten ein paar kleine Projekte zu akquirieren und darüber mein Selbstvertrauen wieder zu stärken. Was aber blieb, war eine hohe Anspannung vor Akquisegesprächen. Entsprechend schlief ich in den Nächten davor schlecht, stand früh auf, bereitete mich noch einmal intensiv vor und versuchte, meine Anspannung irgendwie in den Griff zu bekommen. Je höher die Projekte hierarchisch aufgehängt waren, für die ich vorsprechen sollte, desto größer war meine Aufregung: »Du bist doch gar nicht selbstbewusst genug, um auf einer so hohen Ebene zu arbeiten« war ein Gedanke, der mir dann immer wieder durch den Kopf ging. Meiner Freundin, die sehr feine Antennen hat, war dies natürlich nicht verborgen geblieben und sie suchte irgendwann das Gespräch mit mir. Ich schilderte ihr, dass dies doch alles normal sei, dass ich nun einmal finanziell unter Druck stehen würde und sie das eben als Angestellte nicht verstehen könne. Ich rechtfertigte und verteidigte mich also mit allem, was mir so zur Verfügung stand. Sie aber gab nicht auf und sagte etwas zu mir, was mich in seiner Einfachheit verblüffte, mir seitdem, im wahrsten Sinne des Wortes, nicht mehr aus dem Kopf gegangen ist und mein Wohlbefinden und meinen beruflichen Erfolg maßgeblich positiv beeinflusst hat. Bevor ich es Ihnen sage, überlegen Sie doch selbst einmal, was Sie mir in der Situation geraten hätten?

Sie sagte: »Du hast mit der Art und Weise, wie du bist, schon so viele Erfolge gehabt. Ja, du hast Schwächen, aber auch so viele Stärken, mit denen du schon so viele Kunden überzeugt und so viele Projekte erfolgreich abgeschlossen hast. Warum gehst du nicht einfach in die Gespräche, konzentrierst dich auf deine Stärken und bist du selbst?«

Wann immer ich diese Geschichte bei Gruppenveranstaltungen erzähle, frage ich die Teilnehmer, genauso wie Sie eben, was mir diese in der Situation empfohlen hätten. Ich habe diese Geschichte schon Hunderten von Personen erzählt und ich bin immer wieder aufs Neue verblüfft, dass ich immer die gleiche Antwort bekomme, nämlich genau die, die ich damals von meiner Freundin bekam: Sei du selbst und konzentriere dich einfach auf deine Stärken!

Ich sage hier nicht, dass ich seitdem nie wieder aufgeregt vor Akquisegesprächen war. Das wäre auch nicht sinnvoll, denn wir wissen aus der Forschung, dass bei einem mittleren Anspannungsniveau unsere Leistung am besten ist, da wir dann voll konzentriert sind. Aber: wann immer ich dieses unangenehme Gefühl der Angst verspüre, sage ich mir: »Sei einfach du selbst«, »Wenn es nicht klappt, hat es eben nicht gepasst«, rufe mir noch einmal meine Stärken ins Gedächtnis und denke an vergleichbare Situationen, die ich erfolgreich gemeistert habe.

Was glauben Sie, zu welchem innerlichen Gefühl dies führt? Richtig! Es führt zu Gelassenheit und Selbstvertrauen und in der Regel habe ich dann auch ein echtes, authentisches breites Grinsen im Gesicht. Zu meinem großen Erstaunen, denn ich hatte den Effekt so gar nicht eingeplant, hat dieses selbstbewusste Auftreten auch dazu geführt, dass ich seitdem nicht jeden, aber sehr viel mehr Aufträge akquiriere als noch davor. Klar, wem würden Sie eher einen Auftrag geben?

Resilienz beschreibt unsere Fähigkeit, mit Rückschlägen und, wie in meinem eigenen Fall beschrieben, mit Drucksituationen umzugehen. Indem ich an einer tief in mir verwurzelten Haltung gearbeitet habe, habe ich gleichzeitig meine Resilienz erhöht, meine Fähigkeit, mit Druck und Rückschlägen umzugehen, und ich habe meinen beruflichen und persönlichen Erfolg gesteigert. Ich habe also direkt Einfluss auf die bekannten Resilienzfaktoren Emotionssteuerung, Impulskontrolle, Realistischer Optimismus und Selbstwirksamkeitsüberzeugung genommen und dies, indem ich »einfach« eine neue Haltung gelernt habe. Es ist »nur« eine Haltung, »nur« ein Gedanke, aber das Ergebnis ist phänomenal. Ich habe also mein ABC gelernt, ich hatte gemeinsam mit meiner Partnerin eine Bastelstunde mit meinen Gedanken. Nichts anderes ist Thought Crafting.

Wenn Sie nun noch einmal kurz auf die fünf Schritte schauen, die ich zu Beginn dieses Kapitels aufgelistet habe, dann wären meine Antworten auf die Fragen also folgende gewesen:

1. Insbesondere vor Akquisegesprächen
2. Angst
3. »Ich bin nicht gut genug«, »Ich werde deren Ansprüchen nicht gerecht werden«
4. Gelassenheit und Selbstvertrauen
5. »Sei du selbst«, »Wenn es nicht klappt, hat es eben nicht gepasst«

Unsere Gefühle, unser Verhalten, das Herzrasen, die feuchten oder zittrigen Hände und die Gedanken, die uns wie ein Nachrichtenticker von N24 in diesen Situationen durch den Kopf rasen, sind nichts anderes als ein Ausdruck unserer Sichtweise auf eine Situation und auf uns selbst. Die gute Nachricht ist: dieser Prozess ist keine Einbahnstraße, er funktioniert nicht nur in eine Richtung. Indem wir in einem ersten Schritt unsere Gefühle, Symptome, unser Verhalten und unsere Gedanken beobachten, können wir Rückschlüsse auf die Situation und unsere Haltung ziehen und letztere durch unser Verhalten und das, was wir denken, verändern.

Ich weiß, dies alles hört sich sehr leicht und in einer gewissen Weise sehr mechanisch an. Ersetze Haltung A durch Haltung B und alles wird gut. Wer Ihnen dies erzählt, lügt. Es geht vielmehr darum, einen echten Reflexionsprozess in Gang zu setzen, erst einmal sehr ehrlich zu sich zu sein und sich von anderen Personen bei dieser Reflexion unterstützen zu lassen, denn alleine ist dies nicht so einfach.

Entsprechend hat Albert Ellis seinem Modell in einem zweiten Schritt auch die bereits weiter oben erwähnten Buchstaben D und E hinzugefügt und daraus schließlich das ABCDE-Modell entwickelt. »D« (Dispute) steht für das Hinterfragen und Reflektieren unserer Haltungen und das »E« (Effect) für den neuen Effekt, der sich daraus ergibt. Also zum Beispiel mehr Gelassenheit, Selbstvertrauen und weniger intensive körperliche Symptome, wie zum Beispiel Herzrasen oder Kurzatmigkeit. Die Person, die uns dabei unterstützt, muss aus meiner Sicht in den seltensten Fällen ein Psychologe oder ein Coach sein, sondern es kann sehr gut ein Mensch aus unserem nahen Umfeld sein, der ehrlich zu uns ist und aufrichtig an unserem Wohlergehen und unserer persönlichen Entwicklung interessiert ist. Häufig übrigens auch aus Eigennutz, denn wir alle können unserer Umwelt mit unseren verqueren Denkstilen gehörig auf die Nerven gehen. Sie haben sich doch bestimmt auch schon sehr häufig gesagt, dass Ihr Partner oder eine Person aus Ihrem nahen Umfeld mal lernen sollte, die Dinge aus einer anderen Perspektive zu sehen, oder?

Ich werde immer wieder gefragt: »Ja, Herr Mourlane, das ist ja schön und gut, aber was soll ich denn jetzt denken?« Meine, ich gebe zu, etwas arrogante Antwort: »Wenn ich das wüsste, würde ich nicht BMW fahren, sondern mir würde BMW gehören!« Dies ist der manchmal leichte, aber meistens schwierigste Part bei der Steigerung unserer Resilienz: herauszufinden, welche neue Haltung uns das Gefühl beschert, das wir in der Situation lieber erleben würden. Wenn Sie dann eine neue Haltung zu der Situation gefunden haben, oder glauben diese gefunden zu haben, müssen Sie natürlich üben. An dieser Stelle geben dann viele Menschen zu früh auf. Sie merken, dass es nicht so funktioniert, wie sie es sich wünschen, und sagen: »Das geht doch gar nicht.« Doch, es geht, Sie müssen aber dranbleiben. Wenn Sie dies nicht tun, ist es genauso, als ob Sie sich entscheiden würden, einen Marathon zu laufen, und gleichzeitig erwarten würden, dass Sie nach einer Woche Übung bereits in der Lage sein sollten, 42 Kilometer zu laufen. Das geht nicht.

Unsere Haltungen haben sich meist über Jahrzehnte in unser Gehirn eingebrannt und in Form von neuronalen Strukturen gefestigt. Wenn Sie nun also eine neue Haltung erlernen möchten, müssen Sie sich darauf einstellen, dass dies einige Zeit in Anspruch nehmen wird. Sie brauchen also Geduld. Sie werden dann mit der Zeit die Erfahrung machen, dass dies immer besser geht und dass sich dementsprechend auch immer häufiger positive Effekte einstellen.

Situationen, in denen dieses deutlich schneller geht, sind Krisen, die uns allen im Leben bevorstehen. Die neurobiologische Forschung zeigt, dass in solchen Situationen unsere neuronalen Strukturen quasi »aufgeweicht« werden und uns somit ermöglichen, neue Haltungen und damit Verhaltensweisen zu lernen. Daher sagen auch viele Menschen, dass sie Krisen stärker und reifer gemacht haben. Sie haben die Krise genutzt, um etwas Neues zu lernen, also zum Beispiel nach einer überstandenen schweren Krankheit den Moment, den Tag stärker zu genießen und ihre Zeit nicht mehr mit Dingen zu verschwenden, die sie sowieso nicht ändern können. Es gibt aber auch viele Menschen, die solche Krisen nicht nutzen und nach einiger Zeit wieder in ihre alten, bekannten Verhaltensmuster verfallen. Sie haben dann also die Krise nicht als Chance genutzt. Ich glaube, Sie sollten nicht darauf warten, bis sich eine Krise einstellt, sondern schon jetzt beginnen, Ihr ABC zu lernen. Der Weg ist zwar etwas mühsamer und langwieriger, aber deutlich weniger schmerzhaft.

> **Kernfrage zu diesem Abschnitt**
>
> Bitten Sie fünf Personen, die Sie gut kennen, die Sie gut einschätzen können und die ein ehrliches Interesse an Ihrer persönlichen Entwicklung haben, Ihnen schriftlich mitzuteilen, mit welcher Haltung Sie sich manchmal selbst im Weg stehen, in welcher Situation sie diese Haltung schon einmal beobachtet haben und welche Empfehlung sie Ihnen bezüglich des Umgangs mit der Situation und der dazugehörigen Haltung geben.

8.4 Schalten Sie Ihr Emotionsradar ein (Skill 4)

Wir haben im vergangenen Kapitel gesehen, dass Menschen zur Steigerung ihrer persönlichen Resilienz direkt an den Situationen und den dazugehörigen Haltungen ansetzen können, bei denen sie denken, mehr Resilienz gut gebrauchen zu können. Schauen wir auf Arbeitssituationen, zum Beispiel bei einem Mitarbeiter, der Präsentationen vor dem Managementboard vorbereiten muss, die der Person schlaflose Nächte bereiten, bei einem anderen Mitarbeiter ganz grundsätzlich der Umgang mit Veränderungen, deren Ausgang noch unklar ist, bei einer neuen Führungskraft das Führen von Kritikgesprächen mit den Mitarbeitern oder bei einem Vertriebsmitarbeiter der Umgang mit Ablehnungen durch einen Kunden. Gerade im zuletzt genannten Bereich erzielen wir mit unseren Resilienztrainings die wissenschaftlich überprüften beeindruckendsten Effekte, die sich nicht nur im Wohlbefinden der Vertriebsmitarbeiter, sondern durch den wirtschaftlichen Erfolg dieser bemerkbar machen.

Denken Sie einfach nur noch einmal an mein eigenes Beispiel. Jeder, der schon einmal im Vertrieb oder in einem vertriebsnahen Bereich gearbeitet hat, weiß, dass neben Empathie, eine Eigenschaft, die ja auch ein Resilienzfaktor ist, der positive Umgang mit Rückschlägen zu einer der Kernkompetenzen beim Verkaufen gehört. Eine hohe Resilienz ist somit im Vertrieb wahrscheinlich einer der entscheidenden Faktoren, die Top-Verkäufer von ihren Kollegen unterscheiden dürfte. John Creedon, der ehemalige CEO des amerikanischen Versicherungskonzerns MetLife hat dazu einmal in einem Gespräch mit Prof. Dr. Martin Seligman gesagt (Seligman 2001: 153):

»Auch der beste Vertreter muss jeden Tag eine Reihe von Ablehnungen einstecken, häufig sogar mehrere hintereinander. Dadurch verliert der durchschnittliche Vertreter leicht den Mut. [...] Ein Vertreter hat nur dann Erfolg, wenn er sich durch Ablehnungen nicht entmutigen lässt.«

John Creedon, CEO MetLife

Oder nehmen Sie an dieser Stelle das Zitat von Werner Otto, dem Gründer der außerordentlich erfolgreichen Otto-Gruppe, der in einem Interview mit Professor Malik auf die Frage, was das Geheimnis seines Erfolgs ist, antwortete (Pelzmann 2012: 15/26):

»Ich musste lernen, aus zehn Prozent Erfolg so viel innere Kraft zu schöpfen, dass ich die neunzig Prozent Mist aushalte, die täglich auf meinem Schreibtisch landen.«

Werner Otto, Gründer des Otto Versandhauses

Bemerkenswert an diesem Zitat sind drei Dinge. Erstens verdeutlicht es, dass es erst einmal nur um das Einnehmen einer besonderen Perspektive geht und in diesem Fall darum, ob ich auf den »Erfolg« oder auf »den Mist« schaue. Zweitens zeigt es uns, dass Otto schon erkannt hatte, dass es so etwas wie Resilienz gibt. Er bezeichnet es als »innere Kraft«. Und schließlich verdeutlicht der Satz, dass auch ein so erfolgreicher Mensch wie Werner Otto es eben erst einmal »lernen musste«. Warum sollte es also nicht auch Ihnen gelingen?

Wenn Sie nun entscheiden, Ihre Resilienz weiterzuentwickeln, können wir neben den Situationen und Haltungen auch direkt an unseren Emotionen ansetzen und dazu unseren Emotionsradar einschalten. Was genau ist damit gemeint?

Das Emotionsradar
Gefühle begleiten uns durch den gesamten Tag. Häufig nehmen wir diese nur sehr wenig bewusst oder nur am Rande wahr. Die so häufig gestellte und ebenso häufig mit einer niemals böse gemeinten Lüge oder mechanisch beantwortete Frage »Wie geht es dir?« kann uns, sofern wir diese ernst nehmen, dazu zwingen, einmal kurz unsere Aufmerksamkeit nach innen zu richten und zu erforschen, wie es uns eigentlich tatsächlich gerade geht. Tun wir dies in einer ehrlichen Weise, sind wir manchmal selber überrascht, zu sehen, wie gut, aber manchmal auch wie schlecht es uns eigentlich gerade geht. Viele Menschen vermeiden es dann, vielleicht um keinen Neid hervorzurufen oder weil sie andere Menschen mit ihrem Gefühlszustand nicht belasten wollen, dies ehrlich zu beantworten. So haben wir alle dann die Gewohnheit, anderen nicht unsere Gefühlswelt, sondern die äußeren Umstände zu beschreiben: »Ich habe momentan total viel Stress« oder »Es läuft gerade alles super bei der Arbeit« sind dann die Antworten, die wir statt »Ich fühle mich gerade überfordert und unglücklich« beziehungsweise »Ich bin total glücklich mit meiner Arbeit« äußern. Oder wir sagen ganz einfach »Gut«, auch wenn dies überhaupt nicht der Wahrheit entspricht.

Wir kennen in der Psychologie eine Vielzahl von negativen Emotionen, die wir in unseren Trainings auch als nicht-resiliente Emotionen bezeichnen. Zu den bedeutendsten zählen die Emotionen Angst, Ärger, Frustration, Schuld, Peinlichkeit, Scham, Enttäuschung und Traurigkeit. Von allergrößter Wichtigkeit ist es, an dieser Stelle zu betonen, dass die Bezeichnung als nicht-resiliente Emotionen nicht bedeutet, dass, wenn wir diese Emotion immer mal wieder empfinden, wir nur wenig resilient sind. Diese Emotionen haben eine äußerst bedeutsame Funktion, denn sie warnen uns im Falle von Angst zum Beispiel vor Gefahren oder weisen uns auf ein Fehlverhalten unsererseits hin, wenn wir zum Beispiel Schuld empfinden.

Nicht-resilient werden diese Emotionen erst dann, wenn sie einer spezifischen, ganz persönlichen (Fehl-)Haltung entspringen, uns immer wieder von unseren Zielen abbringen, anderen Menschen schaden oder uns selbst stark belasten. Wenn Sie also Ihrem besten Freund zehn Euro aus dem Portemonnaie stehlen und danach ein Schuldgefühl haben, heißt dies nicht, dass Sie wenig resilient sind, sondern, im Gegenteil, sehr gesund reagieren. Wenn Sie aber jedes Mal, wenn irgendjemandem in Ihrem Umfeld ein Missgeschick passiert und Sie gerade nicht helfen können, Schuldgefühle haben, dann ist dies aller Wahrscheinlichkeit nach übertrieben. Ihre emotionale Reaktion ist der Situation nicht angemessen, wird Sie von Ihrem Ziel abbringen oder zu permanenten unangenehmen emotionalen Zuständen führen und Sie damit unzufriedener und unglücklicher machen, als es wahrscheinlich sein müsste. Wenn dies geschieht, sind wir also im Bereich der nicht-resilienten Emotionen und dann kann es Sinn machen, etwas zu tun.

Besonders spannend an dieser Gegebenheit ist, dass Menschen ganz spezifische nicht-resiliente Emotionsmuster haben, die immer wieder auftauchen und die auch immer mit einem speziellen »Thema« zusammenhängen. Daher ist es sinnvoll, erst einmal diese für uns sehr spezifischen Emotionen, meistens sind es nur ein bis zwei, herauszufinden und dann unseren Emotionsradar einzuschalten. Dies bedeutet: wir achten nicht nur auf die Situationen, in denen wir gerne unsere Resilienz weiterentwickeln möchten, sondern auch auf die Emotion selbst, die wir weniger häufig oder weniger intensiv in diesen Situationen erleben möchten. Bevor wir uns dies gleich noch einmal genauer an einem Beispiel verdeutlichen, schauen wir erst einmal auf die oben genannten Emotionen und die eben erwähnten »Themen«, die dahinterstecken:

- **Angst** sagt uns, dass gerade oder in Zukunft eine **Gefahr droht**. Es sei hier nur kurz angemerkt, dass wir Menschen die einzigen Lebewesen auf der Erde sind, die sich vor etwas fürchten können, das manchmal in weiter Ferne liegt und vielleicht niemals eintreffen wird.
- **Traurigkeit** sagt uns, dass wir etwas (einen Menschen/einen Gegenstand) **verloren haben**.
- **Ärger** sagt uns, dass **unsere Rechte verletzt** wurden.
- **Schuldgefühl** sagt uns, dass **wir** die **Rechte** eines anderen Menschen **verletzt haben**.
- **Peinlichkeit** sagt uns, dass wir gerade an **Ansehen verloren** haben.
- **Scham** sagt uns, dass wir gerade unsere **eigenen Werte** missachtet haben, und ist somit ein Gefühl, das wir ganz ohne Zutun anderer Menschen erleben können, also zum Beispiel auch, wenn wir alleine zu Hause sind.
- **Enttäuschung** sagt uns, dass wir selbst oder jemand anderes unseren **Erwartungen nicht gerecht** geworden ist.

Welche dieser Emotionen kennen Sie von sich besonders gut und welche Emotion würden Sie gerne weniger häufig oder weniger intensiv erleben? Ich bin mir sehr sicher, dass mindestens eine dabei ist. Bitte beachten Sie dabei auch unbedingt das geschilderte »Thema«, das hinter der Emotion steckt, bei Ärger also zum Beispiel die *Verletzung der eigenen Rechte*.

Dies ist wichtig, weil genau dieses Thema häufig ein unrealistisches ist. So haben Menschen sehr häufig extreme Angst, obwohl gar keine Gefahr besteht oder diese deutlich kleiner ist als das empfundene Gefühl. Menschen haben Schuldgefühle, obwohl sie objektiv gar keine Rechte verletzt haben. Menschen ärgern sich, obwohl ihre Rechte gar nicht wirklich verletzt wurden oder der andere, der aus ihrer Sicht ihre Rechte verletzt hat, auch welche hat. Das vergessen wir ganz gerne.

Hier nun das angekündigte Beispiel: Stellen Sie sich vor, ein Mitarbeiter A hat sich für die Leitungsfunktion in seinem Geschäftsbereich beworben. Er weiß, dass sich auch zwei weitere Kollegen auf die Position beworben haben. Außerdem gibt es einen externen Kandidaten, der in die engere Auswahl einbezogen wurde. Heute ist der Tag der Entscheidung und Mitarbeiter A und seine Kollegen werden in Einzelgesprächen darüber informiert. Ergebnis 1: Einer der Kollegen von Mitarbeiter A bekommt die Position. Ergebnis 2: Mitarbeiter A empfindet die nächsten drei Wochen sehr intensiv eine Emotion. Welche ist das beziehungsweise welche Emotion würden Sie empfinden? Hier eine der eben erstellten Liste entsprechende Auswahl: Es kann Angst sein, weil der Mitarbeiter befürchtet, niemals Karriere zu machen und nicht genau weiß, ob er sich nicht vielleicht überschätzt. Es droht eine Gefahr. Es kann Traurigkeit sein, weil der größte Traum des Mitarbeiters gerade zerplatzt ist. Er hat etwas verloren. Es kann Ärger sein, weil er der Meinung ist, dass das Unternehmen ihn und die ganze Arbeit, die er in den letzten Jahren geleistet hat, überhaupt nicht wertschätzt. Seine Rechte werden verletzt. Es kann Peinlichkeit sein, weil er weiß, dass er nun den Kollegen nicht mehr in die Augen schauen kann. Er hat an Standing verloren. Es kann Enttäuschung sein, weil er fest damit gerechnet hat, dass er es wird. Seine Erwartungen an das Unternehmen wurden nicht erfüllt.

Es kann aber auch Gelassenheit sein, weil die Person aufgrund des Feedbacks erkennt, dass sie tatsächlich noch nicht bereit für die Position war und nun konsequent an den Punkten arbeiten will, die ihr rückgemeldet wurden. Mit dieser selbstbewussten (sich seiner Selbst bewusst seienden) Haltung begegnet Mitarbeiter A auch seinen Kollegen und wird deswegen auch kein Gefühl der Peinlichkeit erleben. Natürlich kann jedes dieser Gefühle seine Berechtigung haben, aber wenn diese Emotion eigentlich zu stark ist, zu lange anhält und der Situation nicht (mehr) angemessen ist, kann es wiederum Sinn machen, seinen Emotionsradar einzuschalten, um dann zu schauen, ob man die Situation nicht auch aus einem anderen Blickwinkel betrachten kann. Dies sollten Sie insbesondere dann tun, wenn Sie zu den Menschen gehören, die immer wieder extremen Ärger, extreme Angst, extreme Schuld usw. empfinden. Die wenigsten Menschen werden dann tatsächlich beobachten können, dass ihre Rechte entsprechend verletzt wurden, eine so große Gefahr besteht oder sie permanent die Rechte anderer so stark verletzten. Sie machen sich diese Gefühle also in einer gewissen Art und Weise selbst und deswegen sollten sie auch ihren Emotionsradar einschalten und beim Auftreten der Emotion die Situation und sich besonders gründlich analysieren.

Ich bekomme in Coachingsitzungen häufig Situationen geschildert, mit denen die Person, die mir gegenübersitzt, Probleme hat. Häufig sind es Konflikte mit Kollegen, dem Vorgesetzten oder Mitarbeitern oder die Person hat insgesamt irgendetwas anderes, das sie bedrückt. Ich lasse mir die Situation dann sehr genau schildern und höre natürlich auch sehr genau zu. Der unerfahrene Coach macht nach all diesen Schilderungen dann häufig den Fehler, gleich in einen Lösungsmodus zu gehen und gemeinsam mit der Person zu überlegen, was man denn nun machen kann, um das Problem zu lösen. Sollte der Coachee vielleicht noch einmal mit der Person sprechen, sollte er das Unternehmen verlassen, hat er vielleicht überreagiert?

Deutlich spannender und in der Regel gewinnbringender ist es, an der Stelle noch einmal gemeinsam innezuhalten und auf die Gefühle zu schauen, die die Person in der Situation erlebt hat. Denn diese enthalten ganz entscheidende Informationen über die Person, die man berät. Ich stelle dann in der Regel die ganz einfache Frage, welches zentrale Gefühl die Person in der Situation erlebt hat. In 95 Prozent der Fälle bekommt man dann eine Antwort der Art »Na ja, der andere ist ja sowieso immer so rechthaberisch und respektiert mich nicht« oder etwas Vergleichbares. Es wird also kein Gefühl, sondern erneut die Situation geschildert, obwohl die Frage ganz anders lautete. Dies ist der gleiche Effekt, den ich zu Beginn dieses Kapitels geschildert habe, wenn Sie jemanden fragen, wie es ihm gerade geht. Entsprechend ist es wichtig, die Person darauf hinzuweisen und erneut nachzufragen. Sehr häufig sagt die Person dann »Hm, gute Frage, da muss ich mal drüber nachdenken«, die Augen gehen nachdenklich nach oben und in der Regel wird dann auch ein solches zentrales Gefühl geschildert. Dieses Gefühl sagt uns dann, welches Thema ebenso zentral für diese Person ist.

Hat sie permanent das Gefühl, dass ihre Rechte verletzt werden oder sieht sie eher eine drohende Gefahr? Hat sie das Gefühl, an Standing verloren zu haben oder ist sie traurig, weil sie denkt, etwas zu verlieren? Dies ist äußerst wichtig, weil dies natürlich ganz andere Gesprächsthemen und weitere Fragen nach sich zieht. Kann es sein, dass die Person immer wieder Ärger verspürt und somit das Gefühl hat, dass ihre Rechte verletzt werden? Ist dieses intensive Gefühl der Situation wirklich angemessen? Warum tritt dieser Ärger gerade bei ihr so häufig auf? Gehört sie wirklich zu den seltenen Personen, deren Rechte immer wieder verletzt werden? Wenn nicht, woher kommt dieses Gefühl dann? Sind die Rechte der Person vielleicht in der Vergangenheit immer mit Füßen getreten worden und reagiert sie deswegen mit diesem Gefühl, um sich zu schützen? Wie kann sie anders mit der Situation umgehen? Eine vergleichbare Fragekette würde sich auch für ein Gefühl der Angst ergeben. Kann es sein, dass die Person immer wieder starke Angst verspürt und somit eine zukünftige Gefahr sieht? Ist die Situation wirklich so gefährlich oder ist die Angst vielleicht übertrieben? Hat die Person in der Vergangenheit schlechte Erfahrungen mit einer ähnlichen Situation gemacht und nicht die Unterstützung erhalten, die sie damals benötigt hätte? Welches Gefühl würde sie lieber an der Stelle von Angst erleben und wie kann sie dies hinbekommen? Vielleicht eine Atemtechnik anwenden? Vielleicht versuchen, die Situation anders zu sehen?

Auch nach so vielen Jahren Berufserfahrung bin ich in diesen Gesprächen immer wieder überrascht, wie den Personen plötzlich ein Licht aufgeht und sie merken, dass es da tatsächlich ein Gefühl gibt, das sie schon häufig ihr ganzes Leben lang begleitet. Es ist dann so, als wenn man einen alten Freund, den man viele Jahre nicht gesehen hat, der aber immer irgendwie da war, plötzlich wiedertrifft. In der Regel können die Personen die Frage, woher sie glauben, dass genau dieses Gefühl kommt, auch sehr schnell beantworten und meistens, Sie ahnen es schon, sind es irgendwelche Verletzungen aus der Kindheit oder Jugend oder etwas, das sie von ihren Eltern oder anderen Bezugspersonen immer wieder gehört haben. Es sind dann Sätze wie »Mir wurde immer gesagt, dass ich mir nichts gefallen lassen soll« oder »Mir wurde immer gesagt, dass ich ja aufpassen soll, mich nicht zu blamieren«. Sehr häufig werden dann die Augen auch ein wenig feucht. Es sind aber häufig nicht nur Tränen der Traurigkeit, sondern auch der Erleichterung. Die Erleichterung, sich selbst endlich etwas genauer zu kennen, sich seiner selbst bewusster zu sein.

Entscheidend an dieser Stelle ist, und dies ist auch wichtig für Sie, lieber Leser, dann nicht gleich nach einer Lösung zu suchen. Allein die Erkenntnis, dass man da ein für mich ganz spezifisches Gefühl hat, seinen Ursprung zu kennen und dies mithilfe des Emotionsradars bewusster wahrzunehmen und sich dann eben nicht von seinen Zielen abbringen zu lassen, reicht in einem ersten Schritt häufig schon aus. Sie finden im Laufe der Zeit dann häufig selbst einen Weg, um eben ein anderes Gefühl, also zum Beispiel Gelassenheit, in der Situation zu erleben. Wichtig ist es aber auch, einmal Stopp zu sagen, wenn das Gefühl auftritt, wahrzunehmen, welche Gedanken uns gerade wie ein Nachrichtenticker durch den Kopf rasen und auf dieser Basis die Realität zu prüfen. Also zum Beispiel bei Schuldgefühl zu schauen, ob Sie wirklich die Rechte eines anderen Menschen verletzt haben, oder bei Angst zu schauen, ob es wirklich einen Grund gibt, so viel Angst zu haben. Wenn Sie dann feststellen, dass die Intensität Ihres Gefühls nicht wirklich zu der Realität passt, dann sind Sie gerade mit etwas kollidiert, das wir einen *Eisberg* nennen.

Vielleicht kennen Sie schon Ihre ganz persönlichen Eisberge oder vermuten wenigstens, wo diese liegen. Wenn nicht, dann wird Ihnen das folgende Kapitel dabei helfen, diese zu entdecken, um sie in Zukunft zum Schmelzen zu bringen oder zu umfahren.

> **Kernfrage zu diesem Abschnitt**
>
> Welches nicht-resiliente Gefühl bringt mich immer wieder von meinem Weg ab und welches Gefühl möchte ich stattdessen lieber erleben?

8.5 Bringen Sie Ihre Eisberge zum Schmelzen (Skill 5)

Wir wissen nun also, dass wir unsere Gefühle, unsere emotionalen Zustände, also auch unser Glück und unser Unglück, denn auch sie sind emotionale Zustände, sehr häufig *selbst machen* beziehungsweise Dinge tun können, die unsere emotionalen Zustände positiv wie negativ beeinflussen. Nehmen wir noch einmal ein Beispiel, um uns dies zu vergegenwärtigen. Wenn Sie sich gerne selbst Angst machen, gehen Sie beim nächsten Sommerurlaub schwimmen und, egal ob Sie im Mittelmeer, in einem See oder einem Schwimmbad schwimmen, stellen Sie sich intensiv vor, dass hinter Ihnen ein großer, drei Meter langer, sehr hungriger Tigerhai schwimmt.

Doch, das geht auch in einem Schwimmbad: Sie müssen sich nur in der alten James-Bond-Film-Manier vorstellen, dass es in dem Schwimmbad eine Klappe gibt, hinter der ein Hai ist, und dass irgendein verrückter Professor, der die Welt erobern oder zerstören will, diese Klappe betätigt. Versuchen Sie es aber bitte nicht zu intensiv, denn ich möchte nicht dafür verantwortlich sein, dass Sie in Zukunft nicht mehr schwimmen gehen. Positiv gesehen, können Sie auch jetzt gleich die Augen schließen und an einen ganz großartigen Erfolg denken, den Sie im Leben hatten, oder an einen Moment, in dem Sie sehr glücklich waren. Sie werden sehen, nein besser: fühlen, dass es Ihnen augenblicklich viel besser gehen wird.

Dies liegt ganz einfach daran, dass Ihr Gehirn nicht weiß, dass dies alles gerade nicht real passiert. Es werden einfach die Erinnerungen, Bilder und die damit einhergehenden Gefühle aktiviert. Ein noch viel einfacheres

Experiment ist das mit der Zitrone. Bittet man Menschen sich mit geschlossenen Augen vorzustellen, wie sie eine wunderschöne, goldgelbe, sehr saftige und daher schwere Zitrone in der Hand halten, diese langsam mit einem Messer aufschneiden, diese vorsichtig pressen und sehen, wie die ersten Tropfen aus ihr hinausfließen, und dann kräftig in sie hineinbeißen, wird sich augenblicklich ihr Gesicht verziehen und es einen heftigen Speichelfluss in ihrem Mund geben. Es ist alles nur in unserem Kopf passiert und trotzdem reagiert unser ganzer Körper, als hätten wir tatsächlich in eine Zitrone gebissen.

Wir wissen nun außerdem, dass diese Gefühle sehr stark mit unseren inneren Haltungen zu tun haben. Diese Haltungen, Sie können synonym auch die Begriffe Werte, Glaubenssätze, Einstellungen oder Perspektiven verwenden, haben wir in der Regel von unseren Eltern, anderen Modellen oder aufgrund spezieller Ereignisse gelernt. Sie beschreiben, wie wir uns selbst sehen, wie wir die Welt sehen, wie die Welt aus unserer Sicht sein sollte und wie wir unsere Zukunft, Vergangenheit und Gegenwart sehen. Auch wenn zwei Menschen in der gleichen misslichen Lage sind, wird der eine aufgrund eines meist von einem Modell erlernten Optimismus davon ausgehen, dass es wieder besser wird, während der Pessimist die Zukunft eher schwarz sehen wird. Diese Denkstile hängen sehr eng mit unseren schon geschilderten psychologischen Grundbedürfnissen zusammen, denn Gleichgewichte oder Ungleichgewichte in Bezug auf unsere Grundbedürfnisse spiegeln sich sehr stark in unseren Haltungen wieder. Was dies konkret bedeutet, erkennen wir, wenn wir uns unsere Bedürfnisse und die dazugehörigen »Fehlhaltungen« noch einmal genauer anschauen. Hier sind die häufigsten Eisberge.

»Wenn du es gut haben willst, mach es selbst.«
Diesen Eisberg, diese Haltung wird man insbesondere bei Menschen finden, die ein überhöhtes Bedürfnis nach *Orientierung und Kontrolle* haben. Wichtig ist, an dieser Stelle zu betonen, dass diese Haltung, und dies gilt für alle folgenden Haltungen, nicht zwangsläufig zu Misserfolg oder negativen

Gefühlen führt. Sie muss immer in Bezug zu der speziellen Lebenssituation eines Menschen gesetzt werden. Wir können im Arbeitskontext häufig beobachten, dass Mitarbeiter mit dieser Haltung erst einmal sehr gut fahren, denn mit dieser Wertvorstellung geht meist auch ein sehr engagiertes und diszipliniertes Arbeiten einher. Die Führungskraft des Mitarbeiters ist sehr zufrieden. Aber: Wenn eine Person mit dieser Haltung eine Führungsaufgabe übernehmen möchte, um darüber beruflich erfolgreich zu sein, kann sie irgendwann an ihre Grenzen stoßen.

Warum? Weil sie ihren Mitarbeitern damit auf die Nerven gehen wird und wahrscheinlich irgendwann auch selbst zu viel arbeiten und darüber eventuell auch unglücklich wird. Wir werden uns dies zum Abschluss dieses Buches auch noch einmal am Beispiel Steve Jobs, dem Gründer von Apple, genauer anschauen. Der Person bleibt also nur die Möglichkeit, sich einen Job zu suchen, in dem sie dieses starke Bedürfnis nach Orientierung und Kontrolle voll ausleben kann, oder etwas an ihrer inneren Haltung zu ändern. Die Änderung der Haltung wird aber in einem ersten Schritt nicht einfach sein, denn sie wird dies in konkretes Verhalten umsetzen müssen. Sie wird auf der Verhaltensebene also mehr Verantwortung, mehr Aufgaben an ihre Mitarbeiter übergeben müssen und diese Übergabe von mehr Verantwortung wird mit sehr hoher Wahrscheinlichkeit erst einmal zu Angst führen. Angst, weil sie sich anders verhält, als es ihr ihre eigene Haltung sagt, es besteht eine Inkohärenz. Angst, weil die Person wahrscheinlich fürchtet, dass die Aufgabe nicht so erledigt wird, wie sie es gerne möchte. Vielleicht wird es dann auch zu Ärger kommen, wenn sie nämlich sieht, dass die Aufgabe tatsächlich nicht so wie gewünscht erledigt wurde.

In diesen Situationen wird also eines ihrer psychologischen Grundbedürfnisse, das nach Orientierung und Kontrolle, verletzt. Sie sehen an diesem Beispiel, dass die Arbeit an unseren eigenen Haltungen keine Arbeit ist, die immer sofort zu einem positiven Effekt führt. Vielmehr kann sie erst einmal schmerzhaft sein. Deswegen wird dies auch nur funktionieren, wenn die Person an den mittel- bis langfristigen Erfolg glaubt, ein Motiv und damit Motivation hat, dranzubleiben. Also nichts anderes als wenn man sich zum Beispiel entscheidet, abzunehmen. Das wird auch keinen Spaß machen. Wenn wir uns aber vorstellen, wie gut wir am Strand mit fünf Kilo weniger aussehen, wie schön es ist, wenn die Hose nicht mehr zwickt oder an die Komplimente denken, die wir bekommen werden, wird uns dies motivieren.

Weitere typische Eisberge, die wir im Bereich Orientierung und Kontrolle beobachten können, sind:
- »Nur schwache Menschen können ihre Probleme nicht selbst lösen.«
- »Ich muss mich selbst darum kümmern.«
- »Ich darf niemals meine Gefühle zeigen.«
- »Ich kann mit chaotischen Situationen nicht umgehen.«
- »Je mehr Kontrolle ich habe, desto besser mein Leben.«
- »Ich kann Menschen nicht vertrauen.«

»Ich muss dafür sorgen, dass es allen Menschen gut geht!«

Sie ahnen es schon: Dies ist eine Haltung, die wir insbesondere bei Menschen antreffen, bei denen ein Ungleichgewicht im *Bindungsbedürfnis* existiert. Auch hier sehen wir, dass diese Haltung auf den ersten Blick nicht wirklich verwerflich ist. Die Person hat eine äußerst hohe Werteorientierung und folgt einem edlen Ziel. Aber auch hier kann es problematisch werden, nämlich dann, wenn andere Personen anfangen dies auszunutzen oder wenn die Person sich mit dieser Haltung massiv selbst überfordert. Sie stellt das Wohlergehen anderer Menschen über ihr eigenes und wird auch hier wieder mittel- bis langfristig an ihre eigenen Grenzen stoßen. Handelt sie nicht nach dieser Maxime, diesem Eisberg, wird sie wahrscheinlich wieder Angst empfinden. Zum Beispiel die Angst, nicht mehr gemocht zu werden, was eine massive Gefahr für diese Person darstellt. Handelt sie aber entsprechend der ursprünglichen Haltung, wird sie sich gut fühlen, weiß sie doch, dass sie dafür Anerkennung bekommt. Ein kleines Männchen in ihr flüstert ihr vielleicht ins Ohr, dass da was nicht stimmt, aber sie wird es sicherlich schaffen, dieses Männchen zu überhören, so lange, bis es eben irgendwie nicht mehr weitergeht.

An diesem Punkt angelangt, kann sie dann eine neue Haltung lernen, also zum Beispiel, dass es in Ordnung ist, wenn sie auch mal an sich denkt, und dass Menschen auch lernen müssen, ihre Probleme selbst zu lösen. Sie wird diese Haltung dann in konkretes Verhalten umsetzen müssen und, siehe da, wahrscheinlich werden plötzlich viele Dinge viel einfacher gehen und vielleicht wird auch diese Person ihren Mitmenschen mit ihrem ewigen sorgsamen Verhalten etwas weniger auf die Nerven gehen. Weitere typische, auf unser Bindungsbedürfnis ausgerichtete Eisberge sind:

- »Alle Menschen sollen nur das Beste von mir denken.«
- »Konflikte muss ich unbedingt vermeiden.«
- »Ich muss für die Menschen, die ich liebe, immer da sein.«
- »Ich darf mich auf keinen Fall blamieren.«
- »Sich für andere aufzuopfern, ist das Beste, das ich tun kann.«
- »Wenn ich nicht enttäuscht werden will, darf ich niemanden zu nah an mich heranlassen.«

Sie sehen in dieser Liste, dass sich unsere Haltungen, unsere Eisberge an beiden Extremen einer »Bedürfnisskala« befinden können. Entsprechend ist die letztgenannte Haltung »Wenn ich nicht enttäuscht werden will, darf ich niemanden zu nah am mich heranlassen« ein Eisberg, der auch auf ein Ungleichgewicht im Bindungsbedürfnis hinweist. In diesem Fall ist es aber so, dass die Person, in der Regel aufgrund einer vergangenen Verletzung des Bindungsbedürfnisses, versucht, sich zu schützen, indem sie niemanden an sich heranlässt. Dies ist das, was an früherer Stelle als Vermeidungsverhalten bezeichnet wurde. Die zu Beginn dieses Kapitels beschriebene Person befindet sich am anderen Ende dieser Skala. Ihr Eisberg »Ich muss dafür sorgen, dass es allen Menschen gut geht« verfolgt das Ziel, ihr Bindungsbedürfnis zu befriedigen. Sie tut dies wahrscheinlich, weil sie in der Vergangenheit gute Erfahrungen damit gemacht hat. Sie zeigt also in diesem Fall ein Annäherungsverhalten. Es ist sehr personenspezifisch, welche der beiden Strategien wir verfolgen. Bemerkenswert ist daran aber, dass beide Strategien vergleichbare Ziele verfolgen: den extremen Schutz oder eben die extreme Befriedigung des Bedürfnisses.

»Du bist einfach nicht gut genug dafür.«
Ungleichgewichte in unserem Bedürfnis nach *Selbstwerterhöhung* entspringen so gut wie immer einer in der Vergangenheit erlittenen Schwächung, einer Verletzung unseres Selbstwertgefühls. Es gibt wahrscheinlich kaum ein Grundbedürfnis, welches zu so offensichtlich beobachtbaren und gleichzeitig so paradoxen Verhaltensweisen führen kann wie dieses. Die eine Person wird ihr vermindertes Selbstwertgefühl permanent zu befriedigen suchen, indem sie beispielsweise versucht, immer im Mittelpunkt zu stehen, wie getrieben dem beruflichen Erfolg hinterherjagt, sich mit teuren Wertgegenständen umgibt oder im extremsten und schlimmsten Fall massiv Macht über andere Menschen ausübt. Eine andere Person wird sich nichts zutrauen, sich ihrem Schicksal ergeben und in permanente Selbstzweifel verfallen. Sie wird dann, bezogen auf ihr Bedürfnis, eher eine Vermeidungsstrategie wählen, welche das Ziel hat, ihren Selbstwert zu schützen. Wenn ich mich also zum Beispiel keiner Herausforderung wie zum Beispiel einem Vorstellungsgespräch oder einer Prüfung stelle, laufe ich auch nicht Gefahr, zu versagen. Ich schütze also kurzfristig meinen Selbstwert, auch wenn ich eigentlich weiß, dass da irgendetwas schiefläuft und mittel- bis langfristig nicht gutgehen kann.

Häufig treffen wir beide Tendenzen in einem Menschen an und diese Menschen können dann sehr stark von einem Extrem in das andere fallen. Ihre Gefühle, und damit eigentlich sie selbst, fahren mit ihnen permanent Achterbahn. Sie haben einen Erfolg und sind plötzlich die Allergrößten, etwas ganz Besonderes, oder sie haben einen Misserfolg und sind zu Tode betrübt und Versager, weil sie nun doch den Beweis für ihre Minderwertigkeit erhalten haben. Dass beide Richtungen in der Regel übertrieben, nicht balanciert sind, ist, denke ich, klar. Um diese Herausforderung zu lösen, bedarf es, wie bei allen Ungleichgewichten in unseren Bedürfnissen, natürlich erst einmal einer (häufig schmerzhaften) Selbsterkenntnis und Selbstreflexion. Auf dieser Basis können wir dann lernen, dass wir per se, egal was wir erlebt haben oder was uns gesagt wurde, ein Mensch von unschätzbarem Wert sind. Dies bedeutet dann nicht, sich von einem Tag auf den anderen toll und unfehlbar zu finden, sondern sowohl seine Schwächen als auch seine Stärken zu kennen und diese als Teil von sich selbst anzuerkennen. Was Besseres oder Schlechteres sind wir eben zu diesem Zeitpunkt nicht. Das bedeutet, sich seiner »selbst bewusst« zu sein. Wir können dann beispielsweise auch lernen, andere Menschen, unsere Freunde oder Partner, nicht mehr als Spiegel für unsere Großartigkeit, oder andersherum als Gefahr für unser Selbstwertgefühl oder als Mittel, um Macht auszuüben, zu sehen, sondern ehrliche, wertschätzende und unterstützende Beziehungen mit ihnen eingehen. Wir bewegen unseren Fokus dann weg von uns selbst, hin zu den anderen und erfahren dadurch etwas, das kein facebook und kein Chatroom dieser Welt uns geben kann. Wenn Sie die folgenden Eisberge bei sich wiedererkennen, könnte es Sinn machen, etwas in dieser Richtung zu tun:

- »Es zählt nur der Erfolg.«
- »Versagen ist ein Zeichen von Schwäche.«
- »Ich bin einfach nicht gut genug dafür. Ich kann das nicht.«
- »Ich muss immer produktiv sein.«
- »Alle müssen mich respektieren.«
- »Alle müssen mich unterstützen.«
- »Andere können das doch viel besser als ich.«

»Das Leben muss immer Spaß machen.«
Auch diese Haltung ist klar dem Bedürfnis nach Lustgewinn und Unlustvermeidung zuzuordnen und überdies eigentlich eine sehr schöne: »Das Leben muss immer Spaß machen.« Leider ist es aber eine Haltung, die nicht zu den Lebenswirklichkeiten passt und daher viele Menschen unglücklich oder krank macht. Entweder weil wir gelernt und zu häufig gehört haben, dass das Leben eben kein »Zuckerschlecken« ist und wir uns immer anstrengen müssen, und weil wir entsprechend Angst bekommen, weil wir gerade,

aus unserer Sicht, ein wenig zu lange auf der faulen Haut gelegen haben. Das ist das eine Extrem. Oder aber weil wir gelernt haben, dass Spaß das größte erstrebenswerte Ziel ist. Dies ist das andere Extrem. Ja, diese letztgenannten Menschen haben Spaß, sie umgeben sich mit vielen Menschen und werden von diesen geschätzt. Aber eben nur bis zu dem Punkt, wo sich diese anderen Menschen weiterentwickeln und plötzlich andere Dinge mit ihrem Leben vorhaben und derjenige, der seinem Bedürfnis nach Lustgewinn folgt, sich eben neue Menschen sucht, die genauso wie er denken, sich aber irgendwann auch weiterentwickeln werden. Dies hört sich natürlich ein wenig trivial und selbstverständlich an, aber diese Haltung ist von ganz entscheidender Bedeutung für Ihre persönliche Resilienz und somit Ihren persönlichen Erfolg.

Dies ist deshalb so, weil das Bewusstsein dafür, dass das Leben nicht nur schöne Momente für uns parathält, sondern eben auch schwere, uns dabei hilft, diese zu bewältigen. Dies ist die Verhaltensgewohnheit, die hoch resiliente Menschen unbewusst in sich tragen und die in der Literatur häufig mit dem Begriff *Akzeptanz* beschrieben wird. Wir akzeptieren Rückschläge dann als etwas, das integraler Bestandteil unseres Lebens ist. Aus diesem Wissen können wir erst eine Haltung à la »Interessant, welche Herausforderung da auf mich wartet, und mal schauen, wie ich diese bewältigt bekomme« entwickeln. »Es zählt nicht nur das, was wir mit dem Leben vorhaben, sondern auch das, was das Leben mit uns vorhat«, sagte einmal Viktor Frankl. Aber es zählt vor allem, wie wir mit dem umgehen, was das Leben so mit uns vorhat.

Schauen Sie doch einmal, ob Ihnen manchmal die folgenden Gedanken durch den Kopf gehen, ob Sie also Eisberge in diesem Bereich haben:
- »Nur harte Arbeit zählt.«
- »Wahnsinn, wie hart ich arbeiten kann.«
- »Da geht noch was.«
- »Für Spaß habe ich später Zeit.«
- »Das Leben muss immer Spaß machen.«

- »Langeweile ist unerträglich und muss sofort beendet werden.«
- »Erst einmal eine Belohnung, danach kann ich das immer noch machen.«

»Es muss perfekt sein!«

Wie bereits an einer anderen Stelle in diesem Buch erwähnt, kommt unserem Bedürfnis nach *Kohärenz* eine doppelte, eine besonders tragende Bedeutung zu. Erstens weil Ungleichgewichte in unseren Grundbedürfnissen, seien sie durch externe Faktoren oder durch unsere »Fehlhaltungen« provoziert, zu Unstimmigkeit, Inkohärenz und somit zu negativen Gefühlen wie Angst (»ich darf mich nicht blamieren«), Ärger (»er respektiert mich nicht«), Frustration (»das macht echt keinen Spaß«), Traurigkeit (»ich fühle mich ausgestoßen«) und vielen anderen Gefühlen führen. Zweitens weil das Bedürfnis auch direkt von außen angegriffen werden kann. Dies ist zum Beispiel dann der Fall, wenn ich einen Vorgesetzten oder einen Kollegen habe, der mich permanent subtil vor anderen Menschen angreift oder bloßstellt. In diesem Fall würde mein Bedürfnis nach Selbstwerterhöhung in Mitleidenschaft gezogen werden.

Was dieses Grundbedürfnis nach Grawe von den anderen vier aber nun unterscheidet, ist die Tatsache, dass man kein überzogenes Bedürfnis nach Kohärenz haben kann. Dies ist so, weil Menschen ganz grundsätzlich bestrebt sind, Inkohärenz zu vermeiden und wieder in einen Zustand der Kohärenz zu kommen. Hoch resiliente Menschen sind im Gegensatz zu weniger resilienten Menschen sehr gute Problemlöser und besonders gut darin, *das Richtige* zu tun, um wieder in diesen Zustand zu gelangen. Sie ertränken also zum Beispiel nicht wochenlang ihren Trennungsschmerz in Alkohol und geben sich darüber ein gutes Gefühl, sondern reflektieren beispielsweise, was ihr Anteil an der Trennung war, fangen an, wieder Kontakt zu vernachlässigten Freunden aufzubauen, Sport zu machen und darüber wieder ein Gefühl der Kontrolle und einen positiven Selbstwert zu erlangen. Und sie stellen Kohärenz darüber her, dass ihre Grundbedürfnisse in einer balancierten Art und Weise befriedigt werden, fokussieren sich also zum Beispiel nicht nur auf die Erhöhung ihres Selbstwerts, sondern pflegen in gleichem Maße ihr Bedürfnis nach Bindung.

Ich möchte an dieser Stelle Grawe in einem Punkt widersprechen. Ich denke, dass es tatsächlich auch Ungleichgewichte in unserem Bedürfnis nach Kohärenz geben kann. Dies zeigt sich beispielsweise bei den vielen Menschen, die ein überhöhtes Bedürfnis nach Perfektion haben, welches sich in krankhafter Form in einem Ordnungszwang widerspiegeln kann. Dieses Streben nach Perfektion kann keinem der anderen Bedürfnisse, also Bindung, Kontrolle und Orientierung, Selbstwert und Lustgewinn/Unlustvermeidung zugeordnet werden. Es ist ein ganz eigenes, extremes Verhaltensmuster, welches aus meiner Sicht zeigt, dass Menschen ein permanentes, übertriebenes Gefühl der Stimmigkeit haben müssen. Ist dies nicht gegeben, werden sie automatisch eine Gegenreaktion einleiten. Dies tun andere Menschen auch, aber nicht in einer so extremen Form wie diese Perfektionisten. Schauen Sie also auch einmal, ob Sie die folgenden Eisberge von sich kennen:

- »Ich muss vom ersten Moment an perfekt und sehr gut sein.«
- »Wenn es nur einen Fehler gibt, ist es eine Katastrophe.«
- »Unvollkommenheit ist nicht tolerierbar.«
- »Egal wie viel Einsatz es kostet. Es lohnt sich, so lange weiterzumachen, bis es perfekt ist.«
- »Perfektion ist der höchste anzustrebende Wert.«
- »Situationen der Ungewissheit sind unerträglich und müssen sofort beendet werden.«

Vielleicht haben Sie sich ja bei der einen oder anderen Haltung wiedergefunden und sich schon für eine Haltung entschieden, an der Sie in Zukunft arbeiten möchten. Wenn ja, dann wird Ihnen die folgende Kernfrage beim Schmelzen oder Umfahren dieser Haltung helfen.

Kernfrage zu diesem Abschnitt

In welchem der oben genannten Bereiche habe ich besonders viele Eisberge, durch welches Gefühl macht sich das bemerkbar, wieso ist das so und was fällt mir ein, um diese Eisberge zum Schmelzen zu bringen oder zu umfahren?

8.6 Denkfallen vermeiden (Skill 6)

Die eben geschilderten Eisberge zeichnen sich dadurch aus, dass sie, wann immer wir mit ihnen kollidieren, zu heftigen emotionalen Reaktionen wie beispielsweise Angst oder Ärger führen. Wann immer die emotionale Reaktion eines Menschen nicht zu der Schwere der Situation passt, er also umgangssprachlich, egal mit welchem Gefühl, überreagiert, kann er zu fast hundert Prozent sicher sein, dass er mit einem solchen Eisberg, einer solchen Haltung zusammengestoßen ist. Die einzige Situation, in der dies nicht der Fall ist, ist, wenn ein Mensch vollkommen gestresst und überarbeitet ist, seine Stressresistenz also sowieso heruntergesetzt ist. In diesen Situationen heißt es dann aber trotzdem, dass die Person etwas tun sollte. Wenn Sie also zum Beispiel vollkommen überarbeitet sind und Ihren Partner, den Sie wirklich lieben, mit den Worten »Du respektierst weder mich noch meine Arbeit noch das, was ich für uns und die Familie tue« anschreien, nur weil dieser Sie bittet, sich ein wenig um die Kinder zu kümmern, kann Ihnen dies zwei Dinge zeigen: entweder, dass Sie eben komplett überarbeitet sind, oder aber, dass Sie gerade mit einem Eisberg namens »Alle müssen mich und meine Arbeit respektieren«, also einem Eisberg, der dem Bedürfnis nach Selbstwerterhöhung entspringt, kollidiert sind.

Jetzt ist es Ihnen vielleicht zu mühsam, nach diesen Eisbergen Ausschau zu halten, und Sie möchten die Sache gerne von einer anderen Seite angehen. Wenn dies der Fall ist, können Sie sich eine Besonderheit dieser Eisberge zunutze machen. Diese Besonderheit ist, dass Eisberge voller Denkfallen stecken und dass Menschen auch hier eine Tendenz haben, immer wieder in die gleichen spezifischen Denkfallen zu tappen. Nichts anderes ist das, was an früherer Stelle mit Thinking Style, also Denkstil beschrieben wurde. Dies bedeutet konkret, dass, obwohl diese Denkfallen integraler Teil ihrer Person sind, sie manchmal einfach ziemlichen Blödsinn, oder um es etwas charmanter auszudrücken, inakkurat oder etwas sehr Unwahrscheinliches denken. Auch diese Denkstile haben wir in der Vergangenheit gelernt, sie sind also in Form von neuronalen Mustern in unserem Gehirn fest verankert und können durch kontinuierliches Training wieder verlernt werden. Dazu müssen wir sie aber natürlich erst einmal erkennen lernen. Entsprechend macht es Sinn, einmal auf die häufigsten Denkfallen zu schauen. Überlegen Sie für sich, ob Sie nicht selbst von Zeit zu Zeit in eine solche hineintappen.

Die Top 7 der Denkfallen
Die häufigsten Denkfallen, die wir kennen und die einen entscheidenden Einfluss auf unsere Resilienz haben, finden Sie in der folgenden Übersicht:

Die Top 7 der häufigsten Denkfallen
1. Katastrophisieren
2. Minimieren/Maximieren
3. Gedanken lesen
4. Emotionales Argumentieren
5. Personalisieren versus externalisieren
6. Generalisieren versus spezifizieren
7. Dauerhaft versus zeitlich begrenzt

Die letzten drei genanten Fallen beschreiben unseren »Warum-Stil«, dem im Resilienzkonzept ebenfalls eine tragende Rolle zukommt. Wir werden zum Ende dieses Kapitels noch einmal genauer darauf eingehen.

Ihr Chef sagt Ihnen, dass die letzte Präsentation, die Sie abgegeben haben, auf wenig Zuspruch beim Vorstand, der Sie normalerweise sehr schätzt, gestoßen ist. Die Gedanken, die Ihnen durch den Kopf gehen, sind derart »Das war's mit meiner Karriere«, »Ich werde nie wieder einen anderen Job finden« oder »Jetzt habe ich mich für immer blamiert.« Wenn Sie diese Art von Gedanken gut von sich kennen, dann gehören Sie zu der Kategorie der *Katastrophisierer* und es bedarf an der Stelle keiner weiteren Erläuterungen, um darzustellen, dass hier etwas schiefläuft.

Minimizer beziehungsweise *Maximizer* sind ebenfalls ganz erstaunliche Zeitgenossen, denn sie haben die Tendenz dazu, Erfolge zu minimieren, also beispielsweise eine bestandene Prüfung als etwas völlig Normales und Selbstverständliches hinzustellen, und wiederum einen Misserfolg zu maximieren, also eine Prüfung, die sie mit einer Drei statt einer erwarteten Eins abgeschlossen haben, gleich als das Ende ihrer Laufbahn anzusehen.

Gedankenleser, wir werfen diesen auch vor, »Telepathie ohne Lizenz« zu praktizieren, können dies sogar in zweifacher Hinsicht. Erstens sind sie außerordentlich gut darin, zu wissen, was der andere gerade über sie denkt. In der Regel sind das keine guten, sondern eher schlechte Dinge. Während Gedankenleser also zum Beispiel eine Präsentation halten, haben sie insbesondere einen Blick für die grimmig dreinschauenden Personen und sind in der Regel auch überzeugt, dass diese gerade etwas Schlechtes über sie denken. Schließlich schauen diese ja grimmig. Entsprechend gehen ihnen Gedanken wie »Der mag meine Präsentation nicht« oder »Ich präsentiere schlecht« durch den Kopf. Dass die Person eventuell am Morgen Streit mit seiner Frau hatte, noch dringend etwas anderes fertig machen muss und lieber woanders wäre oder einfach nur jemand ist, der, wenn er sehr aufmerksam zuhört, sehr ernst wirkt, kommt den Gedankenlesern nur sehr selten in den Sinn. Die zweite Art, Telepathie ohne Lizenz zu praktizieren, ist, dass Gedankenleser glauben, dass auch der andere das kann. Entsprechend haben sie die Angewohnheit zu glauben oder zu erwarten, dass der andere gerade weiß, was ihnen durch den Kopf geht. Also zum Beispiel, dass sie bei einer Präsentation vergessen haben, etwas zu sagen, was der andere ja gar nicht wissen kann, oder aber die Erwartung haben, dass der andere doch wissen und merken muss, was sie gerade denken und wie es ihnen geht. Paul Watzlawick hat in seinem Weltbestseller *Anleitung zum Unglücklichsein* mit dem Kapitel *Die Geschichte mit dem Hammer* diesen Menschen ein ewiges Denkmal gesetzt. Hier noch einmal die gesamte Geschichte zum Schmunzeln und Staunen (Watzlawick 1983: 35f.):

»*Ein Mann will ein Bild aufhängen. Den Nagel hat er, nicht aber den Hammer. Der Nachbar hat einen. Also beschließt unser Mann, hinüberzugehen und ihn auszuborgen. Doch da kommt ihm ein Zweifel: Was, wenn der Nachbar mir den Hammer nicht leihen will? Gestern schon grüßte er mich nur flüchtig. Vielleicht war er in Eile. Aber vielleicht war die Eile nur vorgeschützt, und er hat etwas gegen mich. Und was? Ich habe ihm nichts angetan; der bildet sich etwas ein. Wenn jemand von mir ein Werkzeug borgen wollte, ich gäbe es ihm sofort. Und warum er nicht? Wie kann man einem Mitmenschen einfach so einen Gefallen abschlagen? Leute wie dieser Kerl vergiften einem das Leben. Und dann bildet er sich noch ein, ich sei auf ihn angewiesen. Bloß weil er einen Hammer hat. Jetzt reicht's mir wirklich. – Und so stürmt er hinüber, läutet, der Nachbar öffnet, doch noch bevor er ›Guten Tag‹ sagen kann, schreit ihn unser Mann an: ›Behalten Sie sich Ihren Hammer, Sie Rüpel!‹*«

Paul Watzlawick

Dass dieser Mann dringend an der Denkfalle Gedankenlesen und darüber hinaus an den Resilienzfaktoren Impulskontrolle und Emotionsteuerung arbeiten sollte, sei an dieser Stelle erwähnt, bedarf aber ansonsten ebenfalls keiner weiteren Ausführungen.

Emotionale Argumentierer haben im Bereich Resilienz eine sehr wichtige Rolle, denn sie beherrschen eine Fähigkeit bis zur Perfektion. Sie sind in der Lage, auf der Basis ihrer Emotionen sehr genau Rückschlüsse aus einer Situation zu ziehen. Entsprechend sind sie zum Beispiel bei sehr großer Angst der festen Überzeugung, dass tatsächlich eine Gefahr besteht. Wir können uns dies anhand eines Beispiels verdeutlichen. Ein Geschäftsmann wartet am Abfluggate des Frankfurter Flughafens auf seinen Flug nach Madrid. Was er weiß, die anderen aber nicht, ist, dass er wahnsinnige Angst vorm Fliegen hat. Er kann kaum einen klaren Gedanken fassen, sein Herz rast, seine Hände sind nass und zittern, er hat Magenkrämpfe und würde am liebsten sofort weglaufen. Mit anderen Worten: er hat Panik beziehungsweise ist kurz davor, eine Panikattacke zu bekommen. Die fehlerhafte, emotionale Argumentation ist nun die, dass er davon ausgeht, dass diese große Angst tatsächlich ein Beleg dafür ist, dass er sich in großer Gefahr befindet. Wenn man sich aber vergegenwärtigt, dass es sich um das sicherste Verkehrsmittel der Welt handelt, dürfte man eine solche Angst eigentlich nicht haben. Oder anders gesagt: er müsste dann noch sehr viel mehr Angst haben, wenn er zum Beispiel Auto fährt. Erstaunlicherweise gehört er aber zu den Personen, ich habe dies tatsächlich erlebt, die Porsche fahren, es lieben mit 240 Stundenkilometern über die Autobahn zu rasen und der, sollte er noch einmal beim Drängeln auf der Autobahn erwischt werden, zum zweiten Mal seinen Führerschein verlieren wird. In welcher Situation würde es wohl mehr Sinn machen, große Angst zu haben?

Dieses emotionale Argumentieren kann ein Mensch bei jedem Gefühl anwenden. So kann ich bei großem Ärger immer den Rückschluss ziehen, dass gerade meine Rechte verletzt werden (auch wenn dies nicht stimmt), bei Frustration, dass ich nicht genügend Ressourcen habe, um eine Situation zu bewältigen (auch wenn dies nicht stimmt), bei Trauer, dass ich gerade etwas verloren habe (auch wenn dies nicht stimmt oder ich vielleicht dadurch auch etwas gewonnen habe), oder bei Schuld, dass ich gerade die Rechte eines anderen Menschen verletzt habe (auch wenn dies nicht stimmt). Dieses emotionale Argumentieren funktioniert im Übrigen auch bei positiven Gefühlen. Nehmen wir einen Mitarbeiter, der gerade ein Lob von seinem Chef erhalten hat, weil er ein gutes Konzept abgeliefert hat. Er freut sich wahnsinnig, hüpft durch das Büro, erzählt es allen seinen Kollegen und es gehen ihm Gedanken wie »Jetzt habe ich es geschafft«, »Jetzt kommt keiner mehr an mir vorbei« durch den Kopf. Er schließt also von seiner großen Freude darauf, dass gerade etwas ganz Außergewöhnliches in seinem Leben passiert ist. Häufig kommt dann nach ein paar Tagen oder Wochen die Erkenntnis, dass es doch nicht so außergewöhnlich war, wie er es eigentlich *gefühlt* hatte.

Kommen wir nun zu den oben beschriebenen drei letzen Denkfallen, in die Sie tappen können. Diese werden auch als »Warum-Stil« bezeichnet und sind in diesem Stil eng miteinander verknüpft. Sie haben, ebenso wie die anderen eben geschilderten Denkfallen, einen ganz entscheidenden Einfluss darauf, ob wir uns gut oder schlecht fühlen, und vor allem darauf, ob wir in der Lage sein werden, Herausforderungen, die uns das Leben stellt, effektiv zu lösen.

Der Warum-Stil heißt so, weil er uns eine ganz zentrale Frage beantwortet. Dies ist die Frage, warum uns im Leben ein Erfolg oder ein Misserfolg widerfahren ist. Die Gründe dafür können auf drei Dimensionen beschrieben werden:

1. **Personalisieren versus externalisieren:** Wir können selbst dafür verantwortlich sein (»Ich«) oder etwas außerhalb von uns kann dafür verantwortlich sein (»Nicht-Ich«), dass wir Erfolg oder Misserfolg haben. Wir haben also zum Beispiel einen neuen Kunden akquiriert, weil wir einfach richtig gut sind (»Ich«) oder weil der Kunde sowieso schon lange mit unserem Unternehmen zusammenarbeitet und uns vertraut (»Nicht-Ich«).
2. **Generalisieren versus spezifizieren:** Es kann etwas sein, das einen, räumlich gesehen, generellen (»Alles«) oder spezifischen (»Nicht-Alles«) Geltungsbereich hat. Sie fallen also zum Beispiel durch eine Prüfung und kommen bei der Analyse der Gründe zu dem Schluss, dass die Prüfer einfach ungerecht sind (»Alles«) oder dass dieser Prüfer ungerecht ist (»Nicht-Alles«).
3. **Dauerhaft versus zeitlich begrenzt:** Und schließlich kann der Grund, warum wir einen Erfolg oder Misserfolg haben, dauerhaft (»Immer«) oder zeitlich begrenzt (»Nicht-Immer«) sein. Wenn wir also wieder das Beispiel mit dem Vertriebsmitarbeiter nehmen, der den Kunden diesmal allerdings nicht akquiriert hat, so kann er dies darauf zurückführen, dass er einfach kein guter Vertriebsmitarbeiter ist (»Immer«) oder einen schlechten Tag (»Nicht-Immer«) hatte.

Lassen Sie uns einmal am Beispiel des Vertriebsmitarbeiters die vier häufigsten Warum-Stile anschauen, die wir beobachten können:

1. **Stil – Nicht-Ich, Nicht-Alles, Nicht-Immer:** Dieser Stil wäre zum Beispiel vorzufinden, wenn die Person zu sich sagen würde: »Der Kunde hatte einen schlechten Tag.« Dies ist so, weil er nicht sich die Schuld gibt (»Nicht-Ich«), es beim nächsten Kunden schon anders sein kann (»Nicht-Alles«) und der Kunde beim nächsten Treffen schon eine ganz andere Laune haben kann (»Nicht-Immer«). Dieser Stil ist tatsächlich sehr häufig im Vertrieb vorzufinden, denn nur mit diesem Stil können Vertriebsmitarbeiter die vielen Rückschläge, die sie häufig erleben, wegstecken. Eine Gefahr, die hier allerdings lauert, ist die, dass die Person sich auf der Basis nicht weiterentwickelt, da sie nie die Schuld bei sich selbst sieht. Entsprechend zeigen Personen mit diesem Warum-Stil bei Erfolgen in der Regel den genau umgekehrten, also einen Ich-Alles-Immer-Stil, der sich dann in der Haltung »Ich bin einfach richtig gut« ausdrücken würde.

2. **Stil – Ich, Alles, Immer:** Dieser Stil wäre dann vorzufinden, wenn die Person bei einem Misserfolg zu sich sagen würde: »Ich kann einfach nicht gut mit Menschen umgehen.« Sie würde sich die Schuld für den nicht akquirierten Auftrag geben (»Ich«), es nicht nur auf Kunden, sondern auf alle Menschen übertragen (»Alles«) und als ein nicht veränderbares Persönlichkeitsmerkmal ansehen (»Immer«). Häufig haben Menschen mit einem solchen Warum-Stil bei Misserfolgen, analog zu den Personen mit Stil 1, die Tendenz, bei Erfolgen genau den entgegengesetzten Warum-Stil, also Nicht-Ich-Nicht-Alles-Nicht-Immer anzuwenden und so zum Beispiel bei einer erfolgreichen Kundenakquise zu sich zu sagen, dass »sie heute gerade noch mal Glück gehabt haben«. Es lag also »nicht an ihnen«, sondern am Glück, von dem man weiß, dass es »nicht immer« und auch »nicht überall« auftritt. Menschen, die diese Kombination aus Denkstilen haben, Sie ahnen es schon, haben auch ein erhöhtes Ri-

siko, eine Depression zu bekommen und wir finden diesen Denkstil tatsächlich sehr häufig bei Depressiven. Er macht sie zutiefst hilflos und unglücklich, denn sie können, aus ihrer Sicht, nichts ändern.

3. **Stil – Nicht-Ich, Alles, Immer:** Diesen Stil treffen wir bei einem Vertriebsmitarbeiter an, wenn er nach einer missglückten Akquise zu sich sagt: »Kunden haben doch keine Ahnung, was für sie gut ist.« Er gibt die Schuld für das Gespräch also nicht sich selbst (»Nicht-Ich«) und der Grund ist generell (»alle Kunden«) und auch in Zukunft gültig. Warum sollten sich die Kunden denn in Zukunft ändern? Bei Erfolgen wird dann wiederum sehr häufig der umgekehrte Stil auftreten, der sich in einer Aussage wie »Diesmal konnte ich einen dieser ahnungslosen Kunden ausnahmsweise mal überzeugen« zeigt. Beide Warum-Stile, auch hier ahnen Sie es wahrscheinlich schon, führen diesmal nicht zu einer depressiven Einstellung, sondern vielmehr zu Ärger und Zynismus gegenüber den Kunden und der Ungerechtigkeit in der Welt ganz allgemein.

4. **Stil – Ich, Nicht-Immer, Nicht-Alles:** Dies ist der Warum-Stil, den wir insbesondere bei hoch resilienten Menschen antreffen können. Wir nennen ihn deshalb auch den Resilienzstil. Bei unserem Beispiel im Vertrieb würde er sich dadurch ausdrücken, dass der Vertriebsmitarbeiter zum Beispiel bei einem Misserfolg zu sich sagt: »Ich war nicht gut genug vorbereitet.« Er gibt sich selbst die Schuld, führt dies aber auf etwas zurück, das nicht allgemein ist, denn normalerweise bereitet er sich wahrscheinlich gut vor, und sich somit auch in Zukunft nicht unbedingt so wiederholen muss. Diese Haltung macht ihm also Mut für die Zukunft und hilft ihm dabei, zu lernen. Dies ist dann auch der einzige Unterschied zu dem Vertriebsmitarbeiter mit Stil 1, der aufpassen muss, weiterhin dazuzulernen. Bei Erfolgen zeigen hoch resiliente Menschen dann übrigens genau diesen Stil 1, der dann zum Beispiel in der Aussage »Ich kann das einfach gut« zu beobachten ist.

Von allergrößter Wichtigkeit sind hier zwei Dinge. Erstens, dass wir in der Regel einen bevorzugten Warum-Stil haben, den wir bei Erfolgen oder Misserfolgen anwenden, und zweitens, dass es wichtig ist, diese Stile flexibel und in Übereinstimmung mit der Realität anzuwenden. So kann es ja beispielsweise wirklich sein, dass ein Vertriebsmitarbeiter seine Stärken nicht im Umgang mit Menschen hat, und er sollte sich daher wahrscheinlich tatsächlich eine andere Aufgabe suchen, um glücklich und erfolgreich zu werden. Es kann aber auch sein, dass er jemand ist, der sich immer gleich zu sehr infrage stellt, und daher sollte er auch eher daran arbeiten. Wenn Sie also beispielsweise bei sich erkannt haben, dass Sie sich wie die Person verhalten, die unter Stil 2 beschrieben wird, sollten Sie etwas daran ändern. Denn die Wahrscheinlichkeit, dass immer Sie für Misserfolge und gleichzeitig nur externe Umstände für Erfolge, die Ihnen widerfahren, verantwortlich sind, ist äußerst gering. Ihr Thinking Style ist also mit sehr großer Wahrscheinlich nicht akkurat.

Zusammenfassung und Übergang zu den nächsten Skills

Wir haben in den letzten Kapiteln gesehen, wie stark unsere eigenen Denkstile, unsere Haltungen, dafür verantwortlich sein können, wie wir uns fühlen, und Methoden kennengelernt, wie wir auf der Basis dieser Erkenntnis unsere Resilienz, unser Wohlbefinden und unseren Erfolg steigern können. Wahrscheinlich haben Sie sich auch nicht nur an einer Stelle, sondern, wie die meisten Menschen, an sehr vielen Stellen wiedererkannt. Wenn nicht, sind Sie schon jetzt ein wahrscheinlich hoch resilienter Mensch.

Vielleicht gehören Sie auch zu den Menschen, die es erst einmal etwas anstrengend finden, ihren Aufmerksamkeitsprozess zu ändern, also zum Beispiel das Influence- oder das Emotionsradar einzuschalten, ihr ABC zu lernen oder Eisberge zum Schmelzen zu bringen. Wenn dies der Fall ist und Sie es gerne etwas positiver und achtsamer haben wollen, dann werden Ihnen die letzten vier im folgenden geschilderten Skills genau dabei helfen.

8.7 Positivity (Skill 7)

Wenn ich Ihnen das Angebot machen würde, dass Sie nie wieder in Ihrem Leben negative Gefühle wie Angst, Trauer, Ärger, Frustration, Niedergeschlagenheit, Schuld oder Scham empfinden müssten, Sie dafür aber auch nie wieder positive Gefühle wie Freude, Gelassenheit, Glück, Zuversicht, Liebe, Stolz oder Demut empfinden würden – würden Sie das Angebot annehmen?

Wir haben diese Frage in den vergangenen zehn Jahren weit mehr als 25.000 Menschen im Rahmen von Vorträgen und Trainings gestellt. Was glauben Sie, ist dabei herausgekommen? Die Antwort: Wir können die Zahl der Personen, die das Angebot angenommen hätten, an den Fingern einer Hand abzählen. Warum ist das so? Weil wir alle wissen, dass negative Gefühle nun einmal Teil des Lebens sind, dass sie uns erst ermöglichen genau das Gegenteil, nämlich positive Gefühle wertzuschätzen und weil sie eben auch nützlich sind. Denn Angst warnt uns davor, dass eine Gefahr besteht, Ärger zeigt, dass gerade unsere Rechte verletzt werden, Frustration, dass wir nicht genügend Ressourcen zur Verfügung haben, Schuld, dass wir die Rechte eines anderen Menschen verletzt haben, Trauer, dass wir etwas verloren haben, und Peinlichkeit, dass wir gerade an Ansehen verloren haben. Sie tun dies insbesondere in ganz vortrefflicher Weise, wenn wir in der Lage sind, wie eben beschrieben, akkurat zu denken, nicht in irgendwelche Denkfallen tappen und somit Dinge nicht überzogen sehen.

Ich kann Sie mit diesem eben gemachten Angebot nun aber nicht einfach so im Regen stehen lassen und möchte Ihnen daher ein anderes Angebot machen. Dieses Angebot lautet, zu lernen, die positiven Dinge, die uns im Leben widerfahren und wahrscheinlich permanent passieren, »einfach« häufiger und bewusster wahrzunehmen. Sie erinnern sich: Resilienz hat vor allem etwas mit Wahrnehmungsprozessen, mit Perspektiven, die wir einnehmen, und der Art, wie wir denken, zu tun. Auch dies ist eine Eigenschaft, die hoch resiliente Menschen ganz automatisch und somit unbewusst haben, und die natürlich einen starken Einfluss auf ihr Wohlbefinden, ihren Optimismus und damit ihren Erfolg ausüben. Sie sehen das, was sie haben und das Positive, das ihnen im Leben widerfährt.

Entsprechend ist Positivity auch nicht das, was viele darunter verstehen: sich alles rosarot anzumalen also zum Beispiel, obwohl Sie vielleicht gerade arbeitslos geworden sind, Ihr Partner Sie deswegen und aus ein paar weiteren Gründen verlassen hat und Sie sich eingestehen müssen, dass Sie ein Alkoholproblem haben, sich vor den Spiegel zu stellen und zwanzig Mal zu sich zu sagen, dass alles ganz toll ist, dass es Ihnen ganz toll geht und eigentlich noch nie besser ging. Dann würden Sie sich anlügen und ebenso inakkurat denken, also etwas zu positiv sehen. Positivity ist in einer solchen Situation etwas anderes. Es bedeutet, ehrlich zu sich zu sein, seine Anteile an der Situation ehrlich herauszuarbeiten, seine Gefühle zuzulassen, daran zu glauben, dass es durch das eigene Handeln besser werden kann, und vielleicht auch, seine Situation mit der von anderen Menschen zu vergleichen, die einen Weg aus solch einer misslichen oder einer vielleicht noch viel schlimmeren Lage gefunden haben, und auch dadurch seine eigene Situation etwas erträglicher zu machen. Bei hoch resilienten Menschen können wir solche Haltungen dann häufig an Sätzen wie »Es gibt Menschen, denen es noch viel schlechter geht als mir« ablesen. Willy Brandt ist ein solcher Mensch, der einerseits als Bundeskanzler, SPD-Vorsitzender und Friedensnobelpreisträger einen sehr hohen persönlichen und beruflichen Erfolg hatte, auf der anderen Seite aber als Kind und Jugendlicher den Krieg, Niederlagen, Armut und Verfolgung durchstehen musste. Er sagte gegen Ende seine Lebens: »Ich habe die Erfahrung bestätigt gesehen, dass es hoffnungslose Situationen kaum gibt, solange man sie nicht als solche akzeptiert.«

Hoch resiliente Menschen sehen also die positiven Dinge, die ihnen im Leben widerfahren, und führen außerdem positive Erlebnisse und die damit einhergehenden positiven Gefühle aktiv herbei. Sie erinnern sich vielleicht an die Liste der negativen, nicht-resilienten Gefühle und die

Themen, die dahinterstecken, die ich Ihnen beim Emotionsradar vorgestellt habe. Genau die gleiche Liste gibt es auch für positive, wir nennen sie auch resiliente Gefühle, und ich möchte Sie daher einladen, auch einmal Ihr Radar für diese positiven Gefühle einzuschalten:
- Wir erleben Freude, gar Glück, wenn gerade alles so ist, wie es sein soll, und wenn uns etwas für uns Schönes widerfährt.
- Wir erleben Stolz, wenn wir gerade eine tolle Leistung erbracht haben.
- Wir erleben Zufriedenheit und Dankbarkeit, wenn wir merken, dass wir alles haben, was wir brauchen.
- Wir erleben Interesse und Neugier, wenn wir vor einer Herausforderung oder Situation stehen, die genau unseren Vorstellungen entspricht.
- Wir erleben Liebe, wenn wir anderen Menschen Kraft geben und diese auch wieder zurückbekommen.
- Wir erleben Ansehen und Respekt, wenn andere Menschen gut über uns denken.
- Wir erleben Demut, wenn wir ein realistisches Selbstbild und gleichzeitig einen Blick für das Ganze haben.
- Wir erleben Zuversicht und Gelassenheit, wenn wir der Überzeugung sind, dass sich die Dinge zum Guten wenden werden, und wir daran glauben, dass wir selbst auf unser Leben Einfluss nehmen können.
- Wir erleben Leidenschaft, wenn wir genau das tun, was uns entspricht.
- Wir erleben einen positiven Selbstwert nicht dann, wenn wir uns immer ganz toll finden, sondern dann, wenn wir uns mit unseren Stärken und unseren Schwächen, also so wie wir nun einmal gerade sind, erst einmal annehmen.

Wie häufig erleben Sie diese einzelnen Gefühle? Gibt es in Ihrem Leben vielleicht ein Gefühl, das Sie häufiger erleben könnten, wenn Sie einmal realistisch und ehrlich auf Ihr Leben schauen würden? Auch hier mache ich in Trainings und Coachings immer wieder die Erfahrung, dass diese Fragen die Menschen, die ich bei ihrer persönlichen Entwicklung unterstütze, sehr nachdenklich stimmen. Denn diese Fragen stoßen genau in die Kerbe der in der Einleitung dieses Buches formulierten These: Wir haben so ziemlich alles, was wir benötigen, um ein glückliches und erfolgreiches Leben zu führen, und selbst wenn uns das Schicksal nicht mit den Rahmenbedingungen gesegnet hat, die wir erst einmal für ein erfolgreiches Leben benötigen, zeigen uns die Beispiele vieler wahrscheinlich hoch resilienter Menschen, wie viele Möglichkeiten ganz einfach direkt in uns selbst stecken, um diesem Schicksal ein Schnippchen zu schlagen. Wir tragen die Instrumente also permanent mit uns herum, müssen also »nur« lernen, sie zu benutzen.

Beispiel Uwe Hück

Ein diesbezüglich bemerkenswertes Beispiel ist aus meiner Sicht Uwe Hück, Betriebsratsvorsitzender und Aufsichtsratsmitglied der Porsche AG. Hück verlor im Alter von zwei Jahren seine Eltern durch einen Verkehrsunfall und wuchs in einem Kinderheim auf. Der gängigen Meinung folgend, hatte er als Sonderschüler somit erst einmal nur wenige Chancen, ein erfolgreicher Mensch zu werden. Heute ist er ein Mann, der die Zukunft eines äußerst erfolgreichen Unternehmens aktiv mitgestaltet. Im Titel seiner gerade erschienenen Autobiografie Volle Drehzahl – Mit Haltung an die Spitze kommt der Begriff Haltung daher sicherlich auch nicht zufällig vor und die Tatsache, dass er es allen »Kindern, die glauben im Leben keine Chance zu haben« widmet, zeigt: Auch bei ungünstigen Startbedingungen können wir enorm viel aus unserem Leben machen.

Was glauben Sie nun, was die Antworten sind, die die Menschen auf die Fragen nach den oben aufgelisteten positiven Gefühlen geben? Hier nur ein paar Beispiele: »Es stimmt schon, dass ich mir nie die Zeit nehme, mal auf meine Erfolge zu schauen und stolz darauf zu sein. Ich sehe das eigentlich als selbstverständlich an und gehe dann gleich zur Tagesordnung über«, »Es stimmt schon, dass ich viele Menschen um mich herum habe, die mir Kraft geben und mich auch respektieren. Ich denke nur nie daran«, »Es stimmt schon, dass ich einen Beruf habe, der mir sehr viel Spaß macht und in dem ich mich selbst verwirklichen kann« oder »Es stimmt schon, dass es mir eigentlich sehr gut geht, ich so ziemlich alles habe, was ich brauche«.

Warum ist das so? Warum gelingt es so vielen Menschen nicht, die positiven Dingen und damit die dazugehörigen positiven Gefühle wahrzunehmen? Es hat mehrere Gründe und diese sind nicht nur auf den ersten, sondern auch auf den zweiten Blick sehr ehrenwert. Der Begriff ehrenwert trifft es sehr gut, denn er enthält genau das, worum es geht: um Werte. Um Werte, die unsere Gesellschaft und uns als Menschen nun einmal ausmachen. Ein solcher Wert ist der, dass wir nicht prahlen und mit unseren Erfolgen nicht angeben sollen, und dies ist den meisten von uns schon sehr früh beigebracht worden. Mit Erfolgen gibt man nicht so an. Ein zweiter, und dies ist wahrscheinlich der gewichtigere Grund, entspringt einer Angst, also einer zukünftigen Gefahr. Wenn ich stolz auf das bin, was ich erreicht habe, wenn ich zufrieden mit meinem Leben bin, wenn ich meine Schwächen als integralen Teil meiner Person anerkenne, wenn ich akzeptiere, dass ich nur ein winzig kleines Rad, verglichen zu all dem, was mich umgibt, bin, wenn ich aufhöre Dinge immer in gut oder schlecht einzuteilen und sie erst einmal nüchtern, neutral und wertfrei betrachte, laufe ich dann nicht Gefahr nachzulassen, gleichgültig zu werden, mich nicht weiterzuentwickeln, stehen zu bleiben, also wie es der Volksmund sagt, sogar einen Rückschritt zu machen und damit nicht das Maximum aus mir und meinem Leben herauszuholen?

Es gibt in Deutschland keinen Fußballverein, der diese Einstellung so intensiv lebt wie der FC Bayern München. Die Menschen, die diesen Verein lenken, haben wahrscheinlich vor nichts mehr Angst, als dass sich das ändert: dass ihre Spieler nicht mehr »hungrig« sind. Hungrig auf Erfolg und hungrig auf Siege. Und siehe da: Sie sind tatsächlich deutscher Rekordmeister. Kein Verein ist so erfolgreich wie sie. Geht es in diesem Buch nicht auch um Erfolg und heißt dies nun, dass ich tatsächlich niemals zufrieden sein sollte? Die Wahrheit liegt aus meiner Sicht, wie so häufig im Leben, genau in der Mitte. Nur wenn wir es schaffen, uns auch einmal für das, was wir erreicht haben, zu loben und dies auch wahrnehmen, können wir eine gesunde Energie entwickeln, um uns zu neuen Ufern und zu neuen Herausforderungen aufzumachen, und den Resilienzfaktor »Reaching-Out« auch wirklich umsetzen.

Wie fänden Sie es als Spieler des FC Bayern München, wenn Ihnen der Verein nach dem Gewinn der Deutschen Meisterschaft sagen würde, dass Sie sich nicht auf den Balkon des Marienplatzes von Ihren Fans feiern lassen dürfen, da Sie ja schließlich das Pokalfinale verloren haben? Wie fänden Sie es, wenn Sie ein tolles Projekt bei der Arbeit abgeschlossen hätten und Ihr Vorgesetzter Sie dafür nicht lobt und Ihre Leistung somit nicht anerkennt, sondern nur auf den einen kleinen Fehler schaut, den Sie gemacht haben, und all das andere, das Gute, das Sie vollbracht haben, einfach ignoriert? Nicht geschimpft ist eben Lob genug! Wie fänden Sie es, wenn Sie sich als Schüler enorm angestrengt hätten, um von einer 5 in Mathematik auf eine 3- zu kommen, und Ihre Eltern oder Ihr Lehrer Ihnen sagen würden, dass da aber noch deutlich mehr geht? Natürlich hätten diese recht, aber ist das wirklich die richtige Herangehensweise?

Wenn Sie diese Frage mit »Nein« beantwortet haben, und das wünsche ich Ihnen, insbesondere wenn Sie Kinder haben oder Vorgesetzter sind, warum können wir das nicht einmal auch unabhängig von anderen Menschen tun und uns selbst einmal loben, einmal selbst schauen, was wir an positiven Dingen haben, was wir Positives tun und was uns Positives umgibt? Es erscheint so klar und so offensichtlich und trotzdem gibt es zuhauf Vorgesetzte, Eltern, Lehrer und andere Menschen, die sich eben genau so verhalten, wie oben beschrieben. Das Gegenteil davon, und nichts anderes, ist Positivity.

Wenn Sie nun zu dem Schluss gekommen sind, dass Sie diesen Skill anwenden möchten, um Ihre Resilienz zu stärken, wird Ihnen die Kernfrage am Ende dieses Kapitels schon dabei weiterhelfen. Wenn Sie aber noch etwas mehr machen möchten, werden Sie die beiden folgenden Methoden ebenfalls dabei unterstützen.

Die Glückstagebuch-Methode für mehr Positivity

Diese Methode ist mittlerweile sehr bekannt. Sie sollte aber dennoch hier Erwähnung finden, denn ich möchte nicht, dass sie Ihnen entgeht. Sie gehört zu den effektivsten und einfachsten Methoden, die wir kennen, um die Resilienz eines Menschen zu steigern, und außerdem macht sie richtig viel Spaß. Vielleicht haben Sie sich in der Zwischenzeit schon ein kleines Notizheft zugelegt, um Ihre Antworten auf die verschiedenen Kernfragen dieses Buches festzuhalten. Wenn ja, können Sie dieses in Zukunft auch dazu nutzen, Ihr Glückstagebuch zu führen. Die Aufgabe ist ganz einfach:

Nehmen Sie sich am Ende von jedem Tag ein paar Minuten Zeit, um den Tag noch einmal Revue passieren zu lassen. Schreiben Sie sich die ein bis drei Ereignisse auf, die eine positive Emotion, wie zum Beispiel Freude, Gelassenheit oder Stolz bei Ihnen ausgelöst haben. Notieren Sie sich sowohl die Situation als auch das dazugehörige Gefühl. Dies wird auch Ihren Emotionsradar und den Resilienzfaktor »Emotionssteuerung«, also die Fähigkeit, bewusst Emotionen wahrzunehmen und diese zu deuten, schulen. Versuchen Sie sich dann noch einmal genau die jeweilige Situation vorzustellen und auch noch einmal das Gefühl, das Sie dabei hatten, zu empfinden. Außer Sie streiten sich gleich im Anschluss an diese Übung mit Ihrem Partner oder mit Ihrem Nachbarn, werden Sie den Tag mit einem positiven Gefühl, einer positiven Stimmung beenden. Es gab sicherlich auch das ein oder andere Negative während des Tages, aber dies dürfen Sie ganz einfach mal beiseiteschieben. Wenn Sie die Übung gemacht haben und am nächsten Tag aufstehen, lesen Sie sich das, was Sie aufgeschrieben haben, noch einmal in Ruhe durch. Sie werden so den Tag auch noch mit einem positiven Gefühl beginnen.

Mir ist durchaus bewusst, dass sich diese Übung doch sehr einfach anhört, und vielleicht glauben Sie nicht wirklich, dass dies funktionieren kann. Ich sage Ihnen nur eins: Probieren Sie es einfach mal ein paar Tage aus. Wahrscheinlich gerade weil die Methode so einfach anzuwenden ist, tragen sie viele Personen aus unseren Trainings hinaus in ihren Alltag. Bei Nachbefragungen berichten diese dann, dass sie irgendwann aufgehört haben, in ihr Notizheft zu schreiben, und es auch nicht jeden Tag machen, aber sie berichten auch immer, dass dies ihr Wohlbefinden einerseits, aber vor allem ihre Wahrnehmung, ihre Perspektive für die guten Dinge in ihrem Leben geschärft hat. Sie dürfen mir an dieser Stelle glauben, dass es nicht nur esoterisch angehauchte Personen sind, die dies tun, sondern ebenso Geschäftsführer von Gesellschaften, die mehrere hundert Millionen Euro Umsatz im Jahr erwirtschaften. Wenn wir bei den Nachbefragungen dann in einem nächsten Schritt fragen, was sie denn so in das Buch hineingeschrieben haben, ist auch dies immer wieder positiv erschütternd. Es sind Vögel, die zwitschern, es sind Kinder, die einen anlächeln, es sind Menschen, die einem die Tür aufgehalten haben, oder Menschen, denen sie selbst geholfen oder die sie einfach mal angelächelt haben. Also die ganz kleinen Dinge, die uns im Leben widerfahren, und nicht eine Gehaltserhöhung, ein Lottogewinn oder ein neuer Anzug, den wir uns gekauft haben.

Die »Sie sind toll«-Methode für mehr Positivity
Stellen Sie sich vor, Sie würden, wie ich, als Psychologe der Deutschen 7er-Rugby-Nationalmannschaft arbeiten. Die Mannschaft steht vor einem sehr schweren Spiel gegen den Weltmeister aus Wales und es ist allen klar, dass die Chancen zu gewinnen im einstelligen Prozentbereich liegen. Einigen Spielern geht dies permanent durch den Kopf: »Mensch, hast du gesehen, der so und so spielt ja. Der wurde doch zum besten Spieler der letzten Weltmeisterschaft gewählt.« »Die sind ja viel trainierter und schneller als wir.«, »Das sind doch alles Profisportler und wir sind nur Amateure.«

Was glauben Sie, wie hoch die Chancen stehen, dass diese Spieler ein wirklich überragendes Spiel machen und dass die Mannschaft trotz der äußerst niedrigen Chance gewinnt? Die Chancen stehen natürlich mehr als schlecht, gehen eigentlich gegen Null. Wie, glauben Sie, würden nun die Chancen stehen, wenn sich jeder Spieler vor dem Spiel noch einmal verdeutlicht, wo er seine drei größten Stärken als Spieler hat, und sich noch einmal mit geschlossenen Augen vorstellt, in welchen vergangenen Spielsituationen er genau diese Stärken gezeigt hat? Was, glauben Sie, wird er bei der mentalen Vorstellung dieser Spielsituationen empfinden, welche Hormone werden in seinen Blutkreislauf ausgeschüttet, wie gerade wird sein Rücken sein? Sie haben es erfasst: Er wird viel Energie und auch Zuversicht verspüren. Er wird das Spiel gegen den Weltmeister wahrscheinlich trotzdem nicht gewinnen, aber, und das ist außerordentlich wichtig im Sport und im Berufsleben, er wird ein gutes Spiel machen, mit einem guten Gefühl vom Platz gehen und er wird zumindest ein wenig die Chance erhöhen, das Spiel doch noch zu gewinnen.

Wir nennen diesen Prozess Stärkenorientierung und er hat, wie oben bereits erwähnt, nichts damit zu tun, sich etwas rosa anzumalen, sondern damit seinen Aufmerksamkeitsprozess, insbesondere in großen Drucksituationen, auf das zu richten, was man kann, und eben nicht auf das, was man nicht kann oder der andere vielleicht besser kann. Dies raubt uns Menschen nur die Energie, die wir für die Bewältigung der Situation benötigen. Wir bezeichnen dies dann auch gerne als *Energy Sucking*, also das eigene Absaugen von Energie.

Am Rande: Sowohl im Sport als auch in Unternehmen kann man in Teams häufig beobachten, wie sich die Teammitglieder gegenseitig ihre Energie rauben. In Unternehmen passiert dies in der Regel im Rahmen des bekannten Flurfunks. Ein paar Mitarbeiter stehen zusammen und unterhalten sich über das Unternehmen. Am Anfang wird über dies und das gesprochen, meist über Dinge, die nicht so gut laufen. Bildlich gesprochen: Der Himmel ist blau und es sind ein paar kleine Wölkchen zu sehen. Nach und nach fällt dem einen noch dieses ein, das nicht gut läuft, und dem anderen jenes, das besser sein könnte. Wiederum bildlich gesprochen, ist der Himmel nach dreißig Minuten verschwunden und es liegt eine dunkelgraue Wolkenmasse über einem. Man hat das Gefühl, für das schlechteste Unternehmen der Welt zu arbeiten. Wie fühlen Sie sich, wenn Sie an einer solchen Diskussion, und das haben Sie bestimmt schon einmal, teilgenommen haben? Haben Sie dann auch das Gefühl, dass Ihnen Ihre Energie ausgesogen wurde oder Sie sich Ihre Energie selbst ausgesogen haben?

Wenn ein Mensch häufig in Drucksituationen ist beziehungsweise sich häufig unter Druck fühlt, kann er Stärkenorientierung wunderbar anwenden. Dazu muss er aber natürlich seine größten Stärken kennen und auch Situationen im Kopf haben, in denen er diese Stärken schon einmal angewendet hat.

Die Übung »Meine beste Seite«

Eine der effektivsten Übungen, um dies herauszufinden, ist, Menschen zu fragen, die einen gut kennen, von denen wir denken, dass sie uns ein ehrliches Feedback zu unseren Stärken geben werden und von denen man entsprechend denkt, dass sie ein ehrliches Interesse an unserer persönlichen Weiterentwicklung haben. Wir haben diese Übung »Meine beste Seite« genannt und es handelt sich um eine Abwandlung der »Reflected Best Self«-Übung des Center for Positive Organizational Scholarship der Ross School of Business in Michigan.

Wenn Sie die Übung machen möchten, gehen Sie bitte folgendermaßen vor:
- Fragen Sie ein Minimum von fünf Personen aus Ihrem nahen Umfeld, ob diese bereit sind, Ihnen ein schriftliches Feedback zu geben. Dies können Vorgesetzte, Kollegen, eigene Mitarbeiter, Partner, Familienangehörige und Freunde sein. Sie entscheiden.
- Wenn diese bereit sind, Ihnen ein Feedback zu geben, bitten Sie sie, Ihnen folgende zwei Fragen insgesamt drei Mal zu beantworten: Mit welcher Fähigkeit schaffen Sie einen großen Mehrwert und leisten Sie einen großen Beitrag? Und: In welcher Situation hat die Person, die Ihnen eine Rückmeldung gibt, genau diese Fähigkeit beobachtet? Die Person soll Ihnen also drei unterschiedliche Stärken nennen und drei Situationen, in denen sie diese Stärken beobachtet hat. Es ist wichtig, dass die Person die Situation möglichst konkret beschreibt.

- Sie werden am Ende von jeder Person drei Fähigkeiten und dazu jeweils eine beschriebene Situation erhalten, wenn Sie also insgesamt fünf Personen fragen, haben Sie fünfzehn Fähigkeiten und fünfzehn Situationen. Legen Sie dann alle schriftlichen Rückmeldungen nebeneinander und, es wird sicherlich Wiederholungen geben, suchen Sie die drei Fähigkeiten heraus, die am häufigsten genannt wurden beziehungsweise auf die Sie sich in Zukunft in Drucksituationen stärker fokussieren möchten.

Druck ist in den allermeisten Fällen nichts anderes als ein anderer Begriff für Angst, also ein Zeichen dafür, dass aus der ganz subjektiven Sicht der Person eine zukünftige Gefahr droht. Die Verwendung des Begriffes Druck statt Angst ist entsprechend ein wunderbares Beispiel dafür, wie man auch ein Gefühl *reframen*, also neubewerten kann. Es ist für unseren eigenen Selbstwert einfach viel angenehmer zu sagen: »Ich habe Druck«, statt zu sagen: »Ich habe Angst«. Diesen Druck verspüren die meisten Fußballspieler, wenn sie zum Elfmeterpunkt gehen, denn es besteht die zukünftige Gefahr, zu verschießen, denselben Druck verspüren viele Menschen, die zu Vorstellungsgesprächen gehen, denn es droht die Gefahr, nicht den Ansprüchen der Interviewer zu entsprechen, und diesen Druck verspüren viele Menschen, die sich insgesamt für ihre berufliche Laufbahn hohe Ziele gesetzt haben und insbesondere nach Rückschlägen die Gefahr sehen, dass sie diesen hohen Ansprüchen, die sie an sich selbst haben, nicht gerecht werden könnten. Wenn diese Menschen in solchen Situationen an den möglichen negativen Ausgang oder an ihre Schwächen denken, werden der Elfmeter, das Vorstellungsgespräch und die berufliche Karriere mit deutlich höherer Wahrscheinlichkeit danebengehen. Wenn sich diese Menschen aber vergegenwärtigen, wo sie gut sind und wo sie schon einmal einen Erfolg hatten, werden sie mit einem ganz anderen Selbstbewusstsein auftreten. Nämlich mit dem Bewusstsein für ihre eigenen Stärken.

Zusammenfassung und Übergang

Wir haben gesehen, dass hoch resiliente Menschen in Drucksituationen die Gewohnheit haben, auf ihre Stärken und ihre Möglichkeiten zu fokussieren, statt auf ihre Schwächen und Hindernisse. Dies können Sie ab sofort auch trainieren und sich insbesondere vor und in Drucksituationen angewöhnen. Sie können aber auch noch etwa anderes machen und darüber wird im folgenden Kapitel berichtet. Diese Strategie erscheint vielen Menschen, meist erst auf den zweiten Blick, als eine sehr verlockende Strategie, denn sie widerspricht in außerordentlich hohem Maße unserer auf permanente Effizienzsteigerung getrimmten westlichen Gesellschaft. Sie lautet: Tun Sie einfach mal nichts!

Kernfrage zu diesem Abschnitt
Welche positiven Gefühle möchte ich in Zukunft häufiger und intensiver erleben und was werde ich tun, um dies zu erreichen?

8.8 Achtsamkeit (Skill 8)

Es ist natürlich ganz schön vermessen, wie am Ende des letzten Kapitels bereits angekündigt, das Nichtstun als eine Strategie zu bezeichnen, um resilienter und, sollten Sie dies anstreben, dadurch erfolgreicher zu werden. Haben wir doch gelernt und sehen es als einen wahrlich erstrebenswerten Wert an, immer beschäftigt zu sein, das Maximum aus der uns zur Verfügung stehenden (Lebens-)Zeit herauszuholen. Viele Menschen sind wie Effizienzsüchtige, die permanent danach suchen, wie sie ihre Zeit noch besser nutzen können. »Hey, ich habe noch zwei Minuten, bis der Aufzug da ist, da kann ich doch noch schnell eine E-Mail schreiben oder mein facebook-Konto prüfen.« Gerade wenn Sie in einer Großstadt leben, sollten Sie selbst mal Ihr Smartphone für zehn Minuten beiseitelegen und einfach nur die Menschen in der U-Bahn, auf der Straße, in der Schlange im

Supermarkt, auf dem Weg zu ihrem Zug am Bahnhof oder beim Warten auf ihr Flugzeug beobachten. Sie werden erstaunt sein, was Sie da alles sehen. Vielleicht schauen Sie aber auch einfach nur mal in den Spiegel.

Entsprechend wird auch der Persönlichkeitseigenschaft »Multitaskingfähigkeit« ein enormer Wert beigemessen und der Begriff erscheint seit Jahren immer häufiger in Stellenanzeigen. Sind Multitasker doch diejenigen, die in der ihnen zur Verfügung stehenden Zeit nicht nur eine Sache, sondern gleich zwei, drei oder vier Sachen erledigen können. Fantastisch: Sie schaffen also das, wofür wir eigentlich zwei, drei oder vier Mitarbeiter oder zwei, drei oder vier Menschenleben benötigen würden als einzelner Mitarbeiter beziehungsweise in einem Leben.

Wir wissen mittlerweile aus der wissenschaftlichen Forschung, dass es eine solche Multitaskingfähigkeit nicht wirklich gibt. Ja, wir können mehrere Dinge gleichzeitig tun, also zum Beispiel joggen und telefonieren, oder telefonieren und gleichzeitig eine E-Mail schreiben, oder jemandem zuhören und gleichzeitig an das nächste Meeting denken, aber unsere Aufmerksamkeit wird sich dann auch entsprechend auf diese beiden Tätigkeiten verteilen. Wir machen dann zwar zwei Sachen gleichzeitig, aber eben nur halb so aufmerksam oder achtsam, wie wir es könnten und es vielleicht notwendig wäre. Die Zeit, die wir dadurch sparen, müssen wir daher häufig zu einem späteren Zeitpunkt wieder investieren, weil wir zum Beispiel die Sache nur halb so ordentlich getan haben, wie wir es eigentlich hätten tun können. So entstehen dann häufig Stress und auch Unzufriedenheit. Es führt außerdem dazu, dass wir uns überfordert und überflutet von all den Reizen fühlen und viele Menschen bekommen dadurch auch das für die meisten Menschen sehr unangenehme Gefühl, denken Sie noch einmal an die menschlichen Grundbedürfnisse, die Kontrolle über all die Reize zu verlieren, die da auf sie einprasseln. Dies ist auch das, was dann heutzutage als gesteigerte Komplexität und Dynamik beschrieben wird. Was diese Menschen dabei aber vergessen ist, dass es zwar nicht immer, aber doch meistens in ihrer ganz persönlichen Entscheidungsmacht liegt, sich dieser

Komplexität einmal zu entziehen. Also zum Beispiel das Smartphone oder den Blackberry einfach mal beiseitezulegen, während sie fernsehen, wandern gehen, sich unterhalten oder einem Vortrag lauschen. Entsprechend ist auch häufig ein Burn-out die Medaille, der Orden, der denjenigen verliehen wird, die besonders viel geleistet haben, die zehn Sachen gleichzeitig gemacht haben, die »es sich so richtig gegeben haben«, die das Maximum aus sich herausgeholt haben und versucht haben, ihre Zeit besonders effizient zu nutzen, aber nicht unbedingt effektiv genutzt haben. Ebenso wie all die hochrangigen Manager sind auch diese die Helden unserer Zeit, auch wenn, Sie werden mir dies sicherlich glauben, sie sich im Rahmen einer Erschöpfungsdepression, denn nichts anderes ist das Ende eines Burn-out-Prozesses, alles andere als heldenhaft fühlen. Aber wie haben sich diese vor diesem Zusammenbruch gefühlt? War da vielleicht auch ein bisschen Stolz, so viel mehr leisten zu können als alle anderen?

Der Skill Achtsamkeit, oder Mindfulness, wie er im Englischen bezeichnet wird, lehrt uns zwei andere Dinge. Erstens, dass wir, wenn wir viel geben wollen, auch etwas nehmen müssen und, zweitens, dass wir unsere Aufmerksamkeit nicht permanent in die Vergangenheit, in die Zukunft oder auf mehrere Dinge gleichzeitig richten sollten, sondern im Hier und Jetzt leben, arbeiten und agieren. Entsprechend lehrt uns Achtsamkeit, möglichst wertfrei all die Dinge wahrzunehmen, die gerade jetzt passieren. Seien es unsere eigenen Gedanken oder Gefühle, Menschen oder Ereignisse. Es handelt sich also wieder einmal um das Erlernen eines Aufmerksamkeitsprozesses, der es uns ermöglicht, uns voll und ganz auf das zu konzentrieren, was gerade jetzt passiert, uns also zu fokussieren. Sie lesen wahrscheinlich schon zwischen den Zeilen, dass diese Fähigkeit eine sehr hohe Übereinstimmung mit dem Begriff Disziplin und somit, wie es weiter oben beschrieben wurde, dem Resilienzfaktor Impulskontrolle hat. Sie werden genau aus diesem Grund nur wenige erfolgreiche Menschen treffen, die nicht über diese Fähigkeit verfügen. Sei es zum Beispiel der Multimilliardär Nicolas Berggruen, der als seine größten Stärken »Disziplin, Mut und Geduld«, also auch noch zwei weitere Eigenschaften, die einen hoch resilienten Menschen auszeichnen, nennt, oder Steve Jobs, der dafür bekannt war, mit äußerster Disziplin und Fokussiertheit nahezu perfekte Produkte zu entwickeln und sich nicht permanent von neuen Ideen ablenken zu lassen.

Aber lassen Sie uns nun erst einmal die erste Umsetzung von Achtsamkeit anschauen: den achtsamen Umgang mit seiner eigenen Energie.

Wer gibt, der muss auch nehmen
Stellen Sie sich einmal kurz einen äußerst talentierten Profifußballer oder meinetwegen Sportler aus einer anderen Sportart vor, der unbedingt erfolgreich sein will, der deshalb jeden Tag mehrmals auf dem Trainingsplatz steht, der jede Woche ein Mal, häufig sogar zwei Mal die Woche, einen Wettkampf auf höchstem Niveau und unter höchstem Druck bestreitet und entsprechend auch mehrmals die Woche Interviews oder öffentliche Auftritte vor teilweise über hundert Personen hat. Nun stellen Sie sich vor, dass dieser Sportler in seiner Freizeit sehr viel Alkohol trinkt und permanent feiert, er ernährt sich nur von Süßigkeiten und Hamburgern, er schläft jede Nacht maximal fünf Stunden, er leidet außerdem, wenn er nicht abgelenkt ist oder Alkohol getrunken hat, durchgehend unter Versagensängsten und kann seinen Kopf einfach nicht abschalten. Was würden Sie sagen, wie achtsam beziehungsweise intelligent er mir seinen Ressourcen umgeht? Dies ist die erste Art und Weise, wie wir Achtsamkeit in diesem ersten Fall verstehen.

Viele Menschen haben, ebenso wie Hochleistungssportler, heute eine hohe Arbeitsbelastung und viele Drucksituationen zu bewältigen. Dies steht außer Frage. Insbesondere wenn ein Mensch für sich die Entscheidung getroffen hat, dass er Karriere machen möchte und ganz nach oben will, muss er sich damit abfinden, dass dies ohne einen erhöhten Arbeitseinsatz wahrscheinlich nicht gehen wird. Das war früher so und ist auch noch heute so. Wenn jemand hoffen sollte, es ohne diesen hohen Einsatz hinzubekommen, sollte er dies ganz schnell wieder vergessen. Ich habe eine

Vielzahl von Top-Managern in meinem Leben getroffen, aber nie einen, der weniger als zehn Stunden pro Tag gearbeitet hat. Meistens sogar deutlich mehr. Entsprechend ist der Vergleich mit dem Hochleistungssportler auch zulässig: Wenn ein Mensch wirklich Karriere machen möchte, also für sich entschieden hat, nicht in der Kreisliga, sondern in der Bundesliga zu spielen, dann muss er auch viel geben und sich dafür einsetzen. Dies heißt dann aber auch, dass er lernen muss, die Kraft, die er dafür benötigt, sich irgendwo herzuholen, seine »Ressourcentanks« irgendwo und irgendwie wieder aufzufüllen und außerdem die Ressourcen, die ihm zur Verfügung stehen, sinnvoll und intelligent einzusetzen. Achtsamkeit verstehen wir dann als den bewussten und schonenden Umgang mit unseren Ressourcen und die Fähigkeit, sich in den Momenten, in denen wir nicht arbeiten, zu regenerieren. Was würden Sie einem Fußballprofi sagen, der, natürlich gibt es so etwas nicht, zwölf Stunden am Tag laufen gehen würde, um noch fitter zu werden? Sie würden ihn für wahnsinnig erklären und entsprechend dazu auffordern, seinem Körper und seinem Geist auch einmal einen Moment der Ruhe zu gönnen, damit dieser wieder fähig ist, Höchstleistung zu erbringen. Also genau das, was auch Sie tun sollten, denn Sie müssen eben häufig zehn bis zwölf Stunden am Tag arbeiten. Die Tipps, die man hier geben kann, sind entsprechend auch Alltagswissen: Ernähren Sie sich so, dass es Ihnen damit gut geht, bewegen Sie sich, trinken Sie genügend Flüssigkeit, finden Sie ausreichend Schlaf, trinken und rauchen Sie nicht zu viel und finden Sie für sich Tätigkeiten, die Ihnen wirklich Kraft und Energie geben, bei denen Sie richtig abschalten können und sich nicht die Energie, die Sie für die Arbeit benötigen, wieder rauben.

Wo bist du eigentlich gerade?
Die zweite Möglichkeit, Achtsamkeit oder Mindfulness wirklich umzusetzen, ist, im »Hier und Jetzt« zu leben, sich also nicht permanent mit anderen Dingen, wie zum Beispiel der Zukunft oder der Vergangenheit zu beschäftigen. Dies ist auch die Definition, unter der der Begriff in den USA und mittlerweile auch immer mehr in Europa bekannt ist.

Hier ein paar Beispiele:
Ein Mitarbeiter sitzt im wöchentlichen Einzelmeeting mit seinem Vorgesetzten und berichtet ihm über die Fortschritte in den einzelnen Projekten. Er merkt, dass dieser ihm nur mit einem Ohr zuhört. Er bemerkt dies daran, dass ihm der Vorgesetzte gerade zum zweiten Mal die gleiche Frage stellt.

Eine Person geht ins Büro eines Kollegen, um sich dort einen Stift zu holen. Während er dort hingeht, denkt er über eine Aufgabe nach, die er noch erledigen muss. Als er im Büro angekommen ist, merkt er, dass er gar nicht mehr weiß, was er eigentlich hier wollte.

Ein Vertriebsmitarbeiter geht zu einem Kunden, von dem er weiß, dass dieser immer etwas unangenehm ist. Er ist daher nervös. Der Kunde hat ausnahmsweise einen Kollegen mit zu dem Gespräch gebeten und dieser stellt sich dem Vertriebsmitarbeiter zum Start auch vor. 20 Sekunden nachdem dieser das getan hat, merkt der Vertriebsmitarbeiter, peinlich berührt, dass er den Namen des Kollegen schon wieder vergessen hat.

Eine Führungskraft sitzt mit ihren Kollegen im wöchentlichen Statusmeeting und denkt über das Kritikgespräch nach, das sie im Anschluss mit einem ihrer Mitarbeiter führen muss. Als ihr eigener Vorgesetzter ihr während des Meetings eine Frage stellt, weiß sie gar nicht, worum es eigentlich geht.

Es ist 18:00 Uhr und eine Mitarbeiterin aus der Buchhaltung ist im Begriff, Feierabend zu machen, sie will ihr Mailprogramm schließen, bevor sie den Computer herunterfährt, und sieht, dass dort drei Mails sind, die sie angefangen hat und von denen sie eigentlich dachte, dass sie sie schon längst abgeschickt hätte.

All dies sind Beispiele für Situationen, in denen ein Mensch nicht achtsam gewesen ist, sich nicht auf das konzentriert hat, was eigentlich gerade im Hier und Jetzt geschah. Vielleicht haben Sie sich selbst in der ein oder anderen oder vielleicht sogar in sehr vielen ähnlichen Situationen wiedergefunden. Wenn ja, könnte gerade dieser Skill Ihnen dabei helfen, Ihre Resilienz weiter zu steigern, denn es besteht ein großer Zusammenhang zwischen diesen Verhaltensweisen und den Resilienzfaktoren Emotionssteuerung, Impulskontrolle und, Sie vermuten es wahrscheinlich schon, Empathie.

Es wurde bereits gesagt, dass sich hoch resiliente Menschen immer wieder neue, herausfordernde Ziele setzen. Der Resilienzfaktor Reaching-Out, den wir mit Zielorientierung übersetzt haben, steht für diese Eigenschaft hoch resilienter Menschen. Sie schauen also in die Zukunft und haben etwas, das sie erreichen wollen und was sie relativ unabhängig von der Meinung anderer Menschen verfolgen. Der Einwand, der Ihnen möglicherweise nun gerade einfällt, dass in die Zukunft zu schauen nichts mit im Hier und Jetzt sein zu tun hat, könnte richtig sein, ist er aber nicht. Dies wird klarer, wenn wir uns folgende weitere Eigenschaft von hoch resilienten Menschen verdeutlichen: Sie tun heute genau das, was sie tun müssen, um genau dieses Ziel zu erreichen. Das ist Impulskontrolle. Mit anderen Worten gesagt: Sie sind äußerst diszipliniert, lassen sich nicht ablenken, steuern also ihre Impulse und besitzen dadurch die Fähigkeit, Dinge in einer effizienten Art und Weise zu Ende zu bringen.

Das alleine würde schon ausreichen, um die Tatsache zu begründen, dass sich diese besser fühlen und auch mehr Erfolg haben, denn wie schön ist das Gefühl, wenn wir am Ende eines Arbeitstages das Gefühl haben, vorangekommen zu sein, wirklich etwas bewirkt zu haben oder etwas abgeschlossen zu haben. Erinnern Sie sich einfach noch einmal an das schöne Gefühl, wenn Sie, wie schon geschildert, nach Jahren endlich mal den Keller richtig ausgemistet haben.

Der Zusammenhang wird aber noch deutlicher, wenn wir uns Achtsamkeit im Rahmen von Interaktionen mit anderen Menschen anschauen. Wie wird sich der Mitarbeiter fühlen, der merkt, dass ihm sein Chef nie zuhört? Was wird er zu anderen Personen über ihn sagen? Wie wird er sich für eine Führungskraft engagieren, die scheinbar kaum Interesse an dem hat, was er sagt? Welchen Eindruck macht die Führungskraft, die vom Chef angesprochen wird und gar nicht weiß, worum es gerade geht? Wie viel unnötige Zeit verlieren wir, weil wir uns, während wir an einer schweren Aufgabe sitzen, von der gerade hereingekommenen Mail ablenken lassen, statt erst einmal die Aufgabe fertig zu machen? Wie fühlen wir uns, wenn wir dann am Ende des Tages diese Aufgabe zum x-ten Mal auf den nächsten Tag verschoben haben, an dem wir sie, diesmal ganz bestimmt, fertig machen werden? Wie fühlt sich Ihr Kunde, wenn er merkt, dass Sie ihm im Gespräch gar nicht wirklich zuhören, ihn nicht wirklich wahrnehmen? Wird er bei Ihnen kaufen oder bei der Person, die ihm wirklich zuhört?

Sportler egal welcher Sportart beschreiben diesen Zustand des im Hier und Jetzt Seins übrigens als »im Tunnel sein«. Es ist ein Zustand, in dem sie nicht darüber nachdenken, was sie als nächstes tun sollten, was passieren könnte, wenn ihnen dies oder jenes gelingt oder nicht gelingt, sondern in dem sie einfach nur *sind* und so ganz automatisch, intuitiv das Richtige tun. Wenn Sie nun auf Ihren Beruf schauen, werden Ihnen wahrscheinlich auch solche Situationen einfallen. Wie können Sie nun eine solche Achtsamkeit trainieren?

Meditation? Das ist doch was für Weicheier!

Wenn Sie nun die Entscheidung treffen sollten, Ihre Resilienz zu steigern, indem Sie an der eben beschriebenen Form der Achtsamkeit arbeiten, gibt es zwei besonders effektive Methoden, wie sie dies erreichen können.

Die erste ist: Tun Sie es einfach! Beobachten Sie sich in einem ersten Schritt selbst, wie Sie sich immer wieder von anderen Tätigkeiten oder Gedanken ablenken lassen, und zwingen Sie sich, am Anfang nur zehn Minuten und dann immer länger, sich voll auf Ihre Aufgabe zu konzentrieren und möglichst alle anderen Gedanken, die Ihnen dabei durch den Kopf gehen, auszublenden. Seien Sie dabei geduldig und geben Sie nicht auf. Wenn Sie schon viele Jahre »unachtsam« gelebt haben, dann werden

Sie dies eben nicht von einem Tag auf den anderen abstellen können. Sie werden dabei die Erfahrung machen, dass Sie durch die schnellere Erledigung von Aufgaben zufriedener sein werden und in Gesprächen durch den wirklichen Fokus auf die Person, mit der Sie gerade sprechen, eine völlig neue Qualität erreichen werden. Sie können dies ganz einfach üben, wenn Sie zum Beispiel Menschen wie Ihre Bäckerin oder Ihren Nachbarn, die/den Sie zufällig treffen, wirklich einen schönen Tag oder ein schönes Wochenende wünschen. Machen Sie dies einfach ein paar Mal am Tag in einer achtsamen Art und Weise. Darüber hinaus werden Sie durch diese Übungen auch Ihre Empathie und somit soziale Kompetenz weiterentwickeln, die Sie ebenso für eine *wirklich* erfolgreiche berufliche Laufbahn benötigen. Sie können diese Übungen beliebig ausweiten. Sie können achtsam, also ohne an etwas anderes zu denken, duschen. Sie können achtsam joggen, achtsam kochen, achtsam U-Bahn oder Auto fahren. Ihrer Fantasie sind keine Grenzen gesetzt. Wenn Sie dies regelmäßig üben, werden Sie sehen, dass sich Ihre Konzentrationsfähigkeit schnell verbessern wird.

Die zweite Strategie ist das Erlernen von Meditation. Von dort stammt auch ganz ursprünglich der Begriff Achtsamkeit, Mindfulness und jetzt verstehen Sie sicherlich auch, warum ich zum Start in dieses Kapitel das Nichtstun als einen Skill bezeichnet habe, mit dem Sie Ihre Resilienz steigern können. Ich gebe an dieser Stelle aber auch zu, dass *Nichtstun* eigentlich der falsche Begriff ist, denn beim Meditieren tun Sie eine ganze Menge. Insbesondere für sich! Der Titel für diesen Unterabschnitt ist natürlich sehr bewusst gewählt. Da ich selbst als Person auf externe Personen keinen esoterischen Eindruck mache, schaue ich, wenn ich diesen Vorschlag in Trainings mache, immer in etwas ungläubige und erstaunte Gesichter. Vielleicht liegt es gerade daran, dass ich nicht sonderlich esoterisch wirke. In der Regel helfen an dieser Stelle dann wissenschaftliche Studien und diese möchte ich natürlich auch Ihnen an dieser Stelle nicht vorenthalten.

Fragt man Menschen, die regelmäßig meditieren, was ihnen dies bringt, bekommt man ganz erstaunliche und eigentlich auch sehr motivierende Antworten. Sie berichten, dass sie sich seitdem besser konzentrieren können, dass sie in Stresssituationen entspannter und gelassener sind und auch, dass sie sich insgesamt selbstbewusster fühlen. Menschen, die meditieren, berichten außerdem, dass sie sich selbst deutlich besser wahrnehmen, dabei aber nicht egozentrisch werden, sondern dass ihnen Meditation hilft, empathischer, authentischer und integrer zu agieren. Ihnen gelingt es außerdem, ihre Emotionen besser zu steuern, indem sie Situationen neu oder nicht bewerten oder sich mit diesen und den dazugehörigen Gedanken und Haltungen konfrontieren. Menschen, die meditieren, gehen in Deutschland nur selten damit hausieren, aber schaut man in andere Länder, so entdeckt man, dass eine Vielzahl von erfolgreichen Menschen Meditation praktiziert und über die gleichen Effekte berichtet. Zu diesen zählen Menschen wie der ehemalige US-Präsident Bill Clinton, sein Vize-Präsident und Friedensnobelpreisträger Al Gore, der in Rugbykreisen als einer der weltweit besten Rugby-Spieler bekannte Jonny Wilkinson oder Schauspieler wie Clint Eastwood und Richard Gere. Das alleine wird Sie aber sicherlich noch nicht davon überzeugen, dass Sie meditieren sollten. Lassen Sie uns also auf weitere wissenschaftliche Ergebnisse schauen.

Es wurde an einer anderen Stelle dieses Buches bereits erwähnt, dass wir Menschen ein Leben lang in der Lage sind, Neues zu lernen, uns also zum Beispiel auch neue Haltungen und Denkstile aneignen können. Diese Denkstile werden durch neuronale Schaltkreise in unserem Gehirn repräsentiert und je häufiger wir diese einmal angelegten Schaltkreise verwenden, desto stärker verfestigen sie sich. Entsprechend geht es eben auch nicht von einem Tag auf den anderen, einen neuen Schaltkreis anzulegen. Es braucht dafür Zeit und Übung, denn genauso wie ein Mensch jeden Tag den gleichen Weg zur Arbeit nimmt, verwendet er in spezifischen Situationen auch immer wieder dieses neuronale Netz. Er wird also zum Beispiel vor einer Präsentation an sich zweifeln oder aber vor einer Präsentation wie immer denken, dass diese Situation mal wieder eine tolle Gelegenheit ist, sich zu beweisen. Der eine wird Angst haben, der andere wird sich herausgefordert fühlen. Schauen wir nun auf wissenschaftliche Studien, die den Effekt von Meditation auf unsere Gehirnstrukturen untersuchen, so finden sich erste erstaunliche und faszinierende Hinweise darauf, dass regelmäßige Meditation auch einen physiologischen Effekt auf unser Gehirn hat. Entsprechend zeigen Studien, dass Meditation die Menge an grauer und weißer Substanz in unserem Gehirn erhöhen kann, und zwar auch in den Bereichen unseres Gehirns, die wahrscheinlich in einem starken Zusammenhang mit der Mehrzahl der hier geschilderten Resilienzfaktoren stehen. Hiermit gemeint ist insbesondere der präfrontale Kortex, dessen neun Funktionen der amerikanische Psychiatrieprofessor Daniel Siegel in seinem Buch *Das achtsame Gehirn* folgendermaßen beschreibt:

- **Regulation des Körpers** oder anders gesagt der Funktion, die ein Gleichgewicht zwischen unseren körperlichen Reaktionen herbeiführt. Dies funktioniert wie ein Gaspedal oder eine Bremse. Wir tun also etwas oder lassen es sein und dies, so Siegel, wird in diesem Bereich ganz maßgeblich durch unsere Haltungen beeinflusst.
- **Eingestimmte Kommunikation**, welche uns hilft, nonverbale Signale unseres Gegenübers wahrzunehmen und richtig zu deuten, und die wir in der Regel, mehr oder weniger intensiv, durch die Interaktion mit unseren ersten Bezugspersonen, also meistens unseren Eltern, erlernt haben.
- **Emotionale Balance**, welche uns ermöglicht Emotionen entstehen zu lassen, also beispielsweise uns zu freuen oder zu ärgern.
- **Reaktionsflexibilität**, welche uns ermöglicht, nicht einfach reflexhaft auf eine Situation zu reagieren, sondern unsere Verhaltensweisen zielgerichtet anzupassen.
- **Einsicht**, welche uns ermöglicht, die richtigen Schlüsse aus allen Erfahrungen, die wir gemacht haben, zu ziehen und uns selbst besser zu verstehen.
- **Empathie**, also die Fähigkeit, sich in andere Menschen hineinzuversetzen und zu verstehen, was in ihnen vor sich geht.

- **Angstbewältigung**, die uns insbesondere dabei hilft, traumatische Erfahrungen und Rückschläge so zu verarbeiten, dass uns diese nicht blockieren, sondern dass wir daraus lernen.
- **Intuition**, die uns dabei hilft, uns auf »unser Bauchgefühl« zu verlassen, was nichts anderes ist, als eine gefühlsmäßige Verarbeitung aller uns zur Verfügung stehenden Informationen zuzulassen.
- Und schließlich das **Moralgefühl**, welches uns dabei hilft, uns so zu verhalten, dass wir in einer Gemeinschaft mit anderen Menschen leben können.

Menschen, die schwere Kopfverletzungen im präfrontalen Kortex erleiden, verlieren je nach Schwere und Lokalisierung der Verletzung genau diese Funktionen und geben an, so ein Beispiel von Daniel Siegel, dass es sich anfühlt, als hätten sie »ihre Seele verloren«.

Wenn Sie nun noch einmal auf die sieben Resilienzfaktoren schauen, so werden Sie sehen, dass es eine außerordentlich hohe Übereinstimmung zwischen den Funktionen des geschilderten Hirnbereichs, der scheinbar stark durch meditative Praktiken beeinflusst wird, und den Resilienzfaktoren gibt. So zeigt sich der Resilienzfaktor Empathie auch in der Funktion Eingestimmte Kommunikation. Emotionsteuerung und Impulskontrolle in den Bereichen Regulation des Körpers, Angstbewältigung, Emotionale Balance und Reaktionsflexibilität. Der Faktor Kausalanalyse im Bereich Einsicht. Der Faktor Optimismus kann der Intuition zugeordnet werden. Der Faktor Selbstwirksamkeitsüberzeugung den Faktoren Angstbewältigung und Reaktionsflexibilität. Lediglich der Faktor Reaching-Out/Zielorientierung scheint kein Pendant zu den von Siegel genannten Funktionen des präfrontalen Kortex aufzuweisen.

Ich möchte an dieser Stelle betonen, dass diese Darstellung nicht den Regeln einer exakten Wissenschaftlichkeit folgt, wir also noch nicht geprüft haben, ob es tatsächlich den vermuteten Zusammenhang zwischen den Resilienzfaktoren und den eben genannten Funktionen des präfrontalen Kortexes gibt. Hierzu müssen noch weitere wissenschaftliche Untersuchungen durchgeführt werden. Es besteht aber, wie eben geschildert, eine hohe augenscheinliche Übereinstimmung zwischen den geschilderten Funktionen und den Resilienzfaktoren. Wir wissen außerdem beziehungsweise haben erste seriöse wissenschaftliche Hinweise darauf, dass regelmäßige Meditation erstens einen physiologischen Einfluss auf diese Hirnregion hat und dass, zweitens, basierend auf den Berichten von Menschen, die meditieren, diese einen Großteil der Fähigkeiten ausbilden, die hoch resiliente Menschen auszeichnen. Entsprechend berichtet auch der bereits erwähnte Psychologieprofessor Klaus Grawe in seinem Buch *Neuropsychotherapie* bereits 2004 (Grawe 2004: 414):

»*Das Konzept der mindfulness, das in der kognitiv-behavioralen Therapie in der letzten Zeit zunehmend Beachtung findet, kann als ein Schritt in diese Richtung [Anmerkung des Autors: Verbesserung der Stresstoleranz und der Emotionsregulation] verstanden werden.*«

Sie müssen also nicht unbedingt Ihren Emotions- und Influenceradar einschalten, Ihr ABC lernen oder Ihre Eisberge schmelzen. Sie können auch ganz »einfach« meditieren, also nichts tun. Dass sich dies einfacher anhört, als es ist, brauche ich Ihnen wahrscheinlich nicht zu erzählen.

Okay, dann bin ich halt ein Weichei!

Sie haben sich also entschieden, es auszuprobieren. Dann gebe ich Ihnen folgende Empfehlung. Vielleicht haben Sie keine Lust, in ein buddhistisches Zentrum in Ihrer Stadt zu gehen, und haben die, natürlich vollkommen übertriebene, Vorstellung, dass Sie sich ein orangenes Gewand anziehen müssen und Ihnen der Schädel rasiert wird.

Die Lösung für diese kleine Herausforderung hat vier Buchstaben und lautet MBSR. Diese Abkürzung steht für »Mindfulness-Based Stress Reduction« und wurde von Dr. Jon Kabat-Zinn in seinem Buch *Gesund durch Meditation* ausführlich geschildert. Sie finden darin auch viele Beispiele für Übungen, die ich Ihnen, da ich kein Meditationslehrer bin, an dieser Stelle nicht weitergeben werde. Es würde auch bei Weitem den Rahmen dieses Buches sprengen.

Das große Verdienst von Kabat-Zinn ist neben seiner Arbeit mit kranken, häufig todkranken und schmerzgeplagten Menschen die Idee, Meditation so zu verpacken, dass auch Menschen, die eben nicht in ein Kloster oder buddhistisches Zentrum gehen möchten, Meditation lernen können. Er hat dadurch vielen Menschen die erste Scheu vor Meditation genommen. Auch in Deutschland gibt es mittlerweile sehr viele Anbieter dieser häufig sehr kostengünstigen Kurse. Menschen lernen in diesen Kursen »einfache« Meditationspraktiken, wie die »einfache« Konzentration auf den Atem, die Gehmeditation oder den Bodyscan. Alles Techniken, die das Ziel verfolgen, Ihre situationsbezogene Aufmerksamkeit zu erhöhen, also die oben beschriebenen Situationen der Unachtsamkeit weniger häufig auftreten zu lassen und dadurch Ihre Resilienz zu steigern.

> **Kernfrage zu diesem Abschnitt**
>
> In welchen Situationen erlebe ich mich als unachtsam und was werde ich tun, um dies zu ändern?

8.9 Connection (Skill 9)

Nachdem die am Anfang dieses Buches beschriebene Studie von Emmy Werner mit den Kindern der Insel Kauai veröffentlicht wurde, sind weltweit zahlreiche weitere Studien zu dem Thema durchgeführt worden. Ziel war es, wie in der Wissenschaft üblich, die Ergebnisse zu überprüfen beziehungsweise zu replizieren. Entsprechend konnte eine kulturübergreifende hohe Übereinstimmung mit den Ergebnissen festgestellt werden. Dies betraf einerseits die entdeckten inneren und in diesem Buch dargestellten Resilienzfaktoren und weitere, außerhalb der Person liegende Faktoren. Ganz weit oben auf dieser Liste externer begünstigender Faktoren stand immer, dass Kinder, die aus schwierigen Elternhäusern kamen und sich im Vergleich zu anderen Kindern trotzdem zu glücklichen und erfolgreichen Erwachsenen entwickelten, außerhalb der Familie eine Bezugsperson hatten, die ihnen mit Rat und Tat zur Seite stand und bei der sie ihre sozialen Kompetenzen entwickeln konnten. Sie hatten somit eine starke Verbindung, wir sagen auch *Connection*, zu einer weiteren Person, was die Kinder, die sich weniger gut entwickelten, nicht hatten.

Der Musiker Ray Charles
Ein beeindruckendes Beispiel für eine Person, bei der dies scheinbar ebenso der Fall war, ist der Musiker Ray Charles. Prof. Dr. Jürg Frick beschreibt diesen Fall in seinem Buch Die Kraft der Ermutigung. Ray Charles wächst in dem zur damaligen Zeit von Rassenhass geprägten Bundesstaat Georgia in Armut und ohne Vater auf. Seine Mutter und die erste Frau seines Vaters erziehen ihn in sehr liebevoller Weise. Ein Nachbar, Mister Pit, nimmt eine Art Vaterrolle für ihn ein und bringt ihm Klavierspielen bei. Als Ray Charles fünf ist, ertrinkt sein Bruder vor seinen Augen in einem Wassertrog. Er hat noch nicht genügend Kraft, um ihn dort herauszuziehen. Einige Monate später folgt ein zweites traumatisches Ereignis. Er fängt an, schlechter zu sehen und ist im Alter von sieben Jahren vollständig erblindet. Die Mutter verhätschelt ihn aber scheinbar nicht und so muss er zu Hause weiterhin Holz hacken, den Boden schrubben oder Kleider waschen. Sie bringt ihm bei, dass »es zwei Sei-

ten im Leben gibt« und meint damit Glück und Freude auf der einen Seite und Schmerz und Leid auf der anderen Seite.

Als er alt genug ist, schickt sie ihn auf ein Blindeninternat, wo er sich zu einem guten Schüler entwickelt. Er hört dort nachts die anderen Kinder wie sie zu Gott beten und diesen darum bitten, wieder sehen zu können. Er selbst sieht das als Zeitverschwendung, denken Sie noch einmal an das Influenceradar, und sagt sich: »ihr Dummköpfe solltet lieber das Beste aus dem machen, was ihr habt.«

Eine Einstellung, die Ray Charles von seiner Mutter gelernt hat und sein gesamtes Leben beibehalten wird. Schließlich stirbt auch noch seine Mutter, ein für ihn weiteres traumatisches Ereignis, das ihn beinahe aus der Bahn wirft. Entscheidend für die weitere Entwicklung von Ray Charles ist dann genau die eingangs beschriebene Bezugsperson, die ihn unterstützt. Es handelt sich um Ma Beck, die als resolute Frau beschrieben wird und ihm noch einmal die Sätze seiner Mutter in Erinnerung ruft: »Man bettelt nicht und man stiehlt nicht. Du musst an dich selbst glauben. Sonst wirst du untergehen.« Also Sätze, die klar auf die Selbstwirksamkeitsüberzeugung und auf Empathie abzielen. Charles wird schließlich als Erfinder des Souls in die Geschichtsbücher eingehen und einer der erfolgreichsten schwarzen Musiker seiner Generation werden. Wie hätte Ihre »Karriere« ausgesehen, wenn Sie unter diesen Umständen aufgewachsen wären? Entscheidend für seine Entwicklung war aus Ray Charles Sicht genau diese Verbindung, diese Connection zu seinen Bezugspersonen und dies lässt sich sehr deutlich in folgendem Zitat erkennen:

»Was ich an Kraft auch finden konnte, sie kam von Menschen wie Mama oder Ma Beck [...].«

Ray Charles, Erfinder des Souls

Die hier beschriebene Verbindung zu einer Person und, noch weiter gedacht, zu einer Gemeinschaft ist darüber hinaus ein Faktor, den Menschen auch im Erwachsenenalter pflegen können und der sie widerstandsfähiger, also resilienter gegenüber Rückschlägen und Drucksituationen macht. Erinnern wir uns nur an die bereits geschilderte Studie, in der zwei Affen gemeinsam weniger Angst haben, als wenn sie alleine in einem Käfig sind, um den ein Hund herumläuft. Oder erinnern wir uns an die Säuglinge, denen man Essen gibt, aber keine Zuwendung zukommen lässt und die dadurch schwere psychische Schäden davontragen und häufig sterben. Auch diese Ergebnisse untermauern die eminent wichtige Funktion von starken Bindungen zu anderen Menschen. Ebenso benötigen wir häufig für das bereits geschilderte ABC Lernen einen Menschen, mit dem wir uns vertrauensvoll austauschen können und der uns berät. Und dennoch leben wir in einer Gesellschaft, in der genau diese Verbindungen immer weniger gelebt werden.

Unser amerikanischer Partner, *adaptiv learning systems*, hat zu diesem Thema eine umfassende und noch nicht veröffentlichte Studie durchgeführt. Ziel dieser Studie, an der ungefähr 5.000 Personen teilgenommen haben, war es, herauszufinden, wie stark diese einerseits mit ihrer Arbeit und andererseits mit ihrem Leben verbunden sind und unter welchen Bedingungen die Resilienzwerte, also die Fähigkeit, mit Rückschlägen und Drucksituationen umzugehen, bei den untersuchten Menschen am höchsten sind. Dabei haben wir die Bereiche *Connection to Work und Connection to Life* unterschieden.

Connection to Work

Im Rahmen der Studie konnten wir drei unterschiedliche Levels der Verbundenheit zur Arbeit identifizieren. Die Frage, die wir in diesem Zusammenhang gestellt hatten, war sehr einfach und lautete: »Warum gehen Sie zur Arbeit?« Eingeteilt nach dem Ausmaß an persönlicher Resilienz befanden sich auf Level 1 Personen, die wegen des Gehalts ihrer Arbeit nachgingen, auf Level 2 die Personen, die wegen der Aufgabe und der Gruppenzugehörigkeit ihre Arbeit taten, und auf Level 3 die Personen, die eine größere Sinnhaftigkeit hinter ihrer Arbeit erkennen konnten, also zum Beispiel Mitarbeiter von Greenpeace, bei denen der Sinn, zur Arbeit zu gehen, ist, unseren Planeten zu schützen. Was glauben Sie, welche Gruppe die höchsten Resilienzwerte hatte?

Richtig: Es waren die Personen, die auf Level 3 arbeiteten, und entsprechend nahmen die Resilienzwerte der Personen von Level 3 auf Level 2 und schließlich auf Level 1 kontinuierlich ab. Die Tatsache, Teil von etwas zu sein, das größer ist als man selbst und darüber eine hohe Verbindung zu seiner Arbeit zu haben, ist somit ein Faktor, der uns vor Rückschlägen und vor Drucksituationen schützt. Man kann dies auch mit folgendem Satz ausdrücken: Was soll mir schon das Schicksal anhaben, wenn ich weiß, dass ich eine wirkliche Aufgabe im Leben habe? Jetzt sagen Sie sich vielleicht: »Ja gut! Wenn ich bei Greenpeace arbeiten würde, dann wäre der Sinn meiner Arbeit leicht zu finden, aber bei meinem Job geht das nicht. Ich mach das halt, um Geld zu verdienen.«

Wir haben über die letzten Jahre immer wieder die Erfahrung gemacht, dass dies nur in den seltensten Fällen zutrifft, und wenn man Menschen bittet, ernsthaft darüber nachzudenken, welche Sinnhaftigkeit sie ihrer Arbeit entnehmen können, ihnen häufig auch etwas dazu einfällt. Ein Mitarbeiter, der zum Beispiel in der Buchhaltung eines Unternehmens arbeitet, das Prothesen anfertigt, könnte sich die Dankesmails oder Dankesbriefe anschauen, die ein Mensch an das Unternehmen schreibt, der seine beiden Beine bei einem Autounfall verloren hat und nun wieder gehen kann, geheiratet hat und gerade sein erstes Kind bekommen hat. Eine Flugbegleiterin könnte sich vergegenwärtigen, dass sie auch für die Sicherheit an Bord verantwortlich ist und es, im Notfall, auch ihre Aufgabe sein wird, so viele Menschenleben wie nur möglich zu retten. Und diese Beispiele könnte man unendlich lang fortführen, aber darum geht es nicht. Es geht darum, ob Sie selbst eine solche Sinnhaftigkeit in der Tätigkeit, die Sie ausüben, entdecken können. Wenn ja und wenn Sie dies wirklich glauben, dann wird dies Ihre Resilienz steigern.

Ich möchte an dieser Stelle auch noch einmal auf das Leben von Oskar Schindler verweisen, dem es gelungen ist, aus seiner Arbeit weit mehr zu machen, als nur Geld zu verdienen. Er war sicherlich das, was man einen Einzelgänger nennen kann, der in einem ersten Schritt nur das Ziel verfolgte, möglichst viel Geld mit der von ihm »erworbenen« Emailwarenfabrik zu verdienen. Er bewegte sich auf Level 1. In einem langsamen Prozess wurden die Mitarbeiter in seiner Fabrik, zu *seinen* Mitarbeitern, zu der Gemeinschaft, zu der er sich immer mehr zugehörig fühlte. Man kann dies im Film unter anderem an dem Kuss erkennen, welchen er einer seiner Mitarbeiterinnen als Dank für einen Geburtstagskuchen gibt und der ihn beinahe den Kopf kostet. Dies war der nächste Schritt, der Schritt auf Level 2. Schließlich aber wurde aus seiner Arbeit weit mehr, als nur das Mittel, um möglichst viel Geld zu verdienen und zu einer Familie zu gehören. Es wurde daraus ein Werk voller Sinnhaftigkeit und von unschätzbarem Wert.

Genau an dieser Stelle möchte ich aber auch noch eine Warnung aussprechen, denn die Verbundenheit zur Arbeit ist wie eine Schraube, die man, ja, möglichst festdrehen sollte, aber die man eben auch überziehen kann. Wir wissen alle: nach fest kommt lose. So kann diese Verbundenheit auch dazu führen, dass wir darüber uns selbst und alles andere, was uns umgibt, vergessen. Dies ist unter anderem auch der Grund, warum Burn-out-Fälle häufig in Berufen auftreten, in denen eine große Sinnhaftigkeit besteht, wie es zum Beispiel in helfenden Berufen der Fall ist. Insbesondere wenn Menschen, die eine solch hohe Verbundenheit und somit Sinnhaftigkeit in ihrer Arbeit erleben, einen beruflichen oder privaten Rückschlag erleiden, wenn sie also zum Beispiel nicht befördert werden oder wenn ihr Partner sie vielleicht auch aufgrund des vielen Arbeitens verlässt, führt dies häufig zu einem Gefühl der Sinnlosigkeit des eigenen Handelns und zu Hoffnungslosigkeit: »Ich habe soviel gegeben und doch bekomme ich nichts dafür zurück.« Es entsteht plötzlich ein massives Gefühl der Unstimmigkeit, der Inkohärenz. Der Erfolg, so wie er in diesem Buch beschrieben wird, bleibt also aus. Was uns davor schützt? Einerseits die Fähigkeit, die

Schraube eben gerade fest genug zu ziehen, und andererseits eine zweite Verbindung: die Verbindung zu unserem Leben.

Connection to Life

Wie weiter oben bereits erwähnt, wurde im Rahmen der Studie auch die Verbundenheit der Menschen zu ihrem Leben insgesamt untersucht und diese in Zusammenhang zu deren Resilienz gestellt. Die Frage, die wir gestellt haben, war wieder eine sehr einfache: »Was gibt Ihrem Leben einen Sinn?«. Auch hier konnten wir basierend auf den Resilienzleveln der Teilnehmer unterschiedliche Level, diesmal vier, herausarbeiten. Level 1 war das Verfolgen rein individueller Ziele, wie zum Beispiel der berufliche Erfolg. Auf Level 2 war die eigene Familie. Auf Level 3, das sich nur geringfügig vom Level 2 unterschied, fanden wir weitere Gemeinschaften, wie zum Beispiel das Engagement in einer wohltätigen Organisation oder einem Verein und auf Level 4 waren es Themen, die sich um Religion, Glaube und Spiritualität drehten. Auch hier fanden wir heraus, dass das Ausmaß an Resilienz von Level 4 bis Level 1 kontinuierlich abnahm. Die höchste Stufe, nämlich das Erleben, Teil von etwas sehr viel Größerem als man selbst zu sein, verlieh den Menschen somit die größte Sinnhaftigkeit für ihr Leben und schützte sie auch in besonderer Weise vor Rückschlägen.

Es ist wichtig, an dieser Stelle noch einen Punkt zu betonen. Sollte sich ein Mensch dazu entscheiden, seine *Connection to Life* zu erhöhen, so muss dies nicht zwangsläufig dazu führen, dass er ein anderes Level aufgibt. Wir erleben entsprechend häufig, dass gerade hochrangige Manager, was sie zweifelsohne nicht wären, wenn sie nicht intensiv einen persönlichen Erfolg anstreben würden, sich also sehr stark auf Level 1 bewegen würden, sich folgerichtig auch immer stärker mit spirituellen Themen auseinandersetzen. Die wachsende Zahl von Seminaren, die in Klöstern von noch aktiven oder ehemaligen Mönchen durchgeführt werden, ist hierfür ein vielsagendes Indiz. Erst das Erreichen des ersten Levels hat sie wahrscheinlich dazu bewogen, eine Familie zu gründen, sich eventuell stärker einer wohltätigen Arbeit zuzuwenden und schließlich Level 4 zu erreichen, auf dem es um die großen Themen wie Sinnhaftigkeit, Werte und Glauben geht.

Der sehr populäre und mittlerweile etwas ausgetretene Begriff Work-Life-Balance beschreibt nichts anderes als genau diese Balance zwischen einer starken Verbindung zu unserer Arbeit und einer starken Verbindung zu unserem Leben. Ja: Haben Sie eine starke Verbindung zu Ihrer Arbeit, aber achten Sie auch darauf, eine ebenso starke Verbindung zu Ihrem Leben insgesamt zu haben, denn dort sammeln Sie einen Großteil der Kraft, die Sie für Ihre täglichen Aufgaben benötigen.

> **Kernfrage zu diesem Abschnitt**
>
> Wie steht es um meine Connection to Work und meine Connection to Life, auf welchen Levels bewege ich mich, will ich diese erhöhen und was kann ich tun, um auf ein höheres Level zu kommen?

8.10 Mensch sein (Skill X)

Lassen Sie uns, bevor wir zum Abschluss dieses Buches kommen, einmal gemeinsam schauen, wie resilient eigentlich einer der beruflich erfolgreichsten Menschen unseres Planeten, nämlich einer der Gründer der Apple Inc., Steve Jobs, war, lassen Sie uns davor noch auf einen letzten Skill schauen, den Sie anwenden können, um Ihre Resilienz zu steigern. Mir ist dieser Skill persönlich sehr wichtig und genau deswegen finden Sie ihn auch am Ende aller dargestellten Skills. Es geht darum, Mensch zu sein.

Natürlich könnten wir an dieser Stelle darüber nachdenken, was genau ein Mensch ist, was ihn außergewöhnlich macht, ob er nun böse oder gut ist oder ob er nur Böses oder Gutes tut. An der einen oder anderen Stelle dieses Buches haben wir ja auch schon gesehen, dass sich Menschen insbesondere dadurch auszeichnen, dass sie sich ihrer selbst bewusst sind, was man daran erkennen kann, dass sie sich, anders als die Mehrzahl der Tiere, beispielsweise in einem Spiegel erkennen können. Wir haben auch gesehen, dass sie, auch wieder im Gegensatz zu anderen Lebewesen auf diesem Planeten, zeitlebens lernfähig bleiben und ebenso wie Sprachen auch neue Denkmuster erlernen können. Sie müssen es nur wollen und entsprechend einen gute Selbstwirksamkeitsüberzeugung haben, also die Überzeugung, dass sie es wirklich selbst in der Hand haben. Aber darum soll es hier nicht gehen.

Der folgende Text des weltweit hoch respektierten Dalai Lama, der im Buch *Damit das Denken Sinn bekommt* von Gerald Hüther, Wolfgang Roth und Michael von Brück veröffentlicht wurde, drückt am besten aus, was ich mit »Mensch sein« meine. Ich gebe ihn ungekürzt an Sie weiter (Hüther/ Roth/von Brück 2010: 113f.):

»Ich denke oft an meine eigene Erfahrung, die ich mit meiner Mutter gemacht habe. Sie war nicht besonders gebildet und lebte auf dem Land als Bäuerin, aber sie war außerordentlich warmherzig. Wenn sie zum Beispiel einen Bettler sah, so gab sie fast alles weg, was sie in der Küche fand. Ich habe sie eigentlich niemals wütend gesehen, und ich bin davon überzeugt, dass ich vieles von meinem geistigen Potenzial in meinem Leben durch diese Zuneigung, die Nähe und Liebe meiner Mutter ausbilden konnte. Abgesehen von der Erziehung und Ausbildung, die ich erhalten habe, die natürlich auch mit dazu beigetragen haben, war diese Erfahrung mit meiner Mutter der wohl wichtigste Faktor für meine gesunde Entwicklung. Und deshalb bitte ich die Menschen auch immer wieder, ihren Kindern die maximale Zuneigung zu geben. Ob sie selbst später in ihrem Leben in der Lage sind, Zuneigung zu empfinden und zu geben, hängt entscheidend davon ab, ob sie selbst diese Zuneigung erfahren haben. Und wenn wir schließlich anderen mit Mitgefühl begegnen und uns um sie sorgen, dann ist das etwas, das wir aus dem schöpfen, was wir selbst erfahren haben und freiwillig tun: Wir beschäftigen uns mit den Schwierigkeiten der anderen aus eigenem Antrieb. Das bedeutet, dass diese Sorge und das Mitgefühl unser Selbstvertrauen stärkt, und je stärker es ist, umso mehr nehmen

Ängste, Unsicherheit in uns ab. Wenn wir dagegen nur an uns selbst denken, dann empfinden wir auch oft Ängste, leiden unter einem mangelnden Selbstvertrauen und geraten leichter in Aufregung und werden leichter aggressiv. *Ein Mensch ohne Selbstvertrauen erlebt viele Ängste und Stress, und aus der Angst heraus entsteht auch viel Aggression.* Ein Wissenschaftler hat uns bei einer Konferenz in New York Daten präsentiert und gezeigt, dass Menschen, die ständig die Worte ›Ich‹, ›meine‹, ›mir‹ im Munde führen, sehr viel eher der Gefahr von Herzkrankheiten ausgesetzt sind. Ich habe mir darüber Gedanken gemacht. *Meine Erklärung ist, dass ein Mensch, der sehr auf sich bezogen ist und seinen Fokus auf diese eine Person richtet, eine eingeschränkte Sicht hat, so dass alle kleinen Probleme in der subjektiven Empfindung ein riesiges Ausmaß annehmen und als sehr bedrückend erlebt werden. Ein Mensch hingegen mit mehr Mitgefühl weitet freiwillig seine Perspektive aus auf die Bedürfnisse und Sorgen der anderen, und in der Erweiterung der Perspektive erscheinen die vielen kleinen Sorgen und Probleme sehr viel unbedeutender und sind nicht so erdrückend. Aus diesem Perspektivwechsel können wir also mehr positive Eigenschaften entwickeln.* Das heißt, dass diese inneren Werte wie Liebe, Mitgefühl, Vergebung, Respekt geradezu ein notwendiger Teil unserer menschlichen Natur und sogar für unser Überleben notwendig sind.«

Ein bewegender Text. Insbesondere der Teil dieses Textes, den ich kursiv markiert habe, zeigt Ihnen den Einfluss, den dieses »Mensch sein« auf unsere Resilienz und in diesem Fall genau auf einen Kernaspekt der Resilienz hat. Die Emotionssteuerung. Ebenso sehen Sie an dem im Text des Dalai Lama zitierten wissenschaftlichen Beispiel, wie stark der Einfluss auf unsere Gesundheit sein kann. Wenn wir es schaffen, unsere Aufmerksamkeit, es ist wieder »nur« ein Aufmerksamkeitsprozess, einmal weg von uns selbst zu richten und auch die Sorgen und Nöte und nicht nur den Reichtum der anderen zu sehen und diesen Menschen dann, sei es nur mit einem Lächeln, zu helfen, so hilft uns dieses gleichzeitig auch, unser Selbstvertrauen zu stärken. Es geht zumindest sehr vielen Menschen so und das können Sie auf der Gefühlsebene auch bei sich selbst beobachten. Denken Sie einfach noch einmal an eine Situation, in der Sie einem Freund oder vielleicht auch einem Unbekannten, den Sie niemals wiedergesehen haben, weitergeholfen haben. Ich meine hier keine Situationen, in denen Sie dies getan haben, weil Sie sich eine Gegenleistung erhofften oder weil es in Ihrem Lebenslauf gut aussehen sollte. Ich meine eine Hilfestellung, die Sie nur erbracht haben, weil es Ihnen ein Bedürfnis war, dem anderen zu helfen. Wie haben Sie sich danach gefühlt? Versuchen Sie es sich noch einmal zu vergegenwärtigen. Merken Sie es? Sie haben wahrscheinlich so etwas wie Stimmigkeit und ein richtiges Selbstvertrauen gespürt. Sie haben also Kohärenz gespürt, weil Sie genau das getan haben, was Sie ausmacht: Sie waren einfach nur ein »Mensch«.

Guy Kawasaki, ein ehemaliger hochrangiger Mitarbeiter von Apple Inc., der sich nun als Buchautor und Berater für junge Technologieunternehmen betätigt, hat diesbezüglich in seinem Buch *The Art of the Start* auf eine erstaunliche Begebenheit hingewiesen und war so nett, mir auch persönlich die Originalquellen zu senden. Er weist darin auf die Bedeutung des Begriffes »Mensch« im Jüdischen hin, welche Ariela Paiela in einem Online-Artikel folgendermaßen beschreibt:

»Mensch is a Yiddish word that means ›a person of integrity‹. A mensch is someone who is responsible, has a sense of right and wrong and is the sort of person other people look up to. In English the word has come to mean »a good guy«. Menschlichkeit is a related Yiddish word used to describe the collective qualities that make someone a mensch.«

Leo Rosten, Autor des Buches *The Joys of Yiddish* und Experte der jüdischen Sprache, beschreibt den Begriff folgendermaßen: Mensch »is someone to admire and emulate someone of noble character. The key to being ›a real mensch‹ is nothing less than character, rectitude, dignity, a sense of what is right, responsible, decorous.«

Wenn Sie nun diese ganzen Ausführungen so verstehen, dass Sie immer nett zu Ihren Mitmenschen sein sollen und das einzige, was zählt, die Aufopferung für diese ist, dann haben Sie mich falsch verstanden. Natürlich geht es nicht darum, von einem Tag auf den anderen zum »Heiligen Samariter« zu werden, alle seine beruflichen Pläne aufzugeben und sich nur noch um die Bedürftigen dieser Welt zu kümmern. Es geht ganz einfach darum, seine Aufmerksamkeit wirklich einmal von sich selbst wegzubewegen und zu realisieren, dass wir eben doch nicht so alleine auf der Welt sind, wie wir manchmal tun oder uns verhalten. Denn genau dies führt auch zu den starken negativen und nicht-resilienten Emotionen, die der Dalai Lama in seinem Text beschreibt. Ich weiß, dass sich viele Menschen so verhalten, als wären sie alleine, aber diese müssen nur einmal, wie es der Dalai Lama und Howard Cutler in ihrem Buch *Die Regeln des Glücks* beschreiben, kurz auf ihr Hemd oder ein anderes Kleidungsstück schauen und sich vergegenwärtigen, wie viele Tausend Menschen an der Herstellung dieses einfachen Kleidungsstückes beteiligt waren. Die Menschen, die die Baumwolle gesät, geerntet und verarbeitet haben. Die Näherinnen, die es genäht haben. Der Designer, der es entworfen hat. Die Menschen, die den Stahl gewonnen haben, um die Maschinen zu bauen, die den Acker gepflügt haben, und aus dem die Nähmaschinen bestehen. Die Ingenieure, die die Maschinen entworfen haben. Die Verkäuferin, die Ihnen das Kleidungsstück verkauft hat. Und da fehlen noch einige mehr.

Natürlich kommt an dieser Stelle immer der Einwand: »Ja, aber das machen die anderen doch auch. Gerate ich dann nicht ins Hintertreffen, werde ich dann nicht ausgenutzt?« Ich glaube dies nicht und gerade dann nicht, wenn Sie es eben nicht miss- beziehungsweise einseitig verstehen. Gerade in der Berufswelt muss man auch einmal die Bereitschaft haben, seine Ellenbogen einzusetzen, Konflikte einzugehen, um sich durchzusetzen, denn das sind nun einmal die Spielregeln, nach denen man dort spielt. Man kann dies wunderbar mit einem Fußballspiel oder einem anderem Spiel vergleichen. Während des Spiels wird hart nach den Regeln gekämpft und nach dem Schlusspfiff gibt es einen Gewinner und einen Verlierer, aber man gibt sich die Hand. Mitarbeiter von Organisationen, die dies nicht verstehen und nicht für sich und ihre Ideen kämpfen, werden in Organisationen selten weiterkommen. Dies sind dann übrigens auch häufig die Personen, die sich darüber beschweren, dass Leistung gar nicht wertgeschätzt wird und dass das Unternehmen nicht in der Lage ist, echte Talente zu erkennen. Sie haben sich aber selbst häufig nicht an die Regeln gehalten, also zum Beispiel Sichtbarkeit zu erlangen, sich durchzusetzen und für eine Idee zu kämpfen und somit auch einmal ein Risiko einzugehen. Die Ellenbogen einzusetzen und für etwas zu kämpfen heißt aber nicht, dass Sie auf der anderen Seite nicht auch etwas für Ihre Mitmenschen tun können. Erst so entsteht eine wirkliche Balance. Durch das Agieren als integrer »mensch« werden Sie die Wahrscheinlichkeit erhöhen, beruflichen Erfolg zu haben, und gleichzeitig Ihr Selbstvertrauen und auch Ihre Empathie weiterentwickeln.

Kernfrage zu diesem Kapitel

Wie sehr bin ich »mensch«?

9.
Wie resilient war eigentlich Steve Jobs?

Wir haben in diesem Buch gesehen, dass wir, um glücklich, zufrieden und wirklich erfolgreich zu sein, eine enge Verbindung zu Menschen haben sollten, dass wir Kontrolle und Orientierung in unserem Leben benötigen, dass unser Selbstwert erhöht und geschützt werden muss, dass wir Spaß und Freude empfinden müssen und dass wir ein Gefühl der Stimmigkeit, der Kohärenz benötigen. Wir haben außerdem erfahren, dass wir, um dies zu erreichen, unsere Emotionen kennen und steuern lernen, unsere ersten Impulse kontrollieren, gut die Gründe für Rückschläge und Erfolge analysieren, unsere Empathie schulen, uns herausfordernde Ziele setzen, an unsere eigene Selbstwirksamkeit glauben und realistisch-optimistisch Herausforderungen angehen sollten. Wenn wir darüber hinaus erkennen, was wir beeinflussen und was wir nicht beeinflussen können, und dadurch unsere Ressourcen sinnvoll einsetzen, uns unserer förderlichen und hinderlichen Denkstile bewusst werden, das Positive in unserem Leben sehen, achtsam mit uns und unseren Mitmenschen umgehen und eine intensive Verbindung zu unserer Arbeit und zu unserem Leben pflegen, wird es uns sehr wahrscheinlich gelingen, resilienter und damit wirklich erfolgreich zu sein.

Was liegt nun näher, als sich zum Abschluss dieses Buches einen Menschen anzuschauen, der zu den beruflich erfolgreichsten Menschen unseres Planeten zählt? Steve Jobs, den früh verstorbenen Mitgründer von Apple Inc., dem derzeit erfolgreichsten und wertvollsten Unternehmen der Welt. Stellen wir uns also die Frage: Wie resilient war eigentlich Steve Jobs oder anders: Welche Ausprägungen hatten bei ihm die sieben Resilienzfaktoren und wie stand es um das Gleichgewicht seiner fünf psychologischen Grundbedürfnisse? Dies ermöglicht es uns zum Abschluss, auch noch einmal zusammenfassend alle Inhalte dieses Buches anhand eines konkreten Beispiels zu beleuchten.

Leider hatte ich selbst niemals die Gelegenheit, Steve Jobs persönlich kennenzulernen, und so natürlich auch nicht die Gelegenheit, ihm unseren Resilienzfragebogen, das Resilience Factor Inventory®, zur Bestimmung der Werte auf den einzelnen Resilienzfaktoren und seines RQs (Resilienzquotient) vorzulegen. Ich gehe sowieso davon aus, dass er diesen nicht ausgefüllt hätte. Uns bleibt also nur die gerade erschienene ausgezeichnete und autorisierte Biografie von Walter Isaacson. Diese lässt die Vermutung zu, dass wir tatsächlich ein umfassendes Bild der Persönlichkeit von Jobs bekommen. Dies liegt insbesondere darin begründet, dass die Biografie nicht durch Jobs zensiert wurde und auch viele andere Menschen, auch »Feinde«, ihn darin beschreiben. Wir bekommen somit eine ziemlich genaue Rundumsicht auf die besondere und extreme Persönlichkeit dieses Menschen.

9.1 Steve Jobs und die sieben Resilienzfaktoren

Wie im letzten Satz erwähnt, war Steve Jobs, und dies zieht sich wie ein roter Faden durch das Buch und durch sein Leben, eine außergewöhnliche, aber vor allem extreme Persönlichkeit. Isaacson benutzt zur Beschreibung dieser Tatsache am Ende des Buches zusammenfassend den Begriff »Intensität« (Isaacson 2011: 654). Diese Extreme werden immer wieder aufs Neue von den Menschen geschildert, die ihn gut oder weniger gut kannten und, teilweise, auch von ihm selbst berichtet. Dies war sicherlich auch das, was neben einigen anderen Faktoren die Faszination dieses Menschen ausmachte.

So war Jobs beispielsweise ein Mensch, der ausgesprochene Wutanfälle hatte und andere sehr persönlich beleidigen konnte. Dies waren keine Einzelfälle, sondern scheinbar alltägliche Gewohnheiten, vor denen sich auch eine Vielzahl seiner Mitarbeiter fürchtete. Auf der anderen Seite konnte er aber voller Bewunderung für Menschen sein und es ihnen auch zeigen. Dies war insbesondere dann der Fall, wenn sie eine Fähigkeit beherrschten, die er selber nicht hatte, wie dies beispielsweise bei dem Musiker Bob Dylan oder seinem Mitarbeiter John Lasseter in seinem anderen Unternehmen Pixar der Fall war. Jobs war auch außerordentlich extrem, was sein Ernährung anging, und so ernährte er sich viele Jahre nur vegan, aß teilweise mehrere Tage lang gar nichts und versuchte auch nach der ersten Diagnose des Bauchspeicheldrüsenkrebses auf eine Operation, die ihm wahrscheinlich ein längeres Leben verschafft hätte, zu verzichten und den Krebs über eine rein vegetarische Ernährung zu besiegen. Er musste dann einige Monate später doch die Operation durchführen lassen.

Seine Extreme zeigten sich auch in seinem berichteten ausgeprägten Kontrollwahn und Perfektionismus und unzählig sind die Anekdoten im Buch, in denen er sich bis in das allerkleinste Detail nicht nur in die Gestaltung seiner Produkte, sondern auch beispielsweise in die Gestaltung der Architektur seiner Apple-Shops, von Präsentationsfolien oder des Bürogebäudes, in dem die Apple-Mitarbeiter arbeiteten, einmischte. Heutzutage wird diese Art der Führung als Micro-Management bezeichnet und sie ist bekannt dafür, die Mitarbeiter eines Unternehmens in den Wahnsinn zu treiben. Andererseits wird dieses Micro-Management von Steve Jobs im Fall von Apple aber auch als einer der Hauptgründe für den Erfolg des Unternehmens bezeichnet. Eine der beeindruckendsten Passagen, die diesen Perfektionismus zeigt, ist die Passage des Buches, in der er kurz vor einer Operation das Design der Atemmaske bemängelt und von den verzweifelten Ärzten verlangt, ihm fünf Modelle zur Auswahl vorzulegen. Nur seine anwesende Frau konnte ihn dann dazu bewegen, die Atemmaske doch aufzuziehen.

Wenn ein Mensch nun solch extreme Gefühlswelten und Verhaltensweisen zeigt, so muss dies auch auf den sieben geschilderten Resilienzfaktoren zu beobachten beziehungsweise zu messen sein. Vielleicht haben Sie ja auch die Biografie von Jobs gelesen und wenn ja, möchte ich Sie an dieser Stelle bitten, einmal kurz selbst darüber nachzudenken, auf welchen Faktoren Jobs wohl die höchsten Werte erzielt hätte, wo seine größten Stärken lagen und auf welchen Faktoren er wahrscheinlich seine niedrigsten Werte erzielt hätte.

9.2 Jobs stärkste Resilienzfaktoren

Schauen wir uns die einzelnen Resilienzfaktoren und deren Beschreibungen an, so erkennen wir, dass Jobs auf den folgenden Faktoren über weit überdurchschnittliche Werte verfügt haben muss. Diese sind Optimismus, Reaching-Out/Zielorientierung, Selbstwirksamkeitsüberzeugung und Impulskontrolle. Lassen Sie uns diese Faktoren noch einmal genauer betrachten.

Optimismus steht für unseren Glauben, dass sich Dinge zum Positiven wenden werden. Hätte Jobs diese Einstellung nicht gehabt, so wäre es ihm niemals möglich gewesen, die Ära der Personal Computer mit einzuleiten, nach seinem Rauswurf bei Apple Inc. zwei neue Unternehmen aufzubauen, von dem eines, Pixar, außerordentlich erfolgreich wurde, und dann wieder zu Apple zurückzukehren, um das brachliegende Unternehmen zu dem wertvollsten Unternehmen der Welt aufzubauen. Wir finden diesen Optimismus auch in den kleinsten Details, wenn es also beispielsweise darum ging, ein neues Produkt bis zu einem gewissen Zeitpunkt fertigzustellen. Jobs war hier in der Lage, die Realität vollkommen zu ignorieren, sich seine eigene gedankliche Welt zu schaffen, was seine Mitarbeiter als »Reality Distortion Field« (Isaacson 2011: 554), also als »Realitätsverzerrungsfeld« bezeichneten. Dieses Feld umgab bildlich gesprochen seine gesamte Person, verzerrte die tatsächlichen Gegebenheiten und konnte diese dadurch anders aussehen lassen, als sie wirklich waren. Er hatte dabei eine solche Überzeugungskraft, dass seine Mitarbeiter sich förmlich davor in Acht nahmen, in dieses Feld hineingesogen zu werden und darüber die Realität selber zu vergessen. Ihm gelang es dadurch, sich und seine Mitarbeiter zu Höchstleistungen anzutreiben und Produkte in einem Zeitraum fertigzustellen, wie es niemand für möglich gehalten hätte. Dies führte allerdings auch dazu, dass seine Mitarbeiter teilweise Tag und Nacht arbeiten mussten, wochenlang fast nur noch im Büro schliefen und entsprechend auch zahlreiche Erschöpfungssyndrome auftraten.

Sie werden als aufmerksame Leser bemerkt haben, dass ich an dieser Stelle nicht den Begriff »realistischer Optimismus« verwendet habe, denn diesen hatte Jobs nicht. Er ist als Mensch eines der Beispiele dafür, dass ein solch extremer Optimismus tatsächlich häufig zu wirtschaftlichem Erfolg führen kann. Schauen wir uns aber seine Arbeit detaillierter an, so werden wir auch viele Beispiele finden, bei denen ihn dieser Optimismus beinahe in den Ruin getrieben hätte. Dies war beispielsweise der Fall, als er einen Großteil seines Vermögens in die Entwicklung eines neues Computers in seinem neuen Unternehmen NeXT investiert hatte, der niemals die optimistischen Verkaufszahlen erreichte, die Jobs sich vorgestellt hatte.

Der Resilienzfaktor Reaching-Out bezeichnet unsere Fähigkeit, uns immer wieder neue, herausfordernde Ziele zu setzen und diese relativ unabhängig von der Meinung anderer Menschen zu verfolgen. Es gibt wahrscheinlich keinen Resilienzfaktor, der Steve Jobs besser beschreibt als dieser, da er immer wieder aufs Neue Ideen entwickelte und die große Vision hatte, die Welt zu verändern. Barack Obama drückte dies nach dem Tod von Jobs so aus (Isaacson 2011: Buchumschlag):

»Steve Jobs war einer der größten amerikanischen Innovatoren – mutig genug, um anders zu denken, verwegen genug, um zu glauben, er könne die Welt verändern, und talentiert genug, es tatsächlich zu tun.«

Dies war auch die Methode, mit der es ihm immer wieder gelang, talentierte Menschen dazu zu bewegen, für ihn zu arbeiten. Dies zeigt sich zum Beispiel in der Anekdote, als er es schaffte, John Sculley, einen Pepsi-Manager, zu Apple zu locken, indem er ihm sagte (Isaacson 2011: 185):

»Willst du den Rest deines Lebens Zuckerwasser verkaufen oder willst du eine Chance, die Welt zu verändern?«

Welcher einigermaßen ehrgeizige Mensch möchte das nicht? Es wird in dem Buch gesagt, dass Steve Jobs über viel Empathie verfügte und wusste, wie er Menschen anpacken musste, um sie zu solchen Schritten zu motivieren. Ich kann dies dem Buch nicht entnehmen, sondern es erscheint mir eher, als ob er es immer wieder genau mit der genannten »Masche« geschafft hat, Menschen für sich, sein Unternehmen und seine Produkte zu begeistern.

Der Resilienzfaktor *Selbstwirksamkeitsüberzeugung* ist ein fast ebenso eindrucksvoller Resilienzfaktor, den Jobs vermutlich in sich trug. Wie sonst hätte er andere Menschen dazu motivieren können, mit ihm und seiner scheinbar häufig unausstehlichen Persönlichkeit gemeinsam die Welt zu verändern? Ja, Sie werden in dem Buch auch Passagen finden, in denen er Selbstzweifel hat, aber das sind nur sehr wenige. Entsprechend war er fest davon überzeugt, dass es in seiner Hand liegt, etwas zu ändern, und dies hat vielleicht auch dazu geführt, dass er erst einmal dachte, er könne den Krebs ohne fremde Hilfe nur durch die Umstellung seiner Ernährung alleine besiegen. Selbst als der Krebs zum dritten Mal aufgetreten war, weigerte er sich, Nahrung zu sich zu nehmen, und verlor darüber mehr als 20 Kilo an Gewicht. Gleichzeitig war diese Selbstwirksamkeitsüberzeugung aber auch eingeschränkt. Dies war immer dann der Fall, wenn es darum ging, seine eigene Persönlichkeit weiterzuentwickeln. Auch dies zeigt sich an mehreren Stellen im Buch. So zum Beispiel an der Stelle, als den ihm einer seiner Mitarbeiter sagte: »Wenn du jemand, demütigst, schadet es mehr, als dass es etwas nützt.« Jobs entschuldigte sich zwar dann und bekundete Verständnis, um dann wenig später mit den Worten »So bin ich eben« wieder einen Wutanfall zu bekommen (Isaacson 2011: 544). Ebenso gibt es eine Passage, in der ein naher Vertrauter, Andy Hertzfeld, Jobs eine aus seiner Sicht entscheidende Frage stellt: »Warum bist du manchmal so gemein?«. Die Antwort von Jobs auf diese Frage war (Isaacson 2011: 658):

»Genauso bin ich, und man kann nicht erwarten, dass ich jemand bin, der ich eben nicht bin.«

Wie sehr hätte Jobs wohl seine eigene Persönlichkeit weiterentwickeln können, nicht ändern (!), wenn er seine auf die externe Welt gerichtete außergewöhnliche Selbstwirksamkeitsüberzeugung auch auf sich selbst angewendet hätte?

Impulskontrolle ist der letzte außergewöhnliche Resilienzfaktor, den wir bei Jobs finden können. Er ist insbesondere deshalb außergewöhnlich, weil sich auch hier das Extreme seiner Persönlichkeit zeigt. Wir verstehen unter dem Faktor zwei Verhaltensmerkmale: erstens die Fähigkeit, in Drucksituationen sein Verhalten zu kontrollieren, also zum Beispiel nicht herumzuschreien. Zweitens die Fähigkeit, sich diszipliniert auf eine Sache zu konzentrieren, um diese zielstrebig zu Ende zu bringen. Nimmt man die erste Definition, so muss man Jobs hier als echten Anfänger bezeichnen, denn er war für seine Wutanfälle berühmt. Entsprechend muss die mangelnde Impulskontrolle an dieser Stelle eher auf seine schlechte Emotionssteuerung zurückzuführen sein, die wir weiter unten beleuchten werden. Nimmt man den zweiten Aspekt von Impulskontrolle, so zeigt sich, dass er auch hier über außergewöhnliche Fähigkeiten verfügt haben muss, die sich insbesondere in seiner großen Disziplin sich selbst und seinen Produkten gegenüber zeigte und die er auch von seinen Mitarbeitern einforderte. Er war entsprechend in der Lage, alle Störfaktoren auszublenden, um sich nur auf eine Sache zu konzentrieren. Jobs Frau und sein Biograf drücken dies im Buch folgendermaßen aus (Isaacson 2011: 535ff.):

»Die Schattenseite seiner ungeheuren Konzentrationsfähigkeit war seine beängstigende Tendenz, alles auszufiltern, womit er sich nicht befassen wollte. Das führte zu vielen großen Durchbrüchen, konnte aber auch auf ihn zurückschlagen. ›Er hat die Fähigkeit, alles zu ignorieren, was er nicht sehen will‹, erklärte seine Frau. ›Er ist einfach so.‹ Ob es sich um seine Ehe oder seine Familie handelte, um geschäftliche oder technische Fragen oder eben um seine Gesundheit und seine Krebserkrankung – Jobs war manchmal einfach nicht zu erreichen.«

An dieser Stelle wird auch sein massiver Kontrollwahn und seine Detailversessenheit sichtbar, die ihn im Endeffekt dazu bewegte, die Geräte zu schaffen, die heute Milliarden von Menschen faszinieren und in ihren Bann ziehen. Hätte er seine Impulse hier nicht kontrolliert, sich immer wieder durch seine Kreativität und neue Ideen ablenken lassen, wäre ihm dies nicht gelungen.

Fazit: Wir finden zahlreiche Beispiele, die uns starke Hinweise darauf geben, dass Steve Jobs über außergewöhnliche Ausprägungen auf vier der sieben Resilienzfaktoren verfügte. Diese erscheinen so außergewöhnlich, dass sie, wie dies bei menschlichen Eigenschaften so häufig der Fall ist, nicht nur positive, sondern auch negative Aspekte mit sich brachten. Wo viel Licht ist, ist auch viel Schatten. Dies ist auch bei Resilienz der Fall. Es sei denn, hohen Faktoren werden durch die letzten drei wieder ausgeglichen beziehungsweise mit gesteuert. Wie stand es wohl nun um diese?

9.3 Jobs schwächste Resilienzfaktoren

Ich nehme es gleich vorweg: Ebenso wie wir vermuten können, dass Jobs enorm hohe Werte in den Bereichen Impulskontrolle, Reaching-Out, Selbstwirksamkeitsüberzeugung und Optimismus hatte, können wir annehmen, dass er sehr niedrige Werte auf den letzten drei Faktoren Emotionssteuerung, Empathie und Kausalanalyse hatte. Die Faktoren im Einzelnen:

Empathie beschreibt die Fähigkeit eines Menschen, sich in die Gefühlswelt seines Gegenübers einzufühlen und im Sinne von »Mitfühlen« sein Verhalten auch auf dieses Gegenüber einzustellen. Das Buch und die Menschen, die in dem Buch über Jobs berichten, zeigen sich an dieser Stelle in einer eher widersprüchlichen Art und Weise. Einerseits wird er an vielen Stellen als sehr empathischer Mensch bezeichnet. Als Beweis dafür wird angebracht, dass es ihm gelang, sich in seine Gegenüber hineinzudenken, dadurch deren Stärken und Schwächen zu erkennen und diese darüber zu

Höchstleistungen anzutreiben. Andererseits wird er als sehr wenig empathischer Mensch beschrieben, der durch seine ehrlichen und unverblümten Aussagen Menschen sehr häufig tief in ihrer Würde verletzte. Sein Biograf drückte dies mit dem einfachen Satz aus (Isaacson 2011: 658):

»*Dieser Zug machte ihn charismatisch und inspirierend, er machte ihn aber auch, um die Sache beim Namen zu nennen, bisweilen zu einem Arschloch.*«

Entsprechend finden wir im Buch eine Passage, in der Jobs in ein Meeting mit einem Apple-Lieferanten, der Lieferschwierigkeiten hatte, stürmte und die anwesenden Mitarbeiter des Lieferanten mit den Worten »fucking dickless assholes«, also als »beschissene schwanzlose Arschlöcher« beschimpfte (Isaacson 2011: 422). Erstaunlicherweise schaffte es die Firma im Anschluss an diese Beleidigung tatsächlich, ihre Lieferprobleme in den Griff zu bekommen. Das Team, das für die Lieferschwierigkeiten verantwortlich gewesen war, druckte sich im Anschluss Jacken mit der Aufschrift »FDA-Team«. Sie nahmen es also scheinbar mit Humor.

Wie stand es also nun um die *Empathie* von Jobs? An dieser Stelle hilft uns die Definition von Arthur Ciaramicoli weiter, der zwischen authentischer Empathie und funktionaler Empathie unterscheidet. Die erste entspricht der weiter oben genannten Definition, die auch den in diesem Buch genannten Resilienzfaktor beschreibt. Funktionale Empathie dagegen ist eine, die nicht auf Mitgefühl basiert, sondern einzig und allein einen manipulativen und teilweise ausbeuterischen Zweck verfolgt. Entsprechend wusste Jobs tatsächlich sehr genau, welche »Knöpfe« er drücken musste, um seine Mitarbeiter und Lieferanten zu Höchstleistungen zu bewegen, und er nutze hier sicherlich auch den schon zu Lebzeiten existierenden Kultstatus, der ihn umgab. Entsprechend war er auch niemand, der Marktforschung betrieb, um herauszufinden, was die Kunden wünschen. Seine Einstellung dazu war, dass der Kunden selber nicht weiß, was er benötigt, und genauso verhielt er sich auch gegenüber der Mehrzahl der Menschen in seinem Unternehmen und auch häufig in seinem privaten Umfeld. Wie hätte er selbst als adoptiertes Kind, was ihm augenscheinlich auch viele Sorgen bereitete, sonst so viele Jahre lang, trotz positivem Vaterschaftstest, seine erste Tochter verleugnen können? Einem wirklich empathischen Menschen wäre dies nicht passiert. Ihm also eine echte, mitfühlende Empathie zuzusprechen, erscheint auf der Basis der Informationen, die über ihn vorliegen, als eine nicht tragbare Hypothese.

Menschen mit einem hohen Wert im Bereich *Kausalanalyse* nehmen sich die Zeit, Gründe für Erfolge und Misserfolge gründlich zu analysieren, und kommen auf dieser Basis zu treffenden Schlussfolgerungen. Solche Gründe können immer nur in uns oder außerhalb von uns liegen. Dies wurde im Rahmen des ersten Skills zur Steigerung Ihrer Resilienz im Rahmen der Love-it-Change-it-Leave-it-Strategie ausführlich beschrieben. Auch dies ist eine Eigenschaft, die hoch resiliente Menschen auszeichnet. Sie wirken somit eher analytisch auf außenstehende Personen. Steve Jobs war genau das Gegenteil. Er verbrachte zwar viel Zeit in Meetings, um gemeinsam mit dem Vorstand oder den Top-100-Mitarbeitern seines Unternehmens neue Ideen zu entwickeln und auszuprobieren, aber er war vor allem ein Mensch, der zutiefst seinem Bauchgefühl und seiner Intuition folgte. Dies war gleichzeitig eine große Stärke von ihm, denn er hatte eben, zum Glück, häufig das richtige Bauchgefühl, die richtige Vision und Intuition. Entsprechend konnte er es auch nicht ertragen, sich eine PowerPoint-Präsentation anzuschauen, sondern musste Produkte anfassen können.

Auf dieser Basis traf er dann seine sehr häufig, aber eben nicht immer richtigen Entscheidungen. Die vom Chefdesigner Jony Ive geleitete und im Buch sehr ausführlich geschilderte Designabteilung war daher auch einer der Bereiche, in der sich Jobs sehr oft und scheinbar auch sehr gerne aufhielt. Das Team um Ive hatte seine Arbeitsweise entsprechend ganz auf Jobs mangelnde Kausalanalyse eingestellt und entwickelte am laufenden Band Prototypen von neuen Produkten, um Jobs die Entscheidung für oder gegen einen Produktentwurf leichter zu machen. Eine Vorgehensweise, die sich wahrscheinlich als genial herausgestellt hat, da ja auch der Kunde häufig innerhalb weniger Sekunden genau auf dieser Basis eine Kaufentscheidung trifft. Wir sehen also, dass diese mangelnde Kausalanalyse auch Vorteile für das Unternehmen hatte.

Der große Nachteil betrifft aber wiederum Jobs selbst. Hatte er nämlich einen Erfolg, so konnte er vortrefflich den im Bereich *Denkfallen* dieses Buches beschriebenen Ich-Stil anwenden: »Es war meine Idee, ich bin ein Genie.« Hatte er jedoch einen Misserfolg, so waren in der Regel unfähige Mitarbeiter, dumme Kunden, andere Unternehmen, die ihm eine Idee gestohlen oder sie kopiert hatten, unfähige Lieferanten, unfähige Ärzte oder sonst welche externen Umständen dafür verantwortlich. Ein bemerkenswertes Beispiel aus dem Privatleben von Steve Jobs ist eine der vielen Operationen, denen er sich wegen seines Bauchspeicheldrüsenkrebses unterziehen musste. Die Ärzte hatten empfohlen, vor der Operation den Mangen auszupumpen, wogegen sich Jobs mit seiner großen Selbstwirksamkeitsüberzeugung aber erfolgreich gewehrt hatte. Dies hatte dann dazu geführt, dass er einen Teil des Mageninhaltes eingeatmet hatte und daraufhin beinahe an einer Lungenentzündung gestorben wäre. Seine Bemerkung zu diesem Vorfall war dann (Isaacson 2011: 568):

»*Ich bin bei dieser Routinesache fast gestorben, weil sie [die Ärzte] es vermasselt haben. [...] Aber ich habe es dann doch geschafft.*«

Wir finden hier keinerlei Hinweis auf Selbstkritik. Jobs wendete also bei Misserfolgen so gut wie nie den »Ich-Stil«, also den »Ich bin schuld-Stil« an.

Der große Vorteil eines solchen Thinking Style ist, wie bereits erwähnt, dass er massiv unseren, aber auch wirklich nur unseren eigenen Selbstwert schützt. Der große Nachteil wiederum ist, dass wir uns dann nicht weiterentwickeln und häufig auch den Selbstwert anderer Menschen verletzen. Nichts anderes geschah insbesondere in seiner Design-Abteilung, denn Jobs gelang es so gut wie nie, deren Arbeit in der Öffentlichkeit auch einmal zu loben. Er heimste die Lorbeeren immer selbst ein, was zu einem starken Unmut bei den dortigen Mitarbeitern führte. Der als sehr umgänglich bezeichnete Leiter der Abteilung, Jony Ive, war darüber nicht sehr erfreut und äußerte sich entsprechend folgendermaßen über Jobs (Isaacson 2011: 543):

»Er ist sehr empfindsam. Das ist es, was sein antisoziales Verhalten, seine Grobheit, so unbegreiflich macht. Ich verstehe ja, dass unsensible Leute grob zu anderen sind, aber jemand, der so empfindsam ist? Einmal habe ich ihn gefragt, warum er immer so ausrastet. Er sagte: ›Ich raste aber nicht lange aus‹. Er ist wie ein Kind, das sich furchtbar über irgendetwas aufregt und es sofort wieder vergisst. Aber manchmal, glaube ich, ist er wirklich sehr frustriert, und seine Art, sich davon zu befreien, ist, es an jemand anderem auszulassen. Außerdem glaube ich, dass er sich dazu berechtigt fühlt. Er denkt, er muss die normalen Regeln des sozialen Miteinanders nicht beachten.«

Wir haben am Anfang dieses Buches gesehen, dass der Resilienzfaktor Emotionssteuerung zwei Aspekte unseres Lebens beschreibt. Einerseits die Fähigkeit, in Drucksituationen seine Emotionen wahrzunehmen und diese so zu steuern, dass sie nicht aus uns herausbrechen, andererseits die Fähigkeit, unser Leben so zu gestalten, dass wir zufrieden und glücklich sind. Das Buch gibt einen deutlichen Hinweis darauf, dass Jobs in beiden Bereichen niemals seinen Frieden gefunden hat. Der erste Aspekt, die situative Emotionssteuerung, zieht sich durch sein gesamtes Leben und es ist zu keinem Moment erkennbar, dass er wirklich ernsthaft versucht hätte, seine Emotionen zu steuern. So konnte er einerseits völlig die Contenance verlieren und auch wildfremde Menschen auf das Übelste beschimpfen und beleidigen, andererseits aber auch aufgrund einer Enttäuschung plötzlich in Tränen ausbrechen. Hier zeigte er dann seine sensible und sehr verletzliche Seite. Zwischen Wut und Trauer lagen entsprechend manchmal nur ein paar Minuten. Wir sehen hier also einen Menschen, der sehr stark von seinen heftigen Emotionen beherrscht wurde und mit diesen Emotionen auch über andere Menschen herrschte. Sein Biograf Walter Isaacson drückt dies mit folgendem Satz aus:

»Leider brachte ihn seine Zen-Ausbildung nie ganz zu einer dem Zen entsprechenden Ruhe oder zu innerer Gelassenheit, und auch das ist Teil seines Vermächtnisses.«

Bezogen auf sein Leben ergibt sich bei der Lektüre des Buches ein vergleichbarer Eindruck, wobei ich mir an dieser Stelle nicht anmaßen möchte, zu beurteilen, ob Steve Jobs ein wirklich glückliches Leben geführt hat oder nicht. Dies kann nur er selbst. Es findet sich hierzu eine Passage im Buch (Isaacson 2011: 652):

»Ich hatte eine sehr glückliche Karriere, ein sehr glückliches Leben. Ich habe alles getan, was ich tun kann.«

Es ist mehr ein Gesamteindruck, ein Gesamtgefühl, welches sich aus der Lektüre des Buches ergibt, das einen Menschen beschreibt, der sich durch seine Art der Ernährung selbst kasteite, permanent in Konflikten mit anderen Menschen war und sich mit diesen messen musste, der Menschen, von denen er nichts zu erwarten hatte, wie beispielsweise Kellnerinnen, Verkäuferinnen oder Hotelrezeptionisten (Isaacson 2011: 543), *unmenschlich* und von oben herab behandelte, dem es enorm schwerfiel, anderen zu verzeihen und der permanent getrieben war. Man bekommt eben nicht das Gefühl, dass dort ein glücklicher, zufriedener und ausgeglichener Mensch sein Leben gestaltet. Es finden sich auch nur wenige Passagen, aus denen man den Eindruck gewinnt, dass Jobs zufrieden war und entsprechend auch sein Leben genießen konnte. Dies sind dann in der Regel Momente, in denen er eine seiner berühmten Produktpräsentationen erfolgreich abgeschlossen hatte oder den Verkaufsstart eines neuen Produktes in einem seiner Apple-Stores mitverfolgte. Gelangen diese nicht, führte dies wiederum entweder zu schierer Wut, Verzweiflung oder Traurigkeit.

Jobs erscheint vielmehr als Getriebener seiner selbst, als Ruheloser, der sich, wenn er nicht gerade an der Entwicklung eines neuen Produktes arbeitete, mit anderen Personen maß, wie es beispielsweise immer wieder mit Bill Gates, dem Gründer des Konkurrenzunternehmens Microsoft, der Fall war. Vielleicht ist dieser eine oben zitierte Satz zu seinem Lebensglück auch bezeichnend, denn er nennt zuerst den Begriff »glückliche Karriere« und erst dann »glückliches Leben«.

9.4 Steve Jobs und die fünf menschlichen Grundbedürfnisse

Wir haben in diesem Buch gesehen, dass die sieben Resilienzfaktoren eine wichtige Voraussetzung dafür sind, dass ein Mensch überhaupt seine psychologischen Grundbedürfnisse erfüllen kann. Entsprechend wird es jemandem beispielsweise immer schwerfallen, echte Bindungen einzugehen, wenn er über zu wenig Empathie oder eine zu geringe Emotionssteuerung verfügt. Er wird auf dieser Basis nur schwer in der Lage sein, sich wirklich in die Haut eines anderen Menschen hineinzuversetzen und sein Verhalten der Gefühlslage seines Gegenübers anzupassen. Ebenso kann das Bedürfnis nach Selbstwerterhöhung immer unbefriedigt bleiben, wenn ich nur pessimistisch, somit also nicht realistisch-optimistisch, und mit einer geringen Selbstwirksamkeitsüberzeugung in die Zukunft schaue. Dies würde sich dann beispielsweise durch die Haltung »Es hat doch eh alles keinen Sinn und, selbst wenn, kann ich nichts daran ändern« führen. Dass eine solche Haltung unseren Selbstwert in Mitleidenschaft zieht, ist selbstverständlich.

Jobs muss auf der Basis seiner Biografie als ein Mensch angesehen werden, der bei allen fünf Bedürfnissen zu extremem Verhalten neigte. Entsprechend zeigte er in Bezug auf die Bedürfnisse nach Kontrolle und Orientierung, nach Selbstwerterhöhung und nach Kohärenz ein extremes Annäherungsverhalten, also ein Verhalten, das dem Zweck diente, diese Bedürfnisse zu befriedigen: Kontrolle und Orientierung zu haben, den eigenen Selbstwert zu erhöhen und Stimmigkeit herzustellen.

Er war bekannt als ein Mensch, der alles, aber auch wirklich alles unter *Kontrolle* haben wollte. Entsprechend werden Sie beispielsweise seit dem ersten Macintosh-Computer kein Apple-Produkt finden, welches Sie selbst öffnen können oder für dessen Öffnung Sie nicht wenigstens ein Spezialwerkzeug benötigen. Die Vorstellung, dass ein Kunde in der Lage sein könnte, ein Produkt zu verändern, das er geschaffen hatte, war für Jobs unerträglich.

Ebenso hatte Jobs ein massives Bedürfnis, seinen *Selbstwert zu erhöhen* und etwas Besonderes zu sein. Nichts anderes drückt sich durch seine Motivation aus, die Welt zu verändern, seine Auftritte vor Tausenden von Menschen, die er scheinbar enorm genoss, oder die Tatsache, dass er sich gefühllos die Erfolge und Ideen seiner Mitarbeiter auf die eigene Fahne schrieb. Jef Raskin, der zu den bedeutendsten Entwicklern von Apple gehört, drückte dies einmal in einer Beschwerdemail an den damaligen CEO von Apple, Mike Scott, folgendermaßen aus (Isaacson 2011: 139):

»Er ist ein katastrophaler Manager [...]. Ich mag Steve wirklich, aber ich kann nicht unter ihm arbeiten [...]. Jobs vergisst seine Termine so regelmäßig, dass es in der Firma inzwischen zum Running Gag geworden ist [...]. Er handelt unüberlegt und hat kein Urteilsvermögen [...]. Er nimmt die Ideen anderer als eigene in Anspruch [...]. Sehr oft greift er einen neuen Vorschlag erst als nutzlos oder sogar dumm an und erklärt, man verschwende seine Zeit damit. Das alleine ist schon schlechtes Management, aber wenn es eine gute Idee ist, erzählt er bald überall davon, als sei es seine eigene [...].«

Haltungen wie »Alle müssen mich und meine Ideen respektieren« waren ihm wahrscheinlich mehr als gut bekannt und wurde diese Haltung nicht respektiert, reagierte er mit Ärger und Wut. Er hatte also eigentlich permanent das Gefühl, dass seine Rechte verletzt wurden oder verletzt werden könnten.

Ein solch extremer Wunsch, seinen Selbstwert zu erhöhen, entspringt fast immer einem in der Vergangenheit erlebten Gefühl der Minderwertigkeit und wir können wiederum nur darüber spekulieren, woher er dieses hatte. Wahrscheinlich ist aber seine Adoption ein entscheidender Faktor gewesen. So berichtet Jobs selbst, dass er sich noch lebhaft an einen Nachmittag erinnern konnte, er war sechs oder sieben Jahre alt, als er einem Mädchen erzählte, dass er ein Adoptivkind sei. Das Mädchen fragte ihn daraufhin in einer naiven Weise »Ob seine richtigen Eltern ihn nicht gewollt hätten« (Isaacson 2011: 22), was ihn nach eigenen Aussagen wie ein Blitz traf und zum Weinen brachte. Jobs selbst wehrte sich gegen diese Vermutung, die auch Menschen aufstellten, die ihn sehr gut kannten und die er schätzte, wie es beispielsweise Andy Hertzfeld war. Hertzfeld wird folgendermaßen zitiert (Isaacson 2011: 23):

»Die Schlüsselfrage bei Steve lautet, weshalb er sich nicht beherrschen kann und manchen Menschen gegenüber so grausam und verletzend ist. Das geht auf seine Geburt zurück, als er verlassen wurde. In Steves Leben war das eigentliche unterschwellige Problem die Tatsache, dass er nach der Geburt von seinen Eltern im Stich gelassen wurde.«

Entsprechend heuerte Jobs auch Detektive an, um seine Eltern ausfindig zu machen, was ihm auch gelang. Er traf sich aber nur mit seiner Mutter und seiner Schwester und weigerte sich sein gesamtes Leben, seinen biologischen Vater zu treffen. Ein Satz von ihm gibt uns einen weiteren deutlichen Hinweis darauf, dass Jobs tatsächlich sehr stark von diesem Erlebnis in seinem Leben beeinflusst wurde. Er trifft diese Aussage erstaunlicherweise, während er sich eigentlich gegen diese Behauptung verteidigt. Er sagt (Isaacson 2011: 23):

»Vielleicht fühle ich mich unabhängiger, weil ich wusste, dass ich adoptiert worden war, aber ich hatte nie das Gefühl, verlassen worden zu sein. Ich habe mich immer als etwas Besonderes gefühlt. Meine Eltern vermittelten mir immer das Gefühl, etwas Besonderes zu sein.«

Denken Sie an die Ausführungen in diesem Buch zum Thema Selbstwert zurück. Ist der Wunsch oder der Glaube, etwas Besonderes zu sein, nach Alfred Adler nicht genau die Reaktion auf ein Minderwertigkeitsgefühl oder einen Minderwertigkeitskomplex? Würden Sie es über die Lippen bringen, von sich selbst zu sagen, dass Sie sich als etwas Besonderes fühlen, etwas Besonderes sind? Und was sagt dies über einen Menschen aus, der dieses kann?

Schließlich zeigte Jobs auch in Bezug auf das Bedürfnis nach Kohärenz, nach Stimmigkeit ein massives Annäherungsverhalten, welches sich insbesondere in seinem Perfektionismus widerspiegelte. Dieser Perfektionismus durchdrang zutiefst seine Arbeit und sein Privatleben und führte insbesondere beruflich dazu, dass er mit seiner Firma Pixar fantastische und mit Preisen überhäufte Animationsfilme wie beispielsweise *Toy Story* schuf und Produkte wie das iPhone auf den Markt brachte, deren Perfektion wiederum Milliarden von Menschen fasziniert.

Schauen wir auf die beiden noch fehlenden Grundbedürfnisse, dem Bedürfnis nach Bindung und dem Bedürfnis nach Lustgewinn und Unlustvermeidung, so werden wir hier genau das Gegenteil, nämlich ein extremes Vermeidungs- und somit Schutzverhalten feststellen. Jobs zeigte somit kaum Verhaltensweisen, die dem Zweck dienten, selbst wirkliche Freude zu erleben oder enge Bindungen zu Menschen einzugehen. Wir wissen, dass ein solches Vermeidungsverhalten in der Mehrzahl der Fälle den Zweck verfolgt, das jeweilige Bedürfnis zu schützen. Entsprechend kann es sehr gut sein, dass die im Rahmen seiner Adoption gemachten Erfahrungen dazu führten, dass er sich vor einem weiteren Verlust schützen wollte, indem er es eben vermied, wirklich enge Bindungen zu Menschen einzugehen.

Wie im Kapitel 8.5 *Bringen Sie Ihre Eisberge zum Schmelzen (Skill 5)* beschrieben, drücken sich Ungleichgewichte auf einem Bedürfnis durch entsprechende Haltungen aus. Bezogen auf das Bindungsbedürfnis sind dies vor allem Sätze wie »Ich muss es allen recht machen« oder »Das einzige, was zählt, ist, sich für andere aufzuopfern« oder eben deren Gegenteil wie zum Beispiel »Mir egal, was die anderen von mir denken« aus. Letztere Haltung bewirkt selbstverständlich eher ein Verhalten, das dazu führt, andere Menschen auf Distanz zu halten und sich somit zu schützen. Bei dem Bedürfnis nach Lustgewinn sind diese beiden Extreme ebenso zu beobachten. Dies drückt sich dann durch Haltungen wie »Nur harte Arbeit zählt« oder das Gegenteil »Unlust musst du unbedingt vermeiden« aus.

Was würden Sie sagen? Hatte Jobs hier eine balancierte Haltung und, wenn nein, zu welchem Extrem tendierte er? Sie haben es erfasst: Er war ein Mensch, dem es scheinbar vollkommen egal war, was andere über ihn und sein Verhalten dachten und der sich bei der Arbeit selbst extrem in die Pflicht nahm und auch durch seine Essgewohnheiten selbst kasteite. Diese beiden Haltungen waren ein tiefer Bestandteil seiner Persönlichkeit.

Er agierte nicht nach dem Motto »Ich muss alle unterstützen«, sondern eher nach dem Gegenteil. Entsprechend engagierte er sich auch nur wenig im sozialen Bereich, wie es viele vermögende Menschen tun, um etwas von dem, was sie erhalten haben, auch zurückzugeben. Er machte sich dementsprechend auch über die philanthropischen, also menschenfreundlichen Verhaltensweisen seines Dauerkonkurrenten Bill Gates von Microsoft und dessen Stiftung lustig.

9.5 Think differently – Empfehlungen vom Coach

Steve Jobs ist ein wunderbares Beispiel, um zu zeigen, was einen hoch resilienten Menschen ausmacht. Nimmt man die häufig verwendete Definition, dass Menschen mit einer hohen Resilienz Rückschläge schneller als andere Menschen wegstecken, so muss Jobs als hoch resilienter Mensch bezeichnet werden. Dies zeigt sich in allen Phasen seines Lebens, denn er hat sich weder von beruflichen Rückschlägen noch von seiner Krebserkrankung entmutigen lassen, ist schnell wieder aufgestanden und hat weitergemacht. Auch wenn wir die Tatsache nehmen, dass hoch resiliente Menschen mehr beruflichen Erfolg als andere Menschen haben, kann man Steve Jobs als einen hoch resilienten Menschen bezeichnen, denn Erfolg hatte er wie kaum ein anderer Mensch vor ihm. Aber Resilienz ist deutlich mehr und genau deshalb ist Steve Jobs ein so wunderbares Beispiel.

Jobs erscheint als ein zutiefst unbalancierter Mensch und als ein Getriebener seiner psychologischen Bedürfnisse. Seiner Bedürfnisse, alles zu kontrollieren, seinen Selbstwert zu erhöhen, etwas Besonderes zu sein und seines Bedürfnisses nach Kohärenz, Stimmigkeit, Perfektionismus. Er konnte diese Bedürfnisse scheinbar nur ausleben, indem er die Meinung und vor allem die Gefühle anderer Menschen ignorierte, sich selbst einer eisernen Disziplin unterwarf, sich damit des Spaßes an seinem Leben beraubte und dadurch seine Bedürfnisse nach Bindung und Lustgewinn vernachlässigte. Entsprechend konnten scheinbar auch nur zwei Typen von Menschen wirklich dauerhaft mit ihm umgehen. Entweder diejenigen, die sich ihm unterwarfen und sein gottähnliches Genie anerkannten, so wie es beispielsweise Millionen von Kunden tun. Oder aber, und das ist bemerkenswert, hoch resiliente Menschen, die ihm in Bezug auf seine starken Resilienzfaktoren »das Wasser reichen konnten«, also beispielsweise auch durchsetzungsstark waren und gleichzeitig über genügend *echte empathische Fähigkeiten* verfügten, um ihn einerseits als Genie, Visionär, ausgezeichneten Marketer und Strategen anzuerkennen, ihm aber auch an wichtigen Stellen *einfühlsam* zu widersprechen. Nur diese Menschen konnte er wirklich respektieren. Sein Biograf schildert entsprechend die Frau von Steve Jobs und weitere Menschen, die ihn umgaben, folgendermaßen (Isaacson 2011: 634):

»Als kluge und teilnahmsvolle Frau war Laurene Powell ein Stabilitätsfaktor und ein Beispiel für sein [Anm. des Autors: Steve Jobs'] Talent, einige seiner selbstsüchtigen Anwandlungen auszugleichen, indem er sich mit willensstarken und sensiblen Menschen umgab.«

Ebenso ein Mensch ist Bob Igner, der damalige COO von Walt Disney, der ins Spiel kam, als sich Jobs und der damalige CEO von Walt Disney, Michael Eisner, in einem schweren Konflikt bezüglich Pixar befanden. Igner wird wie folgt beschrieben (achten Sie bei der Lektüre der nächsten Zeilen doch einmal selbst auf die bekannten Resilienzfaktoren) (Isaacson 2011: 514):

»Zur Schadensbegrenzung musste sich Bob Igner, der COO von Disney, einschalten. Er blieb auch dann ruhig und vernünftig, wenn alle um ihn herum in Hektik verfielen. [...] Er galt als typischer Manager und zeichnete sich durch eine geschickte Unternehmensführung aus, hatte aber gleichzeitig ein Auge für Talent sowie Humor, Einfühlungsvermögen und genügend Selbstsicherheit, um mit seinen Fähigkeiten nicht anzugeben. Anders als Eisner und Jobs war ihm eine disziplinierte Gelassenheit eigen, die ihm auch beim Umgang mit aufgeblasenen Egos half.«

Entsprechend sagte Jobs auch über Igner (Isaacson 2011: 518):

»Deshalb mochte ich Bob Igner.«

Auch Jobs Beschreibung von seinem Rivalen Michael Eisner bei Disney lässt uns tief in die Persönlichkeit von Steve Jobs blicken, denn darin beschreibt er augenscheinlich sich selbst und seine Art zu arbeiten, und zeigt uns, da er dies nicht merkt, wie eingeschränkt teilweise seine Fähigkeit zur Selbstreflexion war. Er sagte über Eisner (Isaacson 2011: 515):

»Eisner ist wirklich ein großartiger kreativer Kopf. Er liefert gute Anregungen. Als Frank [Anm. des Autors: Frank Wells, ehemaliger CEO von Disney] für das operative Geschäft verantwortlich war, konnte Eisner wie eine Hummel von Projekt zu Projekt fliegen und sich Verbesserungen einfallen lassen. [...] Niemand arbeitet gerne für ihn. Er ließ den Leuten keinerlei Handlungsfreiheit. [...] Aber er hatte auch eine dunkle Seite. Sein Ego hat irgendwann die Oberhand gewonnen. Anfangs war Eisner mir gegenüber vernünftig und fair, aber im Laufe der Jahre, die ich mit ihm zu tun hatte, lernte ich seine dunkle Seite kennen.«

Glauben wir den Beschreibungen von Jobs Biografen, so kann man den Namen Eisner in dieser Passage einfach durch den von Steve Jobs ersetzen und wird eine sehr treffende Beschreibung von Jobs Persönlichkeit und Arbeitsweise erhalten. Dies wusste auch Igner und so gelang es ihm schließlich, aufgrund seiner wahrscheinlich hohen Resilienz kooperativ mit Jobs zusammenzuarbeiten und den Streit zwischen den beiden Personen zu schlichten.

Was hätten Sie nun Steve Jobs empfohlen, wenn er mit einem *echten* Wunsch, sich weiterzuentwickeln, zu Ihnen als Coach gekommen wäre? Was hätte er tun können? Wir finden eine Antwort darauf, wenn wir uns noch einmal die verschiedenen in diesem Buch beschriebenen Skills zur Steigerung von Resilienz anschauen.

Aus meiner Sicht wäre es in einem ersten Schritt wichtig gewesen, eine echte Einsicht in Bezug auf problematische Persönlichkeitszüge und Verhaltensweisen herzustellen. Diese war durchaus immer mal wieder für einen kurzen Moment vorhanden, wie er es beispielsweise mit dem gegen Ende seines Lebens geäußerten Satz »Ich war manchmal hart zu anderen, wahrscheinlich härter, als es nötig gewesen wäre« zeigt (Isaacson 2011: 664). Wir hätten auf dieser Basis das »Warum?« dieses Verhaltens herausarbeiten können und wären, wahrscheinlich, zu dem Schluss gekommen, dass sein starker Wunsch nach Selbstwerterhöhung durch seine Adoption entstanden ist. Er hätte sich dann in einem nächsten Schritt die Ungleichgewichte bezüglich seiner Bedürfnisse bewusst machen können, sein extremes Annäherungs- und Vermeidungsverhalten, und sich auf dieser Basis neue Ziele setzen können. Diese Ziele hätten beispielsweise sein können, dass er den Selbstwert anderer Menschen mehr respektiert. Dass er Menschen nicht nur als Objekte sieht, in deren Augen er seine eigene Großartigkeit erleben kann und die ihm nur dazu nutzen, seine persönlichen Ziele zu erreichen. Er hätte sich auch das Ziel setzen können, sein Leben mehr zu genießen und nicht nur der Arbeit unterzuordnen, und somit eine größere Connection to Life aufbauen können. Er hätte sich das Ziel setzen können, engere, echte Bindungen zu Menschen einzugehen, und über seine Arbeit hinaus Freundschaften und Kontakte pflegen können. Er sagt dies über seine jüngste Tochter, die ihm aus seiner Sicht sehr ähnelte, und gibt sich damit gleichsam selbst einen wichtigen Ratschlag (Isaacson 2011: 634):

»*Sie ist unberechenbar, und sie ist das willensstärkste Kind, das ich je getroffen habe. [...] Es ist wie eine Belohnung. [...] Sie ist viel empfindsamer, als eine Menge Leute glauben. [...] Sie ist so aufgeweckt, dass sie manche ein wenig überrollt, das heißt, dass sie Leute verprellen kann und sich dann alleine auf weiter Flur wiederfindet. Sie lernt gerade so zu sein, wie sie ist, aber mit weniger Ecken und Kanten, sodass sie die Freunde haben kann, die sie braucht.*«

Wäre dies nicht ein wunderbares und sinnvolles Lernfeld gewesen, das sich auch Jobs hätte setzen können? Und hätte er, auf der Basis der vorherigen Analyse, nicht auch seinen Wunsch nach Kontrolle und Orientierung, Selbstwerterhöhung und Perfektionismus beibehalten können, wenn die anderen Faktoren seine Extreme ausgeglichen hätten?

Um all die eben genannten Ziele zu erreichen, hätte er sich bewusst machen können, auf welchen Resilienzfaktoren er über sagenhafte Stärken verfügt, um diese weiterhin bewusst einzusetzen. Er hätte sich seiner unglaublichen Stärke im Bereich Selbstwirksamkeit bewusst machen können, um dann damit anzufangen, diese Selbstwirksamkeitsgefühl auch auf sich anzuwenden, statt in der Haltung »Ich bin, wie ich bin« zu verharren. Er hätte sich seiner Schwächen auf den Resilienzfaktoren bewusst werden können und insbesondere an seiner Empathie und an seiner Emotionssteuerung arbeiten können, indem er alle hier geschilderten Skills angewendet hätte. Er hätte entsprechend lernen können, seine Emotionen bewusster wahrzunehmen und Haltungen zu entdecken, die ihn dabei unterstützen, sie zu steuern. Er hätte, wie er es bereits angefangen hatte, noch intensiver meditieren können, um auch hierüber seine Emotionen zu steuern. Er hätte neben seiner Verbindung zur Arbeit auch eine starke Verbindung zu dem Rest seines Lebens aufbauen können, Teil weiterer

Gemeinschaften werden können und die Spiritualität, die er bereits in sich trug, weiterentwickeln können. Er hätte entsprechend, wie es Bill Gates mit seiner Stiftung im Kampf gegen beispielsweise Malaria noch heute vormacht, lernen können, noch mehr Mensch zu sein, so wie es in diesem Buch definiert wird, seine egozentrische Aufmerksamkeit auf andere, bedürftige Menschen zu richten, um darüber ein Gefühl der Zufriedenheit und auch der Selbstwerterhöhung zu erleben.

Steve Jobs war einmal an einem solchen Punkt und dies war der Moment, als er das Angebot hatte, zu Apple zurückzukehren, obwohl er bereits CEO seines sehr erfolgreichen und milliardenschweren Unternehmens Pixar war. Vielleicht hat er genau an dieser Stelle gespürt, was »richtig« für ihn gewesen wäre. Er selbst, und nur er (!), hat genau diese damals getroffene Entscheidung gleichzeitig für Apple und für Pixar zu arbeiten, als Grund für seine spätere Krebserkrankung genannt und wird entsprechend mit folgenden Worten zitiert (Isaacson 2011: 371):

»Wir waren gerade mit Pixar an die Börse gegangen, und ich war glücklich und zufrieden damit, dort CEO zu sein. Ich habe noch nie gehört, dass irgendjemand als CEO von zwei an der Börse geführten Unternehmen tätig gewesen sei, noch nicht einmal zeitweise, und ich war mir auch nicht sicher, ob das überhaupt legal ist. Ich hatte keine Ahnung, was ich tun sollte und wollte. Es machte mir Spaß, mehr Zeit mit der Familie zu verbringen. Ich war hin und her gerissen. Ich wusste, Apple war das reinste Chaos, und ich fragte mich: ›Möchte ich das angenehme Leben, das ich führe, aufgeben? Was werden die ganzen Pixar-Aktionäre davon halten?‹ Ich sprach mit Leuten, die ich respektierte. Irgendwann an einem Samstagmorgen rief ich gegen acht Uhr bei Andy Grove [Anmerkung des Autors: Mitbegründer von Intel] an – zu früh. Ich schilderte ihm das Pro und Contra, und mittendrin stoppte er mich und sagte: ›Steve, Apple ist mir so was von egal.‹ Ich war wie vom Donner gerührt. Plötzlich erkannte ich, dass mir Apple absolut nicht egal war – ich hatte es gegründet und es hatte seinen berechtigten Platz in der Welt. Ich beschloss also, vorübergehend zurückzukehren und bei der Suche nach einem CEO zu helfen.«

Dieser Schritt zurück hat dazu geführt, dass unsere Welt nun so außergewöhnliche Produkte wie das iPod, das MacBook, das iPhone oder iTunes hat. Ohne sein Genie wäre dies niemals in dieser Form passiert und wahrscheinlich würde das Unternehmen auch nicht mehr existieren. Laut Jobs eigener Aussage war es aber auch der Grund, warum er so früh an Krebs erkrankte (Isaacson 2011: 533):

»*Damals fing dieser Krebs wahrscheinlich zu wachsen an, weil mein Immunsystem sehr geschwächt war.*«

Lassen Sie mich zum Abschluss noch einmal zusammenfassen. Steve Jobs ist ein gutes, aber auch extremes Beispiel dafür, wie starke Ausprägungen auf den einzelnen Resilienzfaktoren den beruflichen Erfolg fördern und vorantreiben können. Gleichzeitig zeigt uns sein Leben aber auch, zu welchen Schattenseiten diese starken Ausprägungen führen können und wie wichtig es daher ist, diese durch andere Resilienzfaktoren auszugleichen. Auch hier gilt das Prinzip der Balance.

Ich selbst bin überzeugt, dass Jobs seine großen Stärken hätte beibehalten können, wenn er die schwachen Faktoren weiterentwickelt hätte, und dass er trotz allem beruflich sehr erfolgreich geblieben wäre. Vielleicht nicht ganz so, aber fast. Ein Mehr an Empathie, an Emotionssteuerung und eine bessere Kausalanalyse hätten wahrscheinlich dazu geführt, dass nicht nur seine Unternehmen, sondern auch er gewachsen wäre. Kaum ein Mensch hatte so stark den Denkstil *Ich-Immer-Alles*, wenn er einen Erfolg hatte, und den Denkstil *Nicht-Ich-Nicht-Immer-Nicht-Alles*, wenn er einen Misserfolg hatte. Dies schützt uns tatsächlich vor Niedergeschlagenheit und Selbstzweifeln, verhindert aber eben, wie bereits erwähnt, auch, dass wir uns selbst weiterentwickeln.

Sie haben in diesem Buch eine äußerst wichtige Sache gelernt. Dies hoffe ich zumindest. Sie haben gelernt, dass vor allem ein Faktor in ganz besonderer Weise unsere Resilienz und unsere Zufriedenheit ausmacht: unsere

Art zu denken, unser *Thinking Style*. Vielleicht ist es daher auch kein Zufall, dass Jobs den Slogan, das Mantra, wie es Guy Kawasaki nennt, *Think different* gewählt hat, um den Kern von Apple, seinem Unternehmen, zu beschreiben. Ein Satz, den ich ihm, wenn ich jemals die Möglichkeit dazu gehabt hätte, von ganzem Herzen für sich selbst in mehr als nur einer Situation gewünscht hätte.

> **Die letzte Frage**
>
> Wie viel von Steve Jobs steckt in mir?

10.
Statt eines Schlusswortes:
Mein Wunsch für Sie!

● ● ● ● ● ● ● ● ● ● ● ● ● ● ● ● ● ● ●

Was bleibt nun zum Abschluss dieses Buches zu sagen? Mir fällt hier eine Situation ein, die ich im Rahmen meiner Arbeit erlebt habe und die mich damals sehr nachdenklich gestimmt hat. Sie schließt auch den Kreis zu den einleitenden Gedanken von Mustafa Güngör, dem Kapitän der Deutschen 7er-Rugby-Nationalmannschaft, im Vorwort:

Es war während einer längeren Pause eines Resilienztrainings, das ich für einen internationalen Finanzkonzern durchgeführt habe. In dieser Pause kam eine Teilnehmerin auf mich zu und bat mich um einen Rat bezüglich ihrer Tochter. Sie wollte wissen, wie sie es anstellen könne, nicht nur ihre eigene Resilienz, sondern auch die Resilienz ihrer Tochter zu stärken. Da ich natürlich nicht genau wissen konnte, welchen Hintergrund diese Frage hatte, ließ ich mir die Situation genau schildern. Sie berichtete mir, dass sie ihre achtjährige Tochter auf eine sehr teure Eliteschule geschickt hatte. Sie wollte ihr damit ermöglichen, einen soliden Grundstein für ihre spätere Zukunft zu legen. Sie beobachtete aber nun, dass ihre Tochter immer häufiger berichtete, dass andere Kinder schon viel mehr konnten, dass sie viel mehr lernen würden und auch viel besser seien als sie selbst. Dies bereitete der Mutter Sorgen.

Ich bin nun kein Pädagogischer Psychologe und entsprechend stand ich etwas ratlos vor dieser Situation. Ich fragte sie daher, ob sie denn das Gefühl habe, dass dies ihre Tochter belaste, ob sie also beispielsweise schlechter schlief, Angst vor der Schule habe oder sich ihr Verhalten sonst wie geändert habe. Die Mutter berichtete mir daraufhin, dass dies eigentlich nicht der Fall sei, dass sie weiterhin sehr fröhlich sei, gerne zur Schule gehe, viel spiele und auch sonst nicht auffällig war. Wir fanden also heraus, dass sich die Sorgen nicht auf die Tochter selbst, sondern vielmehr darauf bezogen, ob die Mutter das Richtige in der Situation für ihre Tochter getan hatte, ob es nicht ein Fehler sei, ihr Kind schon so früh einem solchen Leistungsdruck auszusetzen. Die Sorge lag also bei der Mutter. Ihre Intention war natürlich eine sehr ehrenhafte, aber sie wusste nicht, ob sie ihrem Kind damit wirklich etwas Gutes tat, es wirklich glücklich machte.

Die Antwort, die ich nun selbst auf die Frage fand, war folgende: Ich konnte ihr nur raten, weiterhin den Entwicklungsprozess ihres Kindes zu beobachten und zu versuchen, die Sorgen, die sie sich selbst machte, nicht zu den Sorgen des Kindes zu machen, also ein Vorbild zu sein. Ich riet ihr weiterhin, ihrem Kind die Möglichkeiten, die eine solche Ausbildung haben kann, aufzuzeigen, aber dem Kind gleichzeitig zu vermitteln, dass es über die schulische Leistung hinaus, über den Erfolg hinaus auch Werte wie Mitgefühl, Menschlichkeit und Unterstützung anderer gibt, die ebenso wertvoll sind und die es auch zu pflegen gilt. Natürlich flossen an dieser Stelle dann auch ein paar Tränen und dies zeigte, dass dies scheinbar genau der Kern des Themas war. Was mich selbst dabei so nachdenklich stimmte, war die Erkenntnis, wie wichtig und sicherlich auch schwierig es gerade heutzutage für Eltern ist, ihren Kindern den Umgang mit diesem schon sehr frühen Leistungsdruck zu vermitteln, also deren Resilienz zu stärken. Und genau hier möchte ich daher noch einen abschließenden Wunsch an Sie und an uns alle richten.

Ich wünsche mir für unsere Kinder, dass ihr Bedürfnis nach Bindung befriedigt wird, indem wir ihnen die Liebe geben, die sie verdient haben, ihnen aber auch zeigen, wie wertvoll es sein kann, für einen Moment nur mit sich selbst zu sein, und dass wir über beide Prozesse ihre Menschlichkeit und Unabhängigkeit stärken. Ich wünsche mir, dass wir ihrem Bedürfnis nach Lustgewinn und Unlustvermeidung nachkommen, indem wir sie spielen und selbst herausfinden lassen, welches ihre Stärken sind und was ihnen Freude bereitet, ihnen aber gleichzeitig auch aufzeigen, dass keinen Spaß zu haben auch zum Leben dazugehört und es zu unseren menschlichen Aufgaben gehört, auch diese Situationen mit Würde, Gelassenheit und Zuversicht zu bewältigen. Ich wünsche mir, dass wir ihrem Bedürfnis nach Selbstwerterhöhung nachkommen, indem wir sie für eine gute Leistung loben und sie beschützen, aber auch nicht ihrem Selbstwert schaden, weil wir sie beispielsweise schlagen oder, das Gegenteil, überbehüten und darüber vermitteln, dass sie nicht gut genug sind, die Herausforderungen, die das Leben an sie richtet, selbst zu meistern. Ich wünsche mir, dass wir ihnen Orientierung und ein Gefühl der Kontrolle geben, indem wir ihnen die Welt erklären, sie dabei unterstützen, Probleme zu lösen, und ihnen helfen, herauszufinden, was sie selbst wirklich wollen. Ich wünsche mir, dass sie somit *ihrer Freiheit würdig* sein können. Und ich wünsche mir, dass wir ihnen ein Gefühl der Kohärenz geben, indem wir als Vorbild agieren, uns als Eltern einschätzbar machen und die Regeln des Zusammenlebens von Menschen erklären.

Wenn wir dies tun, dann werden unsere Kinder gleichzeitig ihre Empathie und ihre Fähigkeit, Probleme zu lösen, entwickeln, sie werden sich Ziele setzen und werden diese mit Disziplin verfolgen, sie werden ihre Emotionen und Impulse so steuern können, dass sie mit anderen Menschen gut zusammenleben können, sie werden daran glauben, dass sie ihre Lebensaufgaben selber lösen können, sie werden Spaß und Freude im Leben haben und viel lachen und sie werden die Herausforderungen, die ihnen das Leben stellt, mit Optimismus angehen. Sie werden ganz einfach sehr resilient sein.

Und genau das wünsche ich auch Ihnen.

Literaturverzeichnis

Auf den folgenden Seiten finden Sie die gesamte Literatur, auf der die Inhalte dieses Buches basieren. Sie finden in dieser Literatur auch weitere Inhalte, die Ihnen ermöglichen werden, sich noch tiefer in das Themengebiet Resilienz einzuarbeiten.

Bücher & wissenschaftliche Studien

Adler, A. (1926): Die Individualpsychologie, ihre Bedeutung für die Behandlung der Nervosität, für die Erziehung und für die Weltanschauung. Scientia.

Adler, A. (2001): Der Sinn des Lebens. Fischer, Frankfurt am Main.

Adler, A. (2001): Menschenkenntnis. Fischer, Frankfurt am Main.

Adler, A. (2001): Praxis und Theorie der Individualpsychologie. Fischer, Frankfurt am Main.

Antonovsky, A. (1997): Salutogenese: Zur Entmystifizierung der Gesundheit. dgvt, Tübingen.

Bandura, A. (1977): Self-efficacy: Toward an unifying theory of behavioral change. Psychological Review. 84 (2), S. 191–215.

Bandura, A. (1993): Perceived self-efficacy in cognitive development and functioning. Educational Psychologist. 28 (2), S. 117–148.

Bandura, A. (1997): Self-efficacy: The exercise of control. Freeman, New York.

Bannink, F. (2012): Praxis der Positiven Psychologie. Hogrefe, Göttingen.

Baumeister, R.; K. Vohs (2004): Handbook of Self-Regulation. Guilford Press, New York.

Beck, A. (1999): Kognitive Therapie der Depression. Beltz, Weinheim.

Bowlby, J. (1983): Verlust, Trauer und Depression. Fischer, Frankfurt am Main.

Bowlby, J. (1988): A secure base: Parent-child attachment and healthy human development. Basic, New York.

Brown, J. (1993): Motivational conflict and the self: The double-bind of low self-esteem. In: Baumeister, R. (Ed.): Self-esteem: The puzzle of low self-regard. Plenum Press, New York, S. 117–130.

Caspers, S. et al. (2012): Dissociated neural processing for decisions in managers and non-managers. PLoS ONE, 7 (8), e43537.

Charles R.; D. Ritz (2005): Ray. Die Autobiographie. Heyne, München.

Cialdini, R. (2009): Die Psychologie des Überzeugens. Huber, Bern.

Ciaramicoli, A.; K. Ketcham (2001): Der Empathie-Faktor. dtv, München.

Colvin, C.; J. Block (1994): Do positive illusions foster mental health? An examination of the Taylor and Brown formulation. Psychological Bulletin, 116, S. 3–20.

Covey, S. (1999): The 7 habits of highly effective people. Simon & Schuster, Sydney.

Crowe, D. (2005): Oskar Schindler. Eichborn, Frankfurt am Main.

Csikszentmihalyi, M. (1987): Das Flow-Erlebnis: Jenseits von Angst und Langeweile: im Tun anfangen. Klett-Cotta, Stuttgart.

Dalai Lama; H. Cutler (2011): Die Regeln des Glücks. Lübbe, Bergisch-Gladbach.

Deci, E.; R. Ryan (1985): The general causality orientations scale: Self-determination in personality. Journal of Research in Personality, 19, S. 109–134.

DeMonbreun, R.; E. Craighead (1977): Distortion of perception and recall of positive and neutral feedback in depression. Cognitive Therapy and Research, 1, S. 311–329.

Descartes, R. (1996): Philosophische Schriften in einem Band, Teil 4. Abschnitt 3. Felix Meiner, Hamburg.

Dreikurs, R. (2005): Grundbegriffe der Individualpsychologie. Klett-Cotta, Stuttgart.

Drucker, P. (1993): Die postkapitalistische Gesellschaft. Econ, Berlin.

Egloff, B. (2009): Emotionsregulation. In: Brandstätter, V.; J. Otto (Eds.): Handbuch der Allgemeinen Psychologie – Motivation und Emotion. Hogrefe, Göttingen.

Ehrenberg, A. (2008): Das erschöpfte Selbst. stw, Berlin.

Ellis, A. (1993): Die rational-emotive Therapie. Das innere Selbstgespräch bei seelischen Problemen und seine Veränderung. Pfeiffer, München.

Ellis, A. (2008): Grundlagen und Methoden der Rational-Emotiven Verhaltenstherapie. Klett-Cotta, Stuttgart.

Epiktet (1984): Handbüchlein der Moral. Kröner, Stuttgart.

Epstein, S. (1990): Cognitive-experiential self-theory of personality. In: Pervin, L. (Ed.): Handbook of Personality. Theory and Research. Guilford, New York, S. 165–192.

Epstein S. (1993): Implications of cognitive-experiential self-theory for personality and developmental psychology. In: Funder, D. et al. (Eds.): Studying lives through time: Personality and development. American Psychological Association, Washington D.C., S. 399–438.

Flammer, A. (1990): Erfahrung der eigenen Wirksamkeit. Einführung in die Psychologie der Kontrollmeinung. Huber, Bern.

Frankl, V. (1959): Man's Search for Meaning. Beacon Press, Boston.

Frankl, V. (2009): ... trotzdem Ja zum Leben sagen: Ein Psychologe erlebt das Konzentrationslager. Random House, München.

Frick, J. (2011): Die Kraft der Ermutigung. Hans Huber, Bern.

Fromm, E. (1979): Haben oder Sein. dtv, München.

Fromm E. (2008): Die Furcht vor der Freiheit. dtv, München.

Fröhlich-Gildhoff, K.; M. Rönnau-Böse (2009): Resilienz. Ernst Reinhardt, München.

Gerlach, A.; D. Mourlane; F. Rist (2004): Public and private heart rate feedback in social phobia: A manipulation of anxiety visibility. Cognitive Behaviour Therapy, 33, S. 36–45.

Goleman, D. (1997): Emotionale Intelligenz. dtv, München.

Goleman, D. (2000): Der Erfolgsquotient. dtv, München.

Grawe, K. (2004): Neuropsychotherapie. Hogrefe, Göttingen.

Gray, J. (1982): The neuropsychology of anxiety. Oxford University Press, New York.

Gray, J.; N. McNaughton (1996): The neuropsychology of anxiety: A reprise. In: Hope, D. (Ed.): Nebraska Symposion on motivation: Perspectives on anxiety, panic, and fear, Vol. 43. University of Nebraska Press, Lincoln, S. 61–134.

Gross, J. (2007): Handbook of Emotion Regulation. Guilford, New York.

Harlow, H. (1972): Das Wesen der Liebe. In: Ewert, O. (Hrsg.): Entwicklungspsychologie I. Kiepenheuer & Witsch, Köln.

Heilitzer, F. (1977): A review of theory and research on the assumptions of Miller's response competition (conflicts) models: Response gradients. Journal of General Psychology, 97, S. 17–71.

Hiroto, D. (1974): Locus of Control and Learned Helplessness. Journal of Experimental Psychology, 102, S. 187–193.

Hück, U. (2012): Volle Drehzahl: Mit Haltung an die Spitze. Campus, Frankfurt am Main.

Hüther, G. (2011): Bedienungsanleitung für ein menschliches Gehirn. Vandenhoeck & Ruprecht, Göttingen.

Hüther, G. (2011): Biologie der Angst. Vandenhoeck & Ruprecht, Göttingen.

Hüther, G. (2011): Was wir sind und was wir sein könnten. Fischer, Frankfurt am Main.

Hüther, G.; W. Roth; M. von Brück (2010): Damit das Denken Sinn bekommt. Herder, Freiburg im Breisgau.

Isaacson, W. (2011): Steve Jobs: Die autorisierte Biographie des Apple-Gründers. Bertelsmann, München.

Kabat-Zinn, J. (2003): Mindfulness-based interventions in context: past, present, future. Clinical Psychology: Science and Practice, 10, S. 144–156.

Kabat-Zinn, J. (2003): Gesund durch Meditation. Knaur, München.

Kahneman, D.; E. Diener; N. Schwarz (Eds.) (1999): Well-being: The foundation of hedonic psychology. Russell Sage Foundation, New York.

Kahneman, D. (2011): Schnelles Denken, langsames Denken. Siedler, München.

Kawasaki, G. (2004): The Art of the start. Penguin Group, New York.

Kelley, H. (1973): The process of causal attribution, American Psychologist, 28, S. 107–128.

Kriebel, R. (1992): Sprechangst. In: Grohnfeldt, M. (Hrsg.): Handbuch der Sprachtherapie, Bd. 5, Störungen der Redefähigkeit. Marhold, Berlin.

Kubovy, M. (1999): On the pleasure of mind. In: Kahneman, D.; E. Diener; N. Schwarz (Eds.): Well-being: The foundation of hedonic psychology. Russell Sage Foundation, New York, S. 134-154.

Lang, P. (1995): The emotion probe: Studies of motivation and attention. American Psychologist, 50, S. 372-385.

Laucht, M.; G. Esser; M. Schmidt (1999): Was wird aus Risikokindern? Ergebnisse der Mannheimer Längsschnittstudie im Überblick. In: Opp, G.; M. Fingerle (Hrsg.): Was Kinder stärkt. Erziehung zwischen Risiko und Resilienz. 3. Aufl.. Ernst Reinhardt, München, S. 303-314.

Lösel, F.; D. Bender (2008): Von generellen Schutzfaktoren zu spezifischen protektiven Prozessen: Konzeptuelle Grundlagen und Ergebnisse der Resilienzforschung. In: Opp, G.; M. Fingerle (Hrsg.): Was Kinder stärkt. Erziehung zwischen Risiko und Resilienz. 3. Aufl. Ernst Reinhardt, München, S. 57-78.

Luszczynska, A.; B. Gutiérrez-Doña; R. Schwarzer (2005): General self-efficacy in various domains of human functioning: Evidence from five countries. International Journal of Psychology, 40(2), S. 80-89.

Maier, S.; M. Seligman (1976): Learned Helplessness: Theory and Evidence. Journal of Experimental Psychology: General. 105, S. 459-512.

Malik, F. (2000): Führen, Leisten, Leben. dva, Stuttgart.

Margraf, J.; S. Schneider (1990): Panik: Angstanfälle und ihre Behandlung. Springer, Heidelberg.

Maslow, A. (1943): A theory of human motivation. Psychological Review, 50(4), S. 370-396.

Mourlane, D. (2002): Experimentelle Manipulation der Wahrnehmbarkeit eines Angstsymptoms bei der Sozialen Phobie. Online veröffentlichte Dissertation. Universität Münster.

Nakaya, M.; A. Oshio; H. Kaneko (2006): Correlations for adolescent resilience scale with big five personality traits. Psychological Reports, 98, S. 927-930.

Neumann, R.; F. Strack (2000): Approach and avoidance: the influence or proprioceptive and exteroceptive cues on encoding of affective information. Journal of Personality and Social Psychology, 79, S. 39-48.

Nisbett, R.; L. Ross (1980): Human inference: strategies and shortcomings of social judgment. Engelwood Cliffs, Prentice Hall, New York.

Ott, U. (2010): Meditation für Skeptiker. Knaur, München.

Peterson, C.; M. Seligman (1984): Causal explanations as a risk factor for depression: Theory and evidence. Psychological Review, 91, S. 347-374.

Peterson, C.; M. Seligman; G. Vaillant (1988): Pessimistic explanatory style as a risk factor for physical illness: A thirty-five-year longitudinal study. Journal of Personality and Social Psychology, 55, S. 23–27.

Powers, W. (1973): Behavior. The control of perception. Aldine, New York.

Rampe, M. (2004): Der R-Faktor. Eichborn, Frankfurt am Main.

Rao, S. (2010): Hapiness at Work: be resilient, motivated and successful – no matter what. McGraw Hill, USA.

Rattner, J. (2000): Alfred Adler. Rowohlt, Hamburg.

Reivich, K.; A. Shatté (2002): The resilience factor. Broadway Books, USA.

Rutter, M. (1987): Psychological resilience and protective mechanisms. American Journal of Orthopsychiatry. 57, S. 316–331.

Schlüter, C. (2010): Die wichtigsten Psychologen im Porträt. Marix, Wiesbaden.

Schmidt, S.; B. Strauss (1996): Die Bindungstheorie und ihre Relevanz für die Psychotherapie. Teil 1: Grundlagen und Methoden der Bindungsforschung. Psychotherapeut, 41, S. 139–150.

Schulman, P.; M. Seligman; D. Oran (1990): Explanatory style predicts productivity among life insurance agents: The special force study. Unveröffentlichtes Manuskript.

Seligman, M.; P. Schulman (1986): Explanatory style as a predictor of performance as a life insurance agent. Journal of Personality and Social Psychology, 50, S. 832–838.

Seligman, M. et al. (1990): Explanatory Style as a Mechanism of Disappointing Athletic Performance. Psychological Science, 1, S. 143–146.

Seligman, M. (1995): The optimistic child. Harper, New York.

Seligman, M. (1999): Erlernte Hilflosigkeit. Beltz, Weinheim.

Seligman, M. (2001): Pessimisten küsst man nicht. Optimismus kann man lernen. Knaur, München.

Siebert, A. (2005): The resiliency advantage. Berrett-Koehler, San Francisco.

Siegel, D. (2010): Das achtsame Gehirn. Arbor, Freiburg im Breisgau.

Spitz, R. (1985): Hospitalismus I & II. In: Bittner G.; E. Harms (Hrsg.): Erziehung in früher Kindheit. Pädagogische, psychologische und psychoanalytische Texte. Piper, München.

Spitz, R. (2005): Vom Säugling zum Kleinkind. Naturgeschichte der Mutter-Kind-Beziehung im ersten Lebensjahr. Klett-Cotta, Stuttgart.

Sprenger, R. (1998): Das Prinzip Selbstverantwortung. Campus, Frankfurt am Main.

Strauß, B.; S. Schmidt (1997): Die Bindungstheorie und ihre Relevanz für die Psychotherapie. Teil 2: Mögliche Implikationen der Bindungstheorie für die Psychotherapie und die Psychosomatik. Psychotherapeut, 42, S. 1–16.

Sweeney, P.; K. Anderson; S. Bailey (1986): Attributional Style in Depression: A Meta-analytic review. Journal of Personality and Social Psychology, 50, S. 974–991.

Taylor, S.; J. Brown (1988): Illusion and well-being: A social psychological perspective on mental health. Psychological Bulletin, 103, 193–210.

Wallace, D. (2012): Das hier ist Wasser. KiWi, Köln.

Watzlawick, P. (1983): Anleitung zum Unglücklichsein. Piper, München.

Wegner, D.; J. Pennebaker (Eds.) (1993): Handbook of Mental Control. Prentice Hall, Englewood Cliffs, New Jersey.

Wellensiek, S. (2011): Handbuch Resilienz-Training. Beltz, Weinheim, Basel.

Werner, E.; R. Smith (1982): Vulnerable but invincible: A longitudinal study of resilient children and youth. McGraw Hill, New York.

Werner, E.; R. Smith (2000): Protective factors and individual resilience. In: Shonkoff, J.; S. Meisels (Hrsg.): Handbook of early childhood intervention. Cambridge University Press, Cambridge, S. 115-132.

Werner, E.; R. Smith (2001): Journeys from childhood to midlife: Risk, resilience and recovery. Cornell University Press, Ithaca, New York.

Werner, E. (2005): What can we learn about resilience from largescale longitudinal studies? In: Goldstein, S.; R. Brooks (Eds.): Handbook of resilience in children. Kluwer Academic Plenum Publishers, New York, S. 91–105.

Werner, E.; R. Smith (2008): Resilienz. Ein Überblick über internationale Längsschnittstudien. In: Opp, G.; M. Fingerle (Hrsg.): Was Kinder stärkt. Erziehung zwischen Risiko und Resilienz. 3. Aufl. Ernst Reinhardt, München, S. 311–326.

Wiseman, R. (2010): Wie Sie in 60 Sekunden Ihr Leben verändern. Fischer, Frankfurt am Main.

Youssef, C.; M. Carolyn; F. Luthans (2007): Positive Organizational Behavior in the Workplace: The Impact of hope, optimism, and resilience. Journal of Management, 33 (5), S. 774–800.

Zanger, C.; S. Pyka; S. Jahn (2009): Die Bedeutung der psychischen Widerstandsfähigkeit bei Außendienstmitarbeitern: Resilienz als Erfolgsfaktor im persönlichen Verkauf. WWDP 101/2009.

Zimmerman, B.; A. Kisantas (2005): Homework practices and academic achievement: The mediating role of self-efficacy and perceived responsibility beliefs. Contemporary Educational Psychology, 30, S. 397–417.

Artikel aus Zeitschriften

Blech, J. (2012): Schwermut ohne Scham. Leitartikel zum Thema Depression. Der Spiegel, 6/2012, S. 123–131.

Der Spiegel – Wissen (1/2012). Patient – Seele: Wie die Psyche wieder ins Gleichgewicht kommt.

Dettmer, M.; S. Shafy; J. Tietz (2011): Volk der Erschöpften. Leitartikel zum Thema Burn-Out. Der Spiegel, 4/2011, S. 114–122.

Dworschak, M. (2012): Zaubertrank der Zuversicht. Leitartikel zum Thema Optimismus. S. 117–125. Der Spiegel, 1/2012.

GEO – Wissen (47/2011): Glück, Zufriedenheit, Souveränität.

GEO – Wissen (48/2011): Was die Seele stark macht: Hilfe bei Burnout, Ängsten, Depressionen.

Giesen, C. et al. (2012): Der böse Retter. Artikel über Nicolas Berggruen. Süddeutsche Zeitung, 1. September 2012, S. 34.

Lamparter, D. (2012): Der Kämpfer will aus dem Ring. Artikel über Uwe Hück. Die Zeit, 6. September 2012 S. 34,.

Pelzmann, L. (2012): Resiliente Führungskräfte. Malik on Management – Letter. 02/2012.

Seligman, M. (2011): Stärken Sie Ihre mentale Fitness. Selbstmanagement: Manager können von Soldaten lernen, mit Schocks besser umzugehen. Harvard Business Manager, 9/2011, S. 56–65.

Thimm, K. (2009): Die Kraft der Widerständigen. Der Spiegel, 15/2009, S. 64–75.

Internetquellen

About.com: Definition des Begriffs „Mensch". http://judaism.about.com/od/glossary/g/whatisamensch.htm

Wikipedia: Definition des Begriffs „Mensch". http://en.wikipedia.org/wiki/Mensch

Expertenwissen auf einen Klick

Gratis Download:
MiniBooks – Wissen in Rekordzeit

MiniBooks sind Zusammenfassungen ausgewählter BusinessVillage Bücher aus der Edition PRAXIS.WISSEN. Komprimiertes Know-how renommierter Experten – für das kleine Wissens-Update zwischendurch.

Wählen Sie aus mehr als zehn MiniBooks aus den Bereichen:
Erfolg & Karriere, Vertrieb & Verkaufen, Marketing und PR.

→ www.BusinessVillage.de/Gratis

BusinessVillage
Update your Knowledge!

Verlag für die Wirtschaft

Regina Mahlmann
**Unternehmen in der Psychofalle –
Wege hinein. Wege hinaus.**
Mein Coach. Mein Therapeut. Mein Chef.

256 Seiten; 24,80 Euro
ISBN 978-3-86980-182-7; Art-Nr.: 888

Führungskräfte als Laiendiagnostiker und -therapeuten – angesichts von Depressionen und Burn-out setzt sich dieses Bild in Personalabteilungen und der Weiterbildungsbranche auf leisen Sohlen durch.

Zunehmend dringen psychologische und psychotherapeutische Modelle in den Pflichtenkatalog von Führungskräften ein. Verantwortungsvolle Führung wird heute häufig verknüpft mit „ganzheitlicher", also umfänglicher Fürsorge für das Wohlbefinden von Mitarbeitenden – als gehorche diese Verknüpfung einem Naturgesetz. Die Kombination mit einer wuchernden Psychologisierung lässt Widerspruch dringend geboten erscheinen. Gerade wenn man dem Pathos der „Demokratisierung der Führung", des „mündigen" Mitarbeitenden, des „angestellten" Entrepreneurs huldigt.

In ihrem neuen Buch warnt Unternehmensberaterin und Coach Regina Mahlmann vor einer weiteren Psychologisierung der Führungsaufgaben. Sie problematisiert die praktischen Zumutungen und grundsätzlichen Grenzen für Führungskräfte und Unternehmen und formuliert Vorschläge, wie diesem Trend Einhalt zu gebieten ist.

Ein provozierendes Buch, das die dringend fällige Kontroverse um verbreitete Zumutungen, Anforderungen und Appelle an Führungskräfte auslösen soll.

Constantin Sander
Change – Bewegung im Kopf
Ihr Gehirn wird so, wie Sie es benutzen.
Mit neuen Erkenntnissen aus Biologie
und Neurowissenschaften
3., aktualisierte Auflage 2012

256 Seiten; 24,80 Euro
ISBN 978-3-86980-177-3; Art-Nr.: 881

Barack Obamas Motto „Change" hat Menschen angespornt und elektrisiert. Aber wie geht eigentlich Veränderung? Reichen positives Denken, Bekämpfung des inneren Schweinehundes und ein Motivationstraining als Schlüssel zur Veränderung aus?

Wir laufen meist noch völlig untauglichen Vorstellungen von Wahrnehmung, Lernen und Motivation hinterher. Entscheidungsprozesse in unserem Kopf funktionieren anders als wir denken. Der Bauch dominiert den Kopf – der rational gesteuerte Homo oeconomicus ist ein Mythos vergangener Zeiten. Veränderung kann nur gelingen, wenn wir die Grundlagen unseres Verhaltens verstehen und als Ressource nutzen. Denn das Potenzial, über uns selbst hinauszuwachsen und etwas zu verändern, ist uns angeboren – wir müssen es nur nutzen.

Leicht verständlich und unterhaltsam belegt Dr. Constantin Sander anhand neuer wissenschaftlicher Erkenntnisse aus der Neuropsychologie und Biologie, wie Veränderungsprozesse in der Praxis funktionieren.

„Von so leichter Hand geschrieben hat man die Zusammenhänge zwischen Denken, Fühlen und Handeln selten konsumieren dürfen."
                                        kommunikation & seminar, Heft 4/2010

„Wer Change Management schneller und besser in eine Organisation tragen will, dem sei das Buch ‚Change!' von Constantin Sander wärmstens empfohlen."
                                        Hamburger Abendblatt, 6./7. November 2010

Wolf Ehrhardt
Ich mache doch, was ich nicht will
Wie wir täglich manipuliert werden und
wie wir uns dagegen wehren können

256 Seiten; 2011; 24,80 Euro
ISBN 978-3-86980-139-1; Art-Nr.: 864

Denken, handeln, bereuen – ein Muster, das uns tagtäglich begleitet. Die Nachrichten im Fernsehen, die Werbung, der Kollege, der Vorgesetzte, das andere Geschlecht – permanent wird versucht unser Handeln zu beeinflussen. Und diese Manipulation wird immer trickreicher – im Glauben selbstbestimmten Handelns werden wir zu Marionetten und merken nicht, was mit uns geschieht.

Wie können wir uns dieser gezielten Manipulation entziehen? Antworten darauf liefert Wolf Ehrhardt in seinem neuen Buch. Auf humorvolle und einfache Art enthüllt er die täglichen Muster der Manipulation. Erkenntnisse aus der Verhaltensökonomie und der Psychologie zeigen, welche Mechanismen uns anfällig für Manipulation machen und was wir dagegen tun können. Eine längst überfällige Enthüllung, die uns hilft, bessere Entscheidungen zu treffen und selbstbestimmt zu handeln.

Der Autor
Wolf Ehrhardt ist Unternehmensberater und beschäftigt sich seit über 10 Jahren mit den Manipulationsmustern der Verhaltensökonomie. Er ist Betriebswirt sowie Diplom-Ingenieur und ergänzte seine akademische Ausbildung durch einen Master in Behavioral Economics. Wolf Ehrhardt ist Autor zahlreicher Publikationen, unter anderem „Verkaufen mit Psychologie" und „Nicht geschenkt".

Winfried Neun
Warum es uns so schwerfällt, das Richtige zu tun
Die Psychologie der Entscheidungen

208 Seiten; 2011; 24,80 Euro
ISBN 978-3-86980-112-4; Art-Nr.: 857

Warum es uns so schwerfällt, das Richtige zu tun? Ein Grund für dieses Verhalten ist, dass wir nicht von Wahrnehmung, Erfahrungen und Erlerntem gesteuert werden, sondern vielmehr davon, welche Eigenschaften uns dominieren. Sind wir kreativ, enthusiastisch, perfektionistisch, … ? Genau diese Eigenschaften beeinflussen unser Verhalten, die Art und Weise, wie wir die Faktenlage bewerten und Entscheidungen treffen. Unser ach so freier Wille ist viel weniger frei, als wir uns selbst zugestehen möchten.

Wir glauben Studien, die das Papier nicht wert sind, auf dem sie gedruckt sind, wir folgen wie Lemminge (selbst ernannten) Experten, Managern, Politikern und konsumieren kritiklos die Meinungsmache der Medien. Der Wirtschaftspsychologe und Innovationsexperte Winfried Neun illustriert amüsant, in welcher Wechselwirkung Verhalten und Umwelt zueinander stehen. In einer inspirierenden Reise durch unsere Evolution, unsere Emotionen und unser Gehirn werden Sie erkennen, warum wir so anfällig und unzulänglich sind und was wir dagegen machen können.

„Dies ist ein spannendes Buch, ein kluges Buch, ein wichtiges Buch. Winfried Neun gibt Einblicke in die Welt der Wirtschaft, die weit über die Wirtschaft hinausgehen."

Marc Brost, Die Zeit

„Psychologie mal ganz anders. Pragmatisch, amüsant und damit richtig gut."

Raimund Brichta, n-tv-Moderator

21.11.16 17.50 Stachus

Auf die S-Bahn wartend setzte ich mich auf einen der wenigen freien Sitzplätze am Bahnsteig. Gerade als ich mein Buch, also dieses Buch herauskramte, ging eine ältere Dame an mir vorbei, blieb ein Stück neben mir stehen und schaute einige Male zu mir rüber. Ich dachte, dass sie sich evtl. setzen wolle & sich ärgere, wieso ein junges Ding wie ich mich setze. Also fragte ich sie, ob sie sich gerne hinsetzen wolle. Sie strahlte mich an und verneinte, ihre S-Bahn käme eh gleich. Sie habe nur ganz interessiert mein Buch angeschaut, Resilienz sei etwas ganz tolles. Wir kamen kurz ins Gespräch und sie erzählte mir, dass sie sich mit dem Thema beruflich schon viel befasst habe, da sie in der Unisenioreuberatung arbeite, aber auch privat viel damit erreicht habe. „Sie auf mein Lachen, ganz toll!" - Ich entgegnete, dass ich hoffte, dass ich das auch werde. Daraufhin meinte sie: „Das sind Sie doch sicher schon, so wie sie aussehen!" Kurz bevor sie in die S-Bahn stieg, meinte ich noch, dass ich es schlimm fände, wie wenig man sich oft mit sich selbst befasse. Sie erwiederte: „Ja! Aber Sie tun es doch! Das ist das wichtigste! Sie sind ein Vorzeigebeispiel!" Was für eine tolle, herzliche Frau! Solche Begegnungen geben einem genau den Aufschwung - so ich bin auf dem richtigen Weg :) Wir wünschten uns alles gute, sie stieg in die S-Bahn, zwinkte mir nocheinmal lächelnd zu.